ARCHIVES
DES
CHATEAUX BRETONS

INVENTAIRE

DES ARCHIVES DU CHATEAU

DE TREGRANTEUR

1400 à 1830

Par le Vte Hervé du HALGOUET

SAINT-BRIEUC
IMPRIMERIE - LIBRAIRIE - LITHOGRAPHIE RENÉ PRUD'HOMME
1909

EN PRÉPARATION

INVENTAIRE

DES

Archives du château de Trédion

composées des titres de **Trédion** (paroisse de ce nom, Morbihan), du **Baublay** (en Sulniac, Morbihan), du **Vaudequip** (en Allaire, Morbihan), du **Virel** (en Renac, Ille-et-Vilaine), du **Plessis** (en Saint-Aubin-des-Châteaux, Loire-Inférieure).

ARCHIVES

DU

CHATEAU DE TREGRANTEUR

ARCHIVES
DES
CHATEAUX BRETONS

INVENTAIRE

DES ARCHIVES DU CHATEAU

DE TREGRANTEUR

1400 à 1830

Par le Vte Hervé du HALGOUET

SAINT-BRIEUC
IMPRIMERIE - LIBRAIRIE - LITHOGRAPHIE RENÉ PRUD'HOMME
1909

AVANT-PROPOS

Les archives particulières de nos châteaux et de nos manoirs sont le complément indispensable des fonds qui constituent les archives nationales et départementales. En ce qui concerne l'époque pré-révolutionnaire, nous ne pouvons prétendre à la connaissance parfaite des éléments constitutifs du régime seigneurial, si, au lieu de pénétrer dans les campagnes, jusqu'aux sièges mêmes de l'administration féodale, nous nous en tenons aux arrêts judiciaires et aux documents du pouvoir central.

L'histoire est basée tout autant sur l'étude des institutions que sur la présentation des faits ; et la première institution de la France féodale a été l'autorité seigneuriale. Pour voir celle-ci, et en suivre le développement, il faut nécessairement se reporter à l'administration d'un domaine ; la succession des actes qui en ressortent, nous fait assister à la mise en œuvre de tous les rouages qui procèdent de la conduite des affaires publiques et privées. L'on arrive ainsi à décomposer par analyse cette cellule du grand corps féodal, que fut la seigneurie, et à mettre en pleine lumière l'organisation de la propriété foncière, le caractère du régime seigneurial et les conditions des diverses classes rurales.

Mais encore l'étude approfondie de ces questions n'est pas l'unique avantage qu'offre aux travailleurs la connaissance des archives particulières ; celles-ci sont en effet riches en titres de familles qui permettent les recherches généalogiques, si utiles à une époque où, les réformations n'étant plus admises, la noblesse des familles n'est plus contrôlée par l'Etat.

Nous avons pensé en conséquence être agréable aux chercheurs bretons en rédigeant et en publiant cet inventaire des archives du château de Tregranteur (commune de Guégon, Morbihan), qui constituent un fonds d'autant plus intéressant qu'elles sont composées d'éléments fort divers, du XVe au XIXe siècle. L'historique du château déjà paru sous ce titre : *Une seigneurie du Porhoët* (1), fournira les éclaircissements sur l'origine et le développement de cette seigneurie, ainsi que sur les familles qui l'ont possédée et auxquelles, du reste, nous devons la concentration des documents dont nous nous occupons.

Indiquons le classement auquel nous avons procédé, pour mettre en ordre ces titres si variés.

Les manuscrits ont été réunis en trois séries : **les Titres de Familles** (Série A) — **les Titres de Seigneuries** (Série B) — et **les Affaires du Parlement** — (Série C).

Les titres de la première série concernent spécialement les maisons **Bonin de Courpoy** (Berry) et **Bonin de la Villebouquais** (Bretagne), **de St-Pern, du Plessis de Grénédan, de Quelen du Broutay, Picaud de Quéheon, Boterel, Royer, Perret, de Kergu, du Halgouet** et de **Poulpiquet, Guillard, Sauvaiget, le Métaer**... etc, (Bretagne) ; ceux de la seconde série ont été groupés en six parties, à savoir : **le domaine de Trégranteur** (Trégranteur, la Chesnaie-Morio, le Clos, le Guermahéas, Châteaumerlet, Maugrenier, Carmené, etc.), — **les titres venus de la famille de St-Pern** (La Villegeffroy, Kerprat, les fiefs de

---

(1) Chez F^{cis} Simon, Rennes 1907.

la Villechevalier, du Pellen et Kerouzou, Plouagat, Kerskouadec, Kerbeluen, etc.), — **les titres venus de la famille Visdelou** (Pontcallec, le Glayollay), — **les titres venus de la famille Huart de Bœuvres** (St-Nazaire et Marsain), — **les titres venus de la famille de Poulpiquet** (le Poulpiquet, le Halgouet, la Roche-Durand, Lanvaon, Kerandantec), — **les seigneuries diverses** (Le Broutay, Quelen, Josselin, Ste-Croix, les Timbrieux, le Val, Porte-Camus, etc., sous la juridiction du Porhoët ; Serent, Castiller, Bovrel, etc., sous la juridiction de Serent ; Creheren, Beauvoir, Beauregard, etc., sous la juridiction de Goëllo, etc.)

Les imprimés comportent les **Affaires du Parlement de Bretagne** (xviiie siècle) (procédures civiles, déclarations, lettres patentes et édits royaux, baux généraux des devoirs, listes des membres) — les documents se rapportant à **La Marine** (xviiie siècle), — et les **Ouvrages Divers** (xviie et xviiie siècles).

Ce qui distingue ce travail d'inventaire sont les extraits ou les analyses sommaires, joints aux pièces les plus intéressantes. Nous avons cru ainsi favoriser les recherches et faciliter la tâche aux travailleurs, pour lesquels une nomenclature aride est souvent dépourvue de ressources. Mais le soin leur incombera d'identifier certains noms propres. L'orthographe ne nous appartient pas plus qu'à ceux qui viendront après nous, elle est insaisissable, en ce sens que chaque époque a la sienne, et c'est en partant de ce principe que nous avons scrupuleusement respecté les textes relativement à la forme des noms de lieux et de personnes.

Trégranteur, 15 Janvier 1909.

ABRÉVIATIONS

Messire	= m^{re}.
Chevalier	= chev.
Ecuyer	= éc.
Comte	= Cte.
Marquis	= M^{quis}.
Conseiller	= con^{er}.
Conseiller au Parlement	= con^{er} P^t.
Conseiller du roi	= con^{er} r.
Avocat	= av.
Sieur et dame	= s^r et d^e.
Seigneur	= s^{gr}.
Autres lieux	= a. l.
Damoiselle ou demoiselle	= d^{elle}.
Nobles gens.	= n. g.
Noble homme	= n. h.
Général	= g^{al}.
Chevalier des ordres du roi	= chev. o. r.
Honorable homme	= h. h.
Grand Conseil	= Gr. C.
Héritier	= h^{tier}.
Principal	= p^{al}.
Demeurant	= d^{nt}.
Paroisse	= par.
Evêché	= év.
Maitre	= m^{tre}.
Discret	= disc.
Sa Majesté	= S. M.
Notaire	= not.
Passeur	= pass.
Gouverneur	= g^{neur}.
Haut et puissant	= h^t et p^t.
Chef de nom et d'armes	= chef n. et a.
Seigneurie	= sg^{ie}.
Régiment	= rég^t.
Ailleurs	= ail.

ARCHIVES
DU
CHATEAU DE TREGRANTEUR

MANUSCRITS

Série A. — TITRES DE FAMILLE

I. — FAMILLE BONIN
(BONIN DE COURPOY ET BONIN DE LA VILLEBOUQUAIS)

6 Février 1477 (m. 1). — Aveu rendu au roi par noble et sage maître Regnault Bonin, licentié ès-lois, lieutenant, au lieu de Mehun, de monsieur le bailli de Berry, et par demoiselle Marye Thiéry, sa femme.

11 Juillet 1493 (m. 2). — Contrat de mariage de maître Pierre Bonin, licentié ès-lois, fils de Regnault Bonin (représenté par son fils Regnault Bonin, licentié ès-lois, doyen de l'église de Mehun) et de Marie Thierry ; avec d^{elle} Janne Fumée, fille de Mre Adam Fumée, chev. s^{gr} des Roches, St-Quentin et de Genillé, conseiller du roi, maître ordinaire des requêtes de son hôtel, et de feue d^{elle} Perine de la Villegontier.

4 Novembre 1493 (m. 3). — Lettres d'anoblissement données par Charles, roi de France, à Pierre Bonin, s^{gr} du Courpoy, son conseiller, demeurant au Berry, « en faveur de plusieurs services par luy rendus à nos ayeul et père, les âmes de qui reposent en paix, tant en guerre qu'en autres occasions ».

3 Octobre 1493 (m. 4). — Lettres de Charles, roi de France, autorisant noble Pierre Bonin, conseiller au Grand Conseil, à fortifier le château de Courpoy.

« Octroyons permission.... qu'il puisse faire construire et édifier une place et maison forte en ladite terre et seigneurie de Courpoy, clouze de murailles, foussez à tours, lucarnes, barbacanes, machicolies, foussez, ponts-levis et autres fortiffications en tel cas requis, et aussy fuye de garennes et icelle fuye faire clore de foussez sy bon luy semble et y ediffier clapiers, mingées, et toutes autres choses nécessaires et en telles choses requises et en icelle chasser ou faire chasser.... à chiens, furets, raiz, fillets, paulx, et autres angiens.... »

Mai 1496 (m. 5). — Lettres du roi portant concession du droit de haute, moyenne et basse justice aux terres du Courpoy, en faveur de Pierre Bonin du Courpoy, lieutenant du prevôt de l'hôtel du roi.

« En consideration des services par lui, dès son jeune âge fait et continue chacun jour et allentour de notre personne, à l'exercice de sondit office, et autrement en plusieurs grandes charges et commissions qu'il a eu et a de nous, conservant le bien de nous, celui de justice et celui de la chose publique, ou tousiours génerallement et honnestement il s'est porté et demonstré et mesmement dans le voyage qu'avons fait en Itallye pour le faict de conqueste et recouvrement de nostre royaume de Cicille où il a enduré et soustenu de grandes peines, labeurs et escheu en merveilleux dangers de sa personne, car en vacant et diligentant à l'advitaillement de nous et de nostre cour et armée, s'est souvent foys trouvé en perils de mort et aussy encore à la journée de Fournaux où il était bien monté et armé et vaillamment s'y porta. Pour recompense desquelles choses donnons, ceddons.... a toujours perpetuellement audit noble Pierre Bonin, pour lui, ses hoirs successeurs, la haute justice, basse et moyenne, mixte mere et imper que avons, nous comporte et appartient au lieu, fief, territoire et paroisse de Bouy en nostre chastellenye de Meun-sur-Yevre, appartenant audit noble Pierre Bonin, ou il a droit de disme de bleds, de vins, lainage et chaumage, cens, rentes, maison forte, garenne, colombier, et autres droits et devoirs seigneuriaux et sur tous ses hommes, receans et subiets...... sous le ressort de nostre bailliage de Berry. »

27 Juin 1506 (m. 6). — Lettres de Louis XII, roi de France, permettant à noble Pierre Bonin, écuyer, s^{gr} de Courpoy, con^{er} du roi et procureur général au Grand Conseil, de faire faire de nouveaux terriers en ses terres du Courpoy et de Ferolles.

4 Avril 1521 (m. 7). — Don d'usufruit fait par n. h. m^{tre} Charles Bonin, lieutenant du bailli de Berry au siège de Mehun, à m^{tre} Pierre Bonin, con^{er} et procureur g^{al} du roi au Grand Conseil et à Janne Fumée, ses père et mère.

11 Août 1522 (m. 7). — Provisions de la charge de procureur du roi au Grand Conseil, accordées par François Ier à n. h. Charles Bonin, s^{gr} de Courpoy et de Urtebize sur résignation, faite de cette charge par n. h. Pierre Bonin, son père.

26 Septembre 1522 (m. 8). — Quittance de quatre mille livres promises pour la dot de Catherine Fardée, épouse de n. h. et sage m^{tre} Charles Bonin, licentié es lois, procureur au G. C., par n. h. Pierre Fardée s^{gr} de Rozé, son père.

14 Mars 1549 (m. 9). — Prise de possession de la terre et seigneurie du Courpoy par n. h. et sage m^{tre} Charles Bonin, ci devant nommé Pierre, licentié es lois, avocat au Grand Conseil, fils de n. h. Charles Bonin proc. g^{al} du roi au G. C.

22 Novembre 1550 (m. 10). — Sentence rendue contre n. h. Charles Bonin (ci devant Pierre), avocat au Grand Conseil et Mery Bonin, lieutenant g^{al} à Mehun, pour la restitution de la dot de Catherine Fardée.

5 Avril 1564 (m. 11). — Transaction entre Catherine Fardée, veuve de n. h. Charles Bonin, et Jacqueline Thybom, veuve de n. h. Pierre Fardée, écuyer, s^{gr} de Rozé, con^{er} du roi en son Grand Conseil, agissant tant en son nom, que comme mère et tutrice de Pierre, Claude, Jacqueline, Marye et Catherine, ses enfants ; pour mettre fin à un différend survenu au sujet de la succession d'Etienne Fardée (frère de Catherine et de Pierre) prieur du château de Bourges.

17 Juillet 1565 (m. 12). — Contrat de mariage de n. h. Charles Bonin, s^{gr} du Courpoy et a. l., conseiller et maître des requêtes ordinaire de la reine, procureur du roi en la sénéchaussée de Ploermel (demeurant dans cette ville), avec Gillette de la Moussaye, fille de Jacques de la Moussaye, écuyer, s^{gr} de la Godaizière, et de Janne du Breil.

Fait et consenti au manoir de la Godaizière, par. de Pleumaugat, év. de S*t*-Malo. Etaient presents et ont signé : Jeanne du Breil (la mère); éc. Ollivier de Pargats et Anne de la Moussaye, son epouse, s*gr* et d*e* de Boisrio ; éc..... Pays et Francoise de la Moussaye, son épouse, s*gr* et d*e* du Fau ; n. g. Francois le Bel, éc. s*r* de la Gaury, et Jean du Fau s*r* du Val, Guillaume de la Frettaye s*r* dudit lieu, Philibert Bonin, frère du s*r* du Courpoy, Missire Mathurin le Prevost s*r* de Couettibeu.

16 Février 1571 (m. 13). — Contrat de mariage de sage m*tre* Charles Bonin, écuyer, s*gr* du Courpoy, maitre des requêtes ordinaire de la reine mère, alloué et lieutenant g*al* de Ploermel, juridiction royale de Bretagne, avec Gillette de Queslan, fille de feus Pierre de Queslan, éc., s*gr* du Plessis, et de Janne de Trégrantur, assistée particulièrement de M*re* Jacques de la Coudre, s*gr* dudit lieu, chev. de l'ordre du roi, l'un des cent gentilshommes de sa maison, con*er* et maître d'hôtel ordinaire du duc d'Anjou.

Fait à Paris, en présence de J. de la Coudre et de Bertrand de Cadillac, signataire en son nom et comme procureur des personnes ci-après donommées, proches parents de Gillette de Queslan ; à savoir : Jan le Presbtre s*gr* de Lezonnay, chev. o. r., con*er* et m*tre* d'h. du roi, gneur de la forteresse de Comq ; Pierre Rauland, s*gr* de Tallen ; Jacques Rauland, s*gr* de Kerjosses ; Jan Rauland, s*gr* de Kerdison ; René de la Rocque, s*gr* de Serner Laspinguant ; F*çois* de Kernezecq, mari d'Isabo de la Rocque ; Mathurin le Chevallier, s*gr* de Villerir ; Michel Kerveno de Perchguen ; Yves Rauland, s*gr* de Loeno ; Jeanne de la Rocque, f*e* de n. h. F*çois* Couetesal, éc. s*gr* dudit lieu ; Julien Robelot, s*gr* de la Chesnaye ; Gillette de Curizecq, f*e* de F*çois* du Bois, éc., s*gr* et d*e* de Kerguerioude ; Christofle de Camaret, s*gr* dudit lieu ; Jacques de Talhoiat, s*gr* de Keraveon, la Villeneuve ; Jacques Picolde, s*gr* de Morfoy ; Vincent de Kervemno ; Charles de Leny, s*gr* de Leny ; Grégoire de Trévégat, s*gr* de Beaurepré, de Trévégat.

6 Sept. 1571 (m. 14). — Transaction entre n. h. m*tre* Antoine Fradet, s*gr* de Loye, tant en son nom que comme procureur de m*tre* Jan Doniat, avocat en parlement, maitre des requêtes et des comptes de la reine mère, tuteur de sa fille Marye, héritière de Jacquette Bonin ; et Cathèrine Fardée, v*ve* de n. h. Charles Bonin.

Fait à Bourges et ont signé outre les parties : Hugues du Periat, Guillaume de Boisrouvray, av., Jan Dauberville, procureur au présidial de Bourges.

22 Février 1575 (m. 15). — Procuration donnée par Catherine

Fardée et m^tre Charles Bonin, alloué et l^t g^al de la juridiction de Ploermel, son fils, pour recevoir les revenus des seigneuries du Courpoy et Ferolles.

Donné à Ploermel.

15 Avril 1580 (m. 16). — Donation et institution d'héritiers faites par Catherine Fardée, v^ve de n. h. Charles Bonin, en faveur de ses petits enfants, Philibert et Sebastien Bonin, enfants aînés des premier et second lits de Pierre-Charles Bonin.

Fait à Ploermel, en presence de n. h. Philibert Bonin, prieur de St-Martin de Josselin, et de Charles Bonin, tous deux fils de Catherine Fumée.

4 Août 1580 (m. 17). — Insinuation et publication du testament de Catherine Fardée, requises par Charles Bonin, s^gr du Courpoy, père et tuteur, ayant la garde noble de Philibert et Sebastien Bonin.

13 Avril 1581 (m. 18). — Sentence arbitrale entre noble et scientifique personne m^tre Philibert Bonin, con^er, et aumônier de la reine mère, prieur de St-Martin de Josselin, se faisant fort pour n. h. Charles Bonin, sgr du Courpoy, con^er et m^tre ord^re des requêtes de la reine mère, tant en son nom, que comme tuteur de Philibert et Sebastien Bonin, ses enfants, d'une part ; et n. h. Charles Bonin, le jeune, frère dudit s^gr du Courpoy, réclamant sa part à l'héritage maternel, d'autre part.

Fait à Bourges. Ont signé : Robert d'Amours, s^r de Dierry, valet de chambre ord^re du roi ; m^tre Anthoine Fradet, s^r de Loye et de Chappes, con^er du roi, lieutenant et magistrat criminel au bailliage de Berry ; Etienne Girard, s^r de Poincy ; Pierre Fardé, s^r de Rozé ; Michel Belin, bourgeois de Bourges ; Gabriel Labbé, s^r de Monveron, con^er du roi et avocat ; tous juges arbitres.

27 Oct. 1587 (m. 19). — Testament de n. h. Charles Bonyn, s^gr du Courpoy, Ferolles et Urtebize con^er et m^tre des req^tes ord^re de la reine, demeurant en la ville de Bourges.

Le testateur partage ses biens entre les enfants issus de ses deux mariages. Ces enfants sont Philibert l'aîné, Marye, Sebastien, Hallyn, Loys, Catherine et Nicolle. Fait à Bourges.

9 Nov. 1587 (m. 20). — Sentence de l'official de Bourges, permettant à Philibert Bonin, fils de défunt Charles Bonin, s^gr du Courpoy, de changer son prénom en celui de Charles.

25 Juin 1598 (m. 21). — Partage donné par François Rogier, s^{gr} de la Villeneusve, le Clyo, la Salle et a. l., con^{er} du roi en son conseil d'Etat et son procureur g^{al} en Bretagne, à Marguerite Rogier, sa sœur puînée, femme de Sebastien Bonin, s^{gr} de la Villebouquais, dans la succession noble de Jean Rogier et Heleine Jossau, leurs père et mère.

Fait à Ploermel et ont signé outre les parties : Charles du Plessis, s^r du Plessis, con^{er} du roi et sénéchal de Ploermel, et Guy de Lemo, s^r de Lemo.

1599 (m. 22). — Extrait du procès-verbal de la réformation de la noblesse du Berry, constatant que, parmi les nobles et exempts de taille du Berry, ayant représenté leurs titres et vivant noblement, se trouve : Charles Bonin, s^{gr} du Courpoy, paroisse de Bouy.

11 Janvier 1599 (m. 23). — Partage entre Charles Bonin (ci-devant Philibert) s^{gr} du Courpoy, Ferolles, Urtebize et Sebastien Bonin, s^{gr} de la Villebouquay, tant pour lui que pour ses frères et sœurs, de la succession de n. h. Charles Bonin, leur père.

21 Avril 1599 (m. 24). — Transaction entre Charles Bonin, éc., s^{gr} du Courpoy, con^{er}, m^{tre} des req^{tes} ord^{re} de la reine mère, et Jean le Breton, éc., s^{gr} de Coustant, en Bretagne, tuteur des enfants mineurs de défunts Louys du Fault et Francoise de la Moussaye (Jean l'ainé, Mathurin, Mathurine, Marguerite).

9 Juillet 1600 (m. 25). — Contrat de mariage de Philibert-Charles Bonin, éc. s^{gr} de Courpoy, Urtebize, Quenetam et a. l., fils de feu Charles Bonin et de Gillette de la Moussaye ; avec Marie de Sausay, fille de feu n. h. Claude de Sausay, s^{gr} du Montet, con^{er} du roi et receveur g^{al} de ses finances à Bourges, et de Marie Geneton.

Fait et signé au châtel de Brouillamenon, par. de Plou, ressort d'Issoudun ; ledit Bonin assisté de Louys Bonin, éc., s^{gr} de Ferolles, et de Marye Bonin, ses frere et sœur, de n. h. Gabriel Labbé, s^r de Monveron, con^{er}, et avocat au présidial de Bourges, Claude Fradet s^r de Chatte, lieutenant au présid. de Bourges, Louis Fumée, éc, s^r de Bourdel, vice-amiral pour le roi et gentilh. ord. de sa chambre, Jean-Jacques du Mesnil Pesnyl éc., s^r d'Aumoy, ses cousins. Ladite de Sausay assistée de sa mère, de Jacques de Sausay éc., s^r du Montet, son frère, de Sébastien Geneton (ailleurs Jenton) éc., s^r de St-Germain, Capitaine des ville et château d'Issoudun, n. m^{tre} Mathurin Castellenau, éc., s^r de la Moaissière, Capitaine d'une compagnie de Gardes du roi, Jan Girard, s^r de Prune, Jacques de Castelnau Bastel, éc., s^r de Brouillamenon, h^{te} et p^{te} d^e Marye de la Chastre épouse de Guillaume Baron de Chateau Neuf, Marte de Callonnes, f^e de Claude Jenton, éc., s^r de Couldron, n. h. Charles de Presre, s^r du Platel, ses parents et amis.

12 Janvier 1603 (m. 26). — Transaction à raison de la succession de Jeanne de Tréguaranteur, entre éc. Sebastien Bonin, s^{gr} de la Villebouquais, demeurant à la Villebouquais, par. de Ploermel, éc. René de Couedor, s^{gr} du Val-au-Houlle, mari de Jullienne de la Chesnaye, d^{nt} en sa maison du Val, par. de Guégon, heritiers de demoiselles Gillette et Francoise de Quelain, d'une part ; n. éc. Grégoire de Quelain, s^{gr} du Brouttay, le Plessix et a. l., d^{nt} en sa maison du Brouttay, par. de la Croix-Hellean, év. de St-Malo, d'autre part.

Le s^{gr} du Brouttay consent à ce que le s^{gr} de la Villebouquais jouisse à perpétuité de la terre de la Villebouquais, et le s^{gr} du Val de celle de la Ville-Gourdan.

L'accord est consenti en présence de m^{re} Francois Harpin, chev., s^{gr} de Marigny et de la Chesnaye, con^{er} du roi en ses conseils d'Etat et privé, second président du Parlement de Bretagne, de n^s. h^s. Jan Erbray s^{gr} de la Cheze, Pierre de Trogoff s^{gr} de Ponteneu, Alain de Kermeno s^{gr} du Garo, con^{er} au P^{ent}, Jan Picault, ec., s^{gr} de Morgant, con^{er} du roi et maitre de ses comptes en Bretagne, Charles du Plessix, ec., s^{gr} du Plessix, con^{er} du roi, Sénéchal de Ploermel, et René Rousseau s^r du Coustan, avocat au P^{ent}, tous arbitres choisis par les parties et de Hamon Bayot procureur au P^{ent} s^r de Coiscanro.

4 Février 1603 (m. 27). — Foi et hommage rendus au roi, par noble seigneur Charles Bonin, éc., pour les seigneuries du Courpoy et Urtebize, situées paroisse de Bouy, et relevant de la châtellenie de Mehun-sur-Yèvre.

En presence de Paul Badiot, con^{er} du roi, lieutenant g^{al} du bailli de Berry au ressort de Mehun et du procureur du roi, « au devant de la porte du chastel royal de cette ville, heure de neuff heures du matin, est comparu en sa personne noble seigneur Charles Bonin, s^{gr} du Courpoy et Urtebize, lequel, ayant quitté l'espée et les esperons, étant aussi nue teste, a mis un genouil en terre au devant de la porte dudit chastel, touché le verrouil d'icelle, a faict foy et hommage au roi. » Ledit Bonin est enjoint de fournir les aveu et denombrement de ses fiefs.

8 Avril 1603 (m. 28). — Aveu rendu par Philibert-Charles Bonin, ec. s^gr du Courpoy, Urtebize, pour ce qui lui est advenu de la succession de Charles Bonin, son père.

Denombrement detaillé des terres, cens, rentes dues en argent, avoine, poules, jaux, se rapportant à la seigneurie de Courpoy.

11 Juin 1607 (m. 29). — Transaction sur partage, entre Sebastien Bonin, éc., s^gr de la Villebouquaye, et Marye Bonin d^e de la Tousche, épouse de René de Gros-Bois, s^gr de Chillon (Anjou) ; relativement à la succession de Charles Bonin et de Gillette de Quelen, leurs pere et mère.

7 Juin 1608 (m. 30). — Sentence du bailli de Berry, relativement à une demande de quatre mille livres formée par Marye Bonin, épouse de René de Gros-Bois, s^gr de Chillon, et Catherine Bonin f^e de Simon Soupize, avocat en la cour du P^ment de Paris ; contre Sebastien Bonin, s^gr de la Villebouquais, leur frère, pour leurs droits dans la succession de Gillette de Quélan, leur mere.

12 Aout 1615 (m. 31). — Lettres du roi portant commission au capitaine de Courpoy pour lever une compagnie de cent hommes à pied au régiment du s^r de Maigret, sous le haut commandement du duc d'Epernon, colonel g^al de l'Infanterie de France.

25 Oct. 1618 (m. 32). — Contrat de mariage de Claude Bonin, fille ainée de Sebastien Bonin, s^gr de la Villebouquaye, et de Margueritte Rogier, avec Armel Alleno, s^gr de Penmené (ailleurs Pellemené), d^t à Pontivy.

Armel Alleno est assisté de René du Bahuno s^r de Kerglenilly et de Kerdisson, son curateur ; de Jean de Figado, s^r de Kerhollang, con^er, m^tre d'hôtel de la reine, chev., lieutenant du Cte de Brissac ; Loys de Rimaisson, chev. o. r. ; Francoys de la Couldraye, éc., s^r de la Boullaye, con^er r., mari de Guillemette de St-Pern, mère du s^r de Penmené de son 1er mariage avec defunt éc. Jacque Alleno s^r de Kersally ; Jean de Chef du Bois, chev., o. r. s^r de Bruslay ; Jacques de Bahuno, s^r de Bahuno ; Jean de Bahuno, s^r de la Porte ; éc. Jan de Peronno, s^r de Kerduet, mari de Janne Rolland ; Isabeau de Kerouallan, dame dudit lieu, douairière de Canquoet ; Jan Gatechair s^r de Sabrahan ; et Yvon Gatechair, s^r de Launay, tous, ses cousins germains ; de n. h. Armel Jan, s^r du Fresche, mari de Jeanne de St-Pern, sa tante maternelle ; de n. h. Hierosme Jan, Sénéchal du duché de Rohan et s^r de la Haye, son cousin germain.

Fait au manoir de la Villebouquaye, près Ploermel et promis aux mains de n. et discret Allain Bonin, recteur de Sérent, prieur de St-Martin de Josselin.

26 Juillet 1621 (m. 33). — Commission donnée au s^r du Courpoy, pour commander une compagnie dans le régiment du prince de Condé, sous le haut commandement du duc d'Epernon.

16 Mars 1631 (m. 34). — Renonciation faite par n. et disc. m^{re} Allain Bonin s^r de la Villebouquais, le Clio, etc., recteur de Sérent, fils aîné de Sébastien Bonin et de Marguerite Rogier, à ses droits dans les successions de ses père et mère, en faveur d'éc. Francoys Bonin, s^r de St-Laurens, son puîné.

Les droits du s^r de la Villebouquais s'étendent sur les terres de la Villebouquais, du Clio, et les fiefs de St-Laurens. Fait à Ploermel, en la maison de m^{tre} René Lecadre, s^r de Pont Billy.

1er Février 1632 (m. 35). — Contrat de mariage de Francoys Bonin (d^{nt} à Paris) avec Isabeau (aill. Elisabeth) Royer (d^{nt} par. de St-Martin de Josselin), v^{ve} de Georges Perret, s^r de la Motte, sénéchal de Porhoët.

Les enfants du premier mariage d'Elisabeth Royer reçoivent des garanties (dans la suite ceux-ci se firent religieux).
Fait en la maison du Guernaheas en St-Servan. Ont signé, outre les parties : Alain Bonin, prieur de St-Martin de Josselin, Alain Bonin, recteur de Sérent, Jan de Rosmadec, Quéheon, Jullienne de la Chesnaye, Gatechair. Foi de mariage promise entre les mains de François Simon, recteur de la paroisse.

10 Oct. 1633 (m. 36). — Testament de Charles Bonin, ec., s^{gr} du Courpoy, Urtebize et Ferolles, époux de Marie du Sauzay.

Fait à Bourges, en l'hôtel dudit Bonin, en presence de n. et scientifique personne m^{tre} Etienne le Mareschal, grand vicaire de l'Archeveché ; vénérable m^{tre} F^{cois} Rouxaux, prieur de Jalogne ; n. Armel Alleno, éc., s^r de Pelmenay ; Jean Corbin, maître tailleur ; Claude Biet, éc., s^{gr} de Maubranches, con^{er} du roi, lieutenant g^{al} à Bourges. Après le partage de ses biens aux enfants (Charles l'aîné, Renée, Honoré) il demande à être inhumé en l'église N.-D. de Mehun, en la chapelle fondée par ses ancêtres, et fait une fondation de messes.

1er Mai 1638 (m. 37). — Commission pour commander l'artillerie du marechal de Chatillon, donnée à François Bonin, s^r de la Villebouquays, par Charles de la Porte, s^{gr} de la Meilleraye, lieutenant g^{al} pour S. M. en haute et basse Bretagne, grand maître et capitaine g^{al} de l'artillerie de France.

6 Février 1639 (m. 38). — Lettres du roi portant commission d'une compagnie au rég^t du duc d'Enguin (Infanterie) pour le capitaine de Courpoy.

Signées du roi, à St-Germain, et scellées du grand sceau.

24 Novembre 1639 (m. 39). — Contrat de mariage de m^{re} Charles Bonin, chev. s^{gr} du Courpoy et a. l., fils de Philibert-Charles Bonin, avec Marie de Billy, fille de m^{re} Bertrand de Billy, chev., s^{gr} de Sarocque, mestre de camp d'un reg^t, et de Marthe Bienvenu, d^{nt} à Paris.

Fait à Paris, en présence de n. h. Jacques Collas, secrétaire ord. de la chambre du roi ; Jacques Morel, chirurgien ord. du frere du roi ; hon. h. Claude Ebert, bourgeois de Paris ; hon. h. Pierre Ollivier, maître chirurgien de Paris ; Nicolas de Crosorier, secrétaire ord. du roi.

18 Juin 1640 (m. 40). — Inventaire des biens meubles de m^r de la Villebouquais (François Bonin, mort sous Arras le 18 juin 1640), lieutenant de l'artillerie de France, commandant celle-ci en l'armée du roi et sous les ordres de Mgr le marechal de la Meilleraye, rapporté après son décès.

Fait en presence d'Eustache Vynot et de Deschauffouz, commis au contrôle général.

27 Juillet 1640 (m. 41). — Institution de tutelle pour les enfants de François Bonin et Elisabeth Royer (Allain et Hellainne Bonin).

Comparaissent pour ladite tutelle accordée à la mère des mineurs : missire Allain Bonin, prieur de St-Martin de Josselin, oncle du defunt ; missire Allain Bonin, recteur de Sérent, oncle des mineurs ; François Rogier, s^{gr} du Crevix ; Jean Madic, s^{gr} de Maison-neusve, gouverneur de Montfort ; Pierre Picaud, s^{gr} de Quéheon ; Pierre Charpentier, s^{gr} du Tertre ; René Rogier, s^{gr} de Callac, con^{er} P^{ment} Bret. ; Grégoire de Quélen, s^{gr} du Brouttay, tous, parents du côté paternel. — Allain Alleno, recteur d'Hennebont ; Jan Troussier, s^{gr} de Querbraze ; n. h. Nouel Labbé, s^r de Brau, parents du côté maternel.

Fait à Ploermel. A signé également : Charles de la Bourdonnaye, sénéchal de cette ville, con^{er} du roi.

7 Juillet 1642 (m. 42). — Mainlevée de la succession de m^{lre} Allain Bonin, prieur de St-Martin de Josselin, accordée à Charles Bonin, chev., s^{gr} de Courpoy, et à Elisabeth Royer, v^{ve} du s^{gr} de la Villebouquais et tutrice de ses enfants.

27 Août 1642 (m. 43). — Sentence de la cour de Ploermel, qui ordonne que m^re Charles Bonin, chev. s^gr du Courpoy, capitaine d'une compagnie au reg^t d'Enghein et Elisabeth Royer, héritiers sous bénéfice d'inventaire du prieur de St-Martin, procéderont à l'inventaire de ladite succession.

A Ploermel. Charles de la Bourdonnaye, sénéchal.

13 Sept. 1642 (m. 44). — Acte par lequel m^re Charles Bonin, chev., s^gr du Courpoy, capitaine au reg^t du duc de Guise, subroge Elisabeth Royer à ses droits dans la même succession.

Février 1643 (m. 46). — Accord, entre Grégoire de Quélen, s^gr du Broustay, et Elisabeth Royer, femme de René de Kergus, touchant la succession de Julienne de la Chesnaye, d^e de Lespinay, tous deux héritiers de ladite dame, le s^gr du Broustay, comme principal héritier, la d^e de Kergus en qualité de tutrice des enfants de son mariage avec Francois Bonin et comme subrogée aux droits d'Henriette Lebaillif.

Juin 1645 (m. 47). — Lettres d'érection en chastellenye de la terre de Courpoy, accordées par le roi à Charles Bonin, ch^er, s^gr du Courpoy, Urtebize, Férolles, en considération des services rendus par ses ancêtres qui se sont distingués « soit en l'exercice des charges du Grand Conseil....., soit dans les armées, près les personnes des roys nos predécesseurs, qu'a leurs affaires domestiques » et par lui même au siege de la Rochelle, à l'Ile de Ré, à Suze, à Privas, à Pignerol, en Savoie, à St-Jean de Losne, en Roussillon et en Allemagne « ou il s'est généreusement porté, a couru grand péril de sa vie et reçu d'immenses blessures. »

« A ces causes, ordonnons que les dites lettres de créations et d'érections de chatellenye vous faciez registrer..... etc., joignons, unissons et incorporons ce qui nous reste de la justice, tabellionage et voyrye de la paroisse de Bouy et dismery dudit exposant ou ladite chastellenye est située et outre lui concédons et accordons le droict d'establir en ladite paroisse et chastellenye une foire par chacun an et un marché chacune semaine, à tel jour que ledit exposant advisera, aux droicts, franchises et immunités ordinaires.

6 Mai 1645 (m. 48). — Hommage rendu au roi par Charles Bonin, écuyer, mestre de camp d'un régiment entretenu pour le service de Sa Majesté, de ses terres de Courpoy et Urtebize (relevant en fief du roi, à cause de son chateau de Mehun), et de Ferolles (relevant du roi, à cause de sa grosse tour de Bourges).

« Ledit Bonin a quitté son espée et ses esperons, s'est mis en son humble devoir et en cet estat il s'est reputé homme lige et vassal du roi, a promis et juré... etc. »

L'acte est signé : Dalloneau, Bigot, de Pardieu, de la Chastre.

19 Sept. 1645 (m. 49). — Contrat de mariage entre René de Kergu, s^r de Boisgerbault, et Helene Bonin.

Fait en la maison presbytériale de Sérent, en présence d'Allain Bonin, recteur de cette paroisse. Ont signé, outre les parties : Elisabeth Royer ; René de Kergu ; Jacques de Kergu, s^r du Gué ; Jean Troussier, s^r de Guebrat ; F^{cois} Alleno ; Gilles Rogon, s^r du Pré-Rouge ; F^{cois} Lemetaer, s^r de la Planche ; Francois Troussier ; Jean Royer.

5 Juin 1647 (m. 50). — Aveu rendu au roi, pour le lieu du Courpoy, par m^{re} Charles Bonin, chev., s^{gr} de Courpoy, Urtebize, Ferolles et Bouy, comme fils et héritier de Charles Bonin.

Dénombrement des maisons, manoir, métairies, dîmes, sens, rentes, coutumes, prés et vignes que comporte cette seigneurie.

21 Mars 1648 (m. 51). — Lettres du roi à Monsieur de Courpoy pour lui annoncer son admission dans l'ordre de St-Michel et lettres du roi au marquis de Rochefort, pour qu'il ait à bailler le collier dudit ordre à Charles Bonin s^{gr} du Courpoy.

Signé : Louis ; plus bas : de Guennegault.

1er Avril 1648 (m. 52). — Lettres de Louis d'Allonguy (commandeur des ordres du roi, con^{er} en ses conseils) baron de Craon, m^{quis} de Rochefort, pour rendre compte qu'il a baillé le collier de St-Michel au s^r du Courpoy, après avoir reçu de lui le serment accoutumé.

10 Aout 1653 (m. 53). — Transaction entre m^{re} René de Kergu, s^{gr} dudit lieu (par. de Megrit, év. St-Malo) et son fils René de Kergu s^{gr} du Boisgerbault (habitant sa maison du Tertre Desnos en Planguenoual év. S.-B.) relativement à la dot d'Hélène Bonin.

2 Mai 1658 (m. 54). — Contrat de mariage de m^{re} Allain Bonin, chev., s^{gr} de la Villeboucquet, les Cliotz, etc. (d^{nt} en sa maison de la Villeboucquet) pensionnaire ordinaire des Etats de Bretagne, fils mineur de défunt F^cois Bonin, chev., s^gr desdits lieux, et d'Elisabeth Royer, dame propriétaire du Guermahias, avec Hélène Visdelou, dernière fille de m^re Claude Visdelou, chev. o. r., con^er r. en ses Conseils, président au Parlement de Bretagne, s^gr de la Goublais, Bienassis, Pratanros, Delien, Coëtfao, le Rible…, etc. (d^nt en son château de Bienassis, par. d'Erquy, év. S.-B.) et de déf. Jeanne de Guer, fille ainée de la maison de la Porteneuve et Pontcallec.

Le mineur est autorisé de noble m^re F^cois Rogier, Con^er du roi au P^ment, s^gr du Crevy, son curateur. Le mariage a été promis aux mains de Guillaume du Travere, recteur d'Erquy.

Ont signé outre les parties, et leurs auteurs : les s^r et d^e de Kergu, les s^r et d^e de Boisgerbault, René Visdelou, s^gr de St-Quereut, Bonaventure Visdelou, d^e de la Boultardaye, frere et sœur d'Helene, René Coueon, s^gr de la Boultardaye.

7 Aout 1658 (m..55). — Reconnaissance d'un prêt hypothecaire, fait par Alain Bonin, a h^t et p^t Eugène Rogier, chev., Cte de Villeneuve, M^quis de Gueno, conseiller du roi en tous ses conseils, maître des cérémonies et grand prevôt de ses ordres.

L'hypothèque porte en particulier sur les moulins de Ronsin et les fiefs de Camaioy, appartenant au s^r de la Villebouquais (Alain Bonin).

2 Juin 1661 (m. 56). — Baptême d'Allain René, fils d'Allain Bonin et d'Helène Visdelou, s^gr et d^e de la Villebouquais. (Extrait des registres de la par. de Tregranteur).

Parrain : Mre René de Kergu, s^gr du Boisgerbault. Marraine : demoiselle Mansart. Jean Legeay, curé de Tregranteur.

26 Juin 1661 (m. 57). — Lettres du roi annonçant au s^r de la Villebouquet (Alain Bonin) son admission dans l'ordre de St-Michel et instructions au duc de la Meilleraye, maréchal de France, pour conférer le collier audit s^r de la Villebouquet, vicomte de Trégranteur. Certificat du duc de la Meilleraye d'avoir conféré le collier.

La cérémonie est réglée comme il suit :

« Le s^r de la Villebouquet ira à la plus prochaine eglise avec ledit s^gr de la Meilleraye, où, ayant entendu la messe, ledit s^r de la Villebouquet se mettra à genoux devant ledit s^gr de la Meilleraye, lequel lui fera prester le serment, sa main touchant les saintes Evangiles…. quoy fait, ledit seigneur duc prendra le collier de l'ordre et le mettra autour du col dudit s^r de la Villebouquet et luy dira : « L'ordre vous reçoit en son aimable compagnie et en signe de ce vous donne le collier, Dieu veuille que longuement vous puissiez le porter à la louange, au service et à l'exaltation de la Ste Eglise, accroissement et honneur de l'ordre, de vos mérites et bonne renommée. Au nom du pere et du fils et du St-Esprit. » A quoy led. s^r de la Villebouquet répondra : « Dieu m'en donne la grâce ! » Et ledit duc le baisera en signe d'amitié perpetuelle. »

Signé, Louis. Contresigné, Lomenie.

14 Juillet 1663-10 Juin 1665-31 Juillet 1691 (m. 58 à 60). — Lettres du roi au s^r de la Villebouquet, pour le prier de se trouver aux Etats de Bretagne.

21 Juin 1664 (m. 61). — Transaction entre m^re Allain Bonin, chev., s^gr de la Villebouquais, Vte de Trégranteur, et Helene Bonin, épouse de René de Kergu, enfants de François Bonin et d'Elisabeth Royer, relativement au partage des successions de leurs père et mère.

31 Mai 1665 (m. 62). — Affranchissement d'un constitut dû par m^r de la Villebouquais aux Ursulines de Josselin.

Fait au parloir du monastère par les notaires de Porhouet. Ont signé, les dames religieuses qui suivent : Sœur Catherine de la Rouë, supérieure ; S. Gabrielle de Keraly, préfète ; S. Ysabelle Monaezo, discrete ; S. Claude Bouan, procure ; S. Marie Jubin ; S. Renée Le Lievre, conseillère ; S. Mathurine Silvestre, dépositaire.

9 Aout 1666 (m. 63). — Testament de m^re Allain Bonin, chev., s^gr de la Villebouquais.

Il contient différentes donations (entre autres, aux hôpitaux de Josselin et de Ploermel) et la fondation d'une chapelle prohibitive dans l'église des Carmes de Josselin (moyennant 1500 livres tournois, à la charge d'y célébrer une grand-messe à chaque anniversaire du décès et une basse-messe à toutes les fêtes de la Vierge). Le corps du testateur sera inhumé dans cette chapelle, son cœur sera déposé dans l'eglise de Tregranteur.

1666 (m. 64). — Acceptation par les Carmes de Josselin de la fondation d'Allain Bonin ; ils s'engagent sous serment à se conformer à toutes les volontés du défunt.

La chapelle prohibitive sera la première après celle de Madame de Rohan.

19 Aout 1666 (m. 65). — Institution de tutelle en faveur des enfants d'Allain Bonin ; laquelle est confiée à Helène Visdelou, leur mère.

Ces enfants sont, Allain, Elisabeth, Bonnaventure, Anne, Francois-René, Marye, tous mineurs.

Comparaissent par procureur, ou en personne ; Mre René de Kergu, s^{gr} du Boisgerbault, sœur du défunt ; Armel Alleno, s^{gr} de Penmené, vicaire perpetuel de St-Gilles d'Hennebond ; F^{cois} le Metaer, s^r de la Planche, mari de Louise Bonin ; Pierre le Champion, s^{gr} de Bellevue, mari d'Helène le Metaer ; Allain le Metaer, prieur commendataire de St Martin de Josselin ; Pierre Poullain, chev., s^{gr} du Pont, mari de d^e Dosfegre ; Jean le Metaer, s^{gr} du Hourmelin ; René de Quermeno, chev., marquis du Garo, Vte de Trebimouel et de Loyon, s^{gr} de Querguehenec, de Trohandal, de Queriollet, Le Moutoir, Querascouet, Montauban, Cte du Lesmo, s^{gr} de Barraton, Boisgueheneuc, La Villeday, La Touche-Poschart et a. l., Capitaine de deux cents hommes d'armes des ordonnances du roi ; Pierre Picaud chev., s^{gr} de Quéheon, Morgan, La Ville-Cour ; Guillaume de Lambilly, chev., s^{gr} de Cergroüys, époux de Suzanne Royer ; Jean Troussier, s^{gr} de Querbra, époux de.... Royer ; n. et disc. Jullien Alleno ; F^{cois} Charpentier, s^{gr} de Lannevaux, con^{er} du roi, lieutenant au siege de Ploermel ; tous les précédents, parents de l'estoc paternel. — Mre Allain de Guer, s^{gr} M^{quis} de Pontcallec, Cte de la Porte-Neuve, écuyer ordin. de la Grande Ecurie du roi ; Guy Visdelou, chev., s^{gr} châtelain du Hilguy, con^{er} au P^{ment} de Bretagne ; Jacques Visdelou, chev., s^{gr} de Delien, de Plogastel, capitaine garde côte de l'arrière ban de Cornouaille ; Francois Visdelou, s^{gr} de la Ville-Jegaud ; Jacques Rogou, s^{gr} de la Villebarguet ; René Botherel, chev., s^{gr} de Pefray ; Mathurin Garrouet, chev., s^{gr} de la Longrais, commissaire général du ban et arriere ban de l'évêché de St Brieuc et C^{taine} garde côte; Jan de Guér, chev., s^{gr} Cte de Tronchasteau, con^{er} du r., grand sénéchal au siege presidial de Vannes ; René-Cesar Visdelou, chev., s^{gr} de St Guesreu, du Colombier ; Paul de Botderu, chev., s^{gr} de Querdreo, Trongof, la Touche-Berthelot, tous ceux qui precedent, parents des mineurs, de l'estoc maternel.

23 Fevr. 1667 (m. 66). — Acte de fondation faite par les s^r et d^e de la Villebouquais aux Carmes de Josselin ; acceptation de ceux-ci, signée par le chapitre et ratifiée par l'Assemblée provinciale.

1er Mars 1667. (m. 67). — Inventaire des titres produits par m^{re} Charles Bonin chev., s^{gr} du Courpoy, Bouy, Urtebize, Ferolles, maréchal de camp des armées du roi, pour la justification de sa noblesse et reconnaissance de cette noblesse par Henry Lambert, chev., s^{gr} d'Herbigny et de la Rivière Thibouville, con^{er} du roi en ses conseils, maître des requêtes ordinaire de son hôtel, commissaire pour la recherche des usurpations de noblesse dans les généralités de Bourges et de Moulins.

22 Nov. 1668 (m. 68). — Arrêt de la chambre des réformations de la noblesse de Bretagne, commettant (à la requête d'Hélène Visdelou, tutrice de ses enfants), les juges de Mehun-sur-Yèvre en Berry, pour procéder à la collation des titres de la famille Bonin.

5 et 6 Février 1669 (m. 69). — Procès-verbal du compulsoire des titres de noblesse de la famille Bonin, fait par les juges de Mehun-sur-Yèvre, en vertu de la commission qui leur a été donnée à cet effet par arrêt de la chambre de la réformation de la noblesse de Bretagne.

18 Mars 1669 (m. 70). — Induction des actes et titres de la famille Bonin, faite par Hélène Visdelou, devant la chambre établie par le roi pour la réformation de la noblesse de Bretagne.

8 avril 1669 (m. 71). — Arrêt de la chambre établie par le roi pour la réformation de la noblesse de la province de Bretagne, déclarant Allain René et François-René Bonin « nobles, issus d'extraction noble » et leur permettant de prendre qualité d'écuyer.

Fait à Rennes, signé Louvel. M. d'Argouges, président, M. de Larlan, rapporteur.

4 Août 1673 (m. 72). — Autorisation de jouissance accordée à Hélène Visdelou, pour elle et ses enfants, des biens de feu Alain Bonin, son mari.

Extrait des registres de la chambre des Comptes.

1677 à 1745 (m. 73). — Dossiers concernant mesdemoiselles Bonin : Bonaventure-Marie de l'Assomption et Anne de Saint-Augustin, religieuses au couvent de l'Ave Maria de Josselin (Ursulines), filles d'Allain Bonin, et Françoise-Jeanne (Mademoiselle de Trégranteur), fille de Jacques-Allain et de Rose de la Bigottière, religieuse au même couvent.

Anne Bonin reçoit en dot lors de son entrée en profession, 1200 livres, plus une pension montant à 150 livres par semestre (et l'ameublement nécessaire), qui plus tard est augmentée de 50 livres par an pour menus besoins.

Françoise-Jeanne reçoit en dot 1000 livres à son entrée, 150 livres de pension par semestre, 80 livres pour les repas de vêture (prise d'habits), les meubles et l'entretien pendant le noviciat,

D'après diverses quittances on relève comme supérieures de 1690 à 1745 : Laurance Apvril, Bonaventure Bonin, Marie de Lerne, Anne Bonin, Angélique Vivien, Agnès Taillet. Parmi les autres religieuses de ce couvent, en juillet 1677 : Catherine le Roux, supérieure ; Isabelle Monaezo, préfète ; Jeanne le Metaer, Jeanne Mouton, Gabrielle de Keraly, Marie Jubin, conseillères. En juillet 1736 : Jacquette de Langle, Julienne de Lamisse, Agnès de Trévelec, conseillères. En 1738 : Marianne de la Chapelle, conseillère ; Françoise de la Roue dépositaire.

18 Oct. 1677 (m. 74). — Quittance des Carmes de Josselin à Hélène Visdelou, pour ce qu'elle a versé en faveur de la fondation d'Allain Bonin, son époux.

Ont signé ; Eloy de Saint-Martin, prieur. Blanche, not.

14 Juillet 1683 (m. 75). — Mandement du roi au sénéchal de Ploermel concernant l'aveu que d^e Helène Visdelou, v^{ve} du s^{gr} de la Villebouquais, aurait dû fournir de ses biens à la Chambre des Comptes.

24 Nov. 1685 (m. 76). — Contrat de mariage d'Allain-René Bonin, chev., s^{gr} de la Villebouquais, Trégranteur, Guermahèas, Maugremieu, fils de feu Allain Bonin, seigneur desdits lieux, et d'Helène Visdelou ; avec Claude-Renée Huart, d^{elle} de Bœuvres, fille mineure de feu m^{re} Francois Huart, con^{er} au P^{ment} de Bret. et de Renée Pelan.

La demoiselle de Boeuvres est assistée et autorisée de Pierre Huart, prêtre, s^{gr} de la Praye, chanoine de la cathédrale de Rennes, et de Jacques Huart, chev., s^{gr} du Boschet, con^{er} du roi au P^{ment} de B., ses oncles paternels.

Fait à Rennes en l'hôtel du seigneur du Boschet, où demeure ladite demoiselle.

25 Nov. 1685 (m. 77). — Decret de mariage des mêmes.

Comparaissent, ou se font représenter : Helène Visdelou ; Allain le Metaer (ail. Metayer), s^{gr} du Glajollet ; René et Joseph les Troussier, s^{rs} dudit lieu et des Cluiers ; Pierre Picaud, chev., s^{gr} de Quéheon et Morgan ; René de Kergu, chev, s^{gr} du Boisgerbault, du Plessis-Trehain, le Tertre-Desnos et a. l. ; Guillaume de Lambilly, chev., s^{gr} de Lambilly et de Quergrouays, et Pierre son fils ; Francois Charpentier, s^{gr} de Lanvault, la Salle, Gourhel, Camayon, con^{er} du r. ; Francois Rogier, chev., s^{gr} c^{te} du Crevy, Villenan, le Coin-du-Cor, la Chapelle, la Touche-

Carné, etc. ; René-Cesar Visdelou, s^gr de la Goublaye, St-Querreux, du Collombier, le Bourgdueil ; Claude-Hyacinthe de Begaignon, chev., s^gr de Jullé, c^te de Plessidy, s^gr de Quercadio, le Rumain ; F^çois-Hyacinthe Visdelou, chev., c^te de Bienassis, de la Goublaye, Lostellerye, Bréhan, etc., g^neur de Quimper ; François Visdelou, chev., c^te du Hilguy, de Plugastel, la Forest, etc. ; très h^t et p^t prince Nicolas de Quélen-Stuart de Caussade, p^ce de Carancy, c^te de la Vauguyon et du Broutay..., etc., etc. ; h^t et p^t Jean-Baptiste Amador de Guémadeuc, s^gr dudit lieu, g^neur de St-Malo, la tour Sollidor et Ploermel, c^taine g^nl du ban et arrière-ban de l'év. de St-Malo ; h^t et p^t René-Hyacinthe de Coëtlogon, s^gr dudit lieu, g^neur de Rennes, lieutenant pour sa Majesté dans les quatre évêchés de H^te-Bretagne, époux de Perronnelle-Angélique de la Villéon ; h^t et p^t Eustache le Sénéchal, issu des sires et grands sénéchaux héréditaires de Rohan, s^gr de Geneston, de Carcado ; Vincent le Gouvello, s^gr de Rosgrand, con^er du roi, et son prevôt à Rennes, mari de Jullienne de Chefdubois ; h^t et p^t m^re Joseph-Hyacinthe de Kersulguen, chev., s^gr de Kerloret, Chefdubois, le Forestie, Guermadec, etc. ; Louis du Breil, chev., c^te du Ponbriant, c^taine g^le-côte de l'évêché de St-Malo, subdélégué des maréchaux de France ; Yves-Jean Moro, s^gr de la Villeder, époux d'Anne Picault ; Amaury de Bréhan, chev., s^gr de Mauron, con^er au P^ment de Bret. ; Sebastien de Bégaignon, chev., s^gr du Rumain, époux de Françoise Visdelou ; Pierre de Boderu, chev., s^gr du Plessix, de Querdreho ; Hyacinthe de St-Pern, chev., s^gr de Ligouyer, époux de Jullienne Boterel de Quintin ; tous ci dessus parents d'Allain-René Bonin de la Villebouquais.

Fait à Josselin.

18 Sept. 1686 (m. 78). — Baptême d'Alain-Jacques-René Bonin, fils d'Alain-René, chev., s^gr de la Villebouquais et de Renée Huart.

Fait à Tregranteur.

Parrain : Jacques Huart, con^er au P^ment de Bret. Marraine : Helène Visdelou.

Ont signé, outre les parrain et marraine et les parents : F^çoise Huart, Marie-Monique Gouyon, Elisabeth Bonin, Marie Huart, Marie de Lambilly, Marie de Francheville de Bonnervault, Jean le Geay, alors curé.

Copie signée de Jean Desnos, curé de Trégranteur, certifiée par Joseph Rongeard, s^r de Penros, greffier de Josselin. Sceau du Porhoët (lion et macles).

6 Avril 1687 (m. 79). — Compte de tutelle fourni par Helène Visdelou à son fils Alain Bonin.

Celui-ci, depuis le decès de son père, a recueilli les successions de Francois-René decedé au cours de ses études au collège de Navarre à

Paris, de Marie-Ursulle, decedée en bas âge, de Bonaventure et Anne, religieuses aux Ursulines de Josselin.

26 Mai 1692 (m. 80). — Quittance donnée à m^{re} de la Villebouquais, s^{gr} de Maugremieu, pour 30 livres de rente annuelle qu'il doit à la fabrique de N.-D. du Roncier de Josselin, à cause d'une fondation de messe à ladite église.

Signé : Amaury du Rocher, s^r de Beauregard, trésorier.

12 Aout 1696 (m. 81). — Pièces relatives au droit d'enfeu que possèdent les Bonin, comme seigneurs de Maugremieu, dans l'église N.-D. de Josselin, et à diverses fondations aux Carmes de cette ville.

L'enfeu de Maugremieu comporte deux pierres tombales en la chapelle de la Vierge, proche l'autel et côté de l'évangile.
Le Général, convoqué par René Hardouin s^r de Lisle, alloué, lieutenant général de Josselin, trésorier de N.-D., delibère sur le déplacement de ces pierres tombales, nécessité par la construction d'un nouvel autel et d'un rétable.

4 Novemb. 1699 (m. 82). — Arrêt du Parlement, signifiant à Sébastien Bellouard, avocat, de payer 389 livres à Helène Visdelou.

21 Janvier 1702 (m. 83). — René-Jean Bonin, s^{gr} de la Villebouquais, se pourvoit au conseil du roi, contre Anne-Marie du Breil, épouse de Gervais de Francheville, comte de Francheville, heritière de Francois du Breil, s^r de la Mothe-Ollivet.

Celle-ci a engagé plusieurs procès contre ses anciens tuteurs, le Mis de la Dobiais, le s^r de la Villaudon-Feron, la d^e Cernanne Gédoin sa bisaïeule, mettant également en cause les nominateurs de cette tutelle. Parmi ces derniers figure Charles Bonin. René-Jean déclare avoir renoncé à la succession dudit Charles Bonin, son père (?), et pretend être mis hors de cause (1).

8 Fevrier 1703 (m. 84). — Requête de René-Jean Bonin au roi, relative à l'affaire ci-dessus.

Contre Thérèse du Breil, épouse de Gervais de Francheville, Yvon Rabiou, tuteur des enfants de Jean-B. de St-Gilles, s^{gr} de Peronnay ;

---

(1) Il ne semble pas cependant, que le nom de Charles ait été porté par le père de René-Jean, pas même par un autre membre de la tige bretonne, ayant eu postérité.

Claude le Vicomte, s^{gr} de la Villevolette, Marc-Antoine du Boisbaudry, seigneur de Trans, Pierre et Nicolas Gauchée écuyers, Nicolas Magon, s^r de la Chipaudière, connétable de St-Malo, Marie Frollet, Marie Goret, v^{ve} du s^r du Breil, Jeanne Bidé, v^{ve} de Cézard Freslon, René Porée, s^r du Parcq, Achille-Ferdinand de Poréas, Marguerite de Beaucé, autorisée de Claude de la Clinazre, son mari, François Becdelièvre du Bouexie, Charles-Gilles Desnos, s^{gr} de la Feillée, Toussaint Cornullier, président à mortier au Parlement de Bret., Guillaume du Breil, chev., comte de Rays, Joseph-Gilles du Breil, s^{gr} de Pontbriand, René Freslon, s^{gr} de St-Aubin, garde naturel des enfants de son mariage avec Jeanne du Breil, d^e de Bonnines de Poulpiquet, v^{ve} du s^r de Halgoet de Poulpiquet, tutrice de ses enfants, Pierre Desclos, avocat au P^{ment}, Philippe Frémond, s^r de la Ville-Olivier, m^{re} Gédouin abbé de Bazouges, Joseph de Boisbaudry, s^{gr} de Langan, con^{er} au P^t, Gabriel Serbon, M^{quis} d'Epinay.

21 Juillet 1706 (m. 85). — Contrat de mariage de Jean de Talhouet de Queravèon, chev., s^{gr} de Brignac, con^{er} du roi au P^t de Bret., fils unique de Guy-Luc de Talhouet de Queravèon, chev., s^{gr} de Couesbys, et d'Anne de Querguiris (d^{nt} en leur maison de Brignac par. de Serent), avec Françoise-Renée Bonin de la Villebouquais, fille d'Alain-René Bonin et de Claude-Renée Huart (d^{nt} à Trégranteur).

Outre la charge de conseiller dont il est pourvu, quitte de tous frais, le futur reçoit la sg^{ie} du Menec (par. de Bannalec, ev. de Quimper).

Fait à Trégranteur, par les notaires du Porhouet. Ont signé, outre les parties et leurs auteurs ; Hélène Visdelou, Anne de Kerguiry ; Jacques-René Bonin de Trégranteur ; René-Gilles de Sérent. Georges Belze et R. de Kerpedron, notaires.

21 Juillet 1706 (m. 86). — Inventaire des contrats de constituts transportés à m^{elle} de la Villebouquais, par cause de son mariage avec m^{re} de Brignac.

3 Fevrier 1709 (m. 87). — Moyens d'intervention que fournit Helène Visdelou, v^{ve} d'Allain Bonin, parent des enfants mineurs de Cyprien Habel, s^{gr} de la Neamie, dans l'instance de contribution pour la nourriture desdits mineurs.

22 Mai 1710 (m. 88). — Inhumation en l'église trêviale de Trégranteur d'Helène Visdelou, âgée de 77 ans.

Elle est qualifiée, « d^e de la Villebouquais, en son vivant seigneur et supérieur de notre eglise de Tregranteur... » Copie certifiée par Trevelo, curé en 1739.

1er Decembre 1710 (m. 89). — Contrat de mariage de Jacques-Alain-René Bonin de la Villebouquais, chevalier, s^{gr} de Trégranteur, fils aîné de Mre Alain-René Bonin et de Claude-Renée Huart de Beuvres, avec Marie-Roze de la Bigottière, fille de René de la Bigottière, chev., s^{gr} de Perchambault con^{er} du roi au P^t de Bret., et de Jullienne Charlot.

Jacques-Alain-René recevra les sommes nécessaires pour le payement d'une charge originaire de conseiller au Parlement de Bret.

Fait à Rennes, en l'hôtel du s^{gr} de Perchambault. Ont signé à la minute, outre les parties et leurs auteurs : Guy-René et Jean-Joseph de la Bigottière, frères de Marie-Roze.

29 Novembre 1712 (m. 90). — Baptême en l'église paroissiale de Toussaints à Rennes, de René-Jean Bonin, fils de Jacques-René Bonin et de Marie-Rose de la Bigottière.

Parrain : René de la Bigottière, s^{gr} de Perchambault, doyen du P^{ent} de Br. Marraine : Jeanne Huart d^e de Carné.

Ont signé outre les parrain et marraine : Carné de Langan, Huart de la Grandrivière, Jacques-René Bonin.

26 Dec. 1719 (m. 91). — Constitut, accordé par n. h. Pierre-Vincent Allanic (d^t à Josselin) à René-Jacques-Allain Bonin de la Villebouquais.

26 Decembre 1722 (m. 92). — Inhumation dans l'église tréviale de Trégranteur, de Marie-Rose de la Bigottière, d^e de la Villebouquais, âgée de 35 ans.

L'inhumation est faite « proche le balustre, dans la tombe prohibitive du château de Tregranteur ». Dubot, recteur de Sérent, a officié.

7 Mai 1724 (m. 93). — Contrat de mariage de m^{re} Jacques-René Bonin, chevalier, s^{gr} de la Villebouquay, vicomte de Maugremier et de Trégaranteur, conseiller au P^t de Br., avec Jeanne-Francoise Bertho, Vve de Joseph de Kergu, chev., s^{gr} de Kergu et du Plessis-Trehen (d^t au Plessis-Trehen, par. de Pluduno, év., S. B.).

Fait à Josselin, par les notaires de Porhouet, au parloir des Ursulines.

1726 à 1755 (m. 94). — Pièces concernant un procès entre tres h^t et p^t Jean Severe, chef de n. et d'a. de la maison de Rieux, s^{gr} de la Hunaudaye, Montafilant, Plancoët, Vauclaire et a. l., d'une part ; et Mre Toussaint-Marie de la Noue, chev., s^{gr} dudit lieu, con^{er} au

P^t de Br. et Mre Allain-René Bonin, chev., s^{gr} de la Villebouquet, con^{er} au P^t, d'autre part.

(Juridiction de Moncontour).

7 Avril 1735 (m. 95). — Quittance de Guy-René de la Bigottière de Perchambault pour une rente « sur la teste de Marie-Anne Bonin de la Villebouquais, religieuse au couvent de Ste Ursule de Vitré ».

1736 et 1737 (m. 96). — Diplômes de bachelier-es-lettres et de licentié en droit pour René-Jean Bonin de la Villebouquais. Celui-ci est reçu avocat au Parlement, présenté par m^{tre} Henry Cochin.

17 Mai 1737 (m. 97). — Dispense d'âge (pour atteindre 25 ans) et de parenté (le s^r de la Bigottière, son oncle maternel étant conseiller en la grande chambre), accordée par le roi à René-Jean Bonin de la Villebouquais, à l'effet d'être pourvu d'un office de conseiller originaire au Parlement de Bretagne.

26 Juillet 1737 (m. 98). — Lettres de conseiller originaire honoraire au P^t de Br. pour Jacques-René Bonin de la Villebouquais ; celui-ci ayant occupé la charge de conseiller pendant plus de 25 ans et ayant résigné en faveur de son fils.

« Il ne pourra pretendre à aucuns gages, droits, épices, ni autres émoluments..... conservant droit de voix et opinions deliberatives. »

Janvier 1739 (m. 99). — Ordre des trésoriers de France généraux des finances de Bretagne au payeur du Parlement, afin d'admettre René-Jean Bonin de la Villebouquais aux gages de conseiller originaire, à dater du 7 Juin 1737.

Signé : Barnabé de la Papotiere. Dans cet ordre sont inserées les lettres de provisions de René-Jean Bonin, signées Grost de Bellesme présid. Maletton rapp.

25 Juin 1740 (m. 100). — Inventaire et prisage des meubles qui sont dans l'hôtel de m^{re} Jacques-Allain Bonin, chev., s^{gr} de la Villebouquay, situé paroisse St-Etienne de Rennes.

Signé : Olive de Kervestin.

11 Aout 1740 (m. 101). — Décrêt de mariage de Françoise-Gillette-Emilie de St-Pern, avec René-Jean Bonin.

Comparaissent en personne ou par procureur : Vincent-Judes de

St-Pern, s^{gr} de Champalaune, chev. de St-Louis, colonel d'Infanterie et capitaine des grenadiers au reg^t du roi ; Charles-Ange de Forsant ; Jacques de la Motte, chev., s^{gr} de Veauvert ; Jean-B. de Forsant ; Pierre-François de Derval, chev., s^{gr} de la Noë, Brondineuf ; Gabriel-Hyacinthe Riou, chev., s^{gr} des Granvilles ; Jean-Judes de St-Pern, chev., s^{gr} de St-Pern Malvaux ; René de St-Pern, recteur de Bedée ; Judes-César de St-Pern, chev., s^{gr} de Querguen ; Bonaventure-Hylarion de St-Pern Ligouyer, époux de Louise-Hyacinthe de Derval ; Pierre Auband, chev., s^{gr} de la Hautière, époux de Marie-Jeanne Pencl ; Jean-B. de Tremereuc, chev., s^{gr} dudit lieu.

Fait à Rennes par les notaires de l'abbaye royale de Ste-Melaine.

20 Août 1740 (m. 102). — Contrat de mariage de René-Jean Bonin, chev., s^{gr} de la Villebouquais, con^{er} au P^{ment} de Br., fils aîné de Jacques-Allain-René, avec Françoise-Gillette-Emilie de St-Pern, demoiselle de Ligouyer, fille ainée de feu m^{re} Pierre-Bertrand de St-Pern, chev., s^{gr} de Ligouyer, et de Marie-Françoise-Angélique-Emilie de Derval.

Le s^{gr} de la Villebouquais père, est représenté par F^{coise} Perine de Carné, d^e douairière c^{tesse} de Langan, demeurant à Rennes. La demoiselle de Ligouyer est assistée et autorisée de Vincent-Judes de St-Pern, chevalier de St-Louis, son curateur et de René-Celestin-Bertrand de St-Pern, chef de nom et d'armes, chev., s^{gr} de Ligouyer, de Couellan, de St-Jouan, de la Hardouinaye, de la Villegeffroy, Champalaune, et a. l., frère de la future épouse, lui-même autorisé de noble Jean-B. Riallen, s^r de Bourgneuf, son curateur.

René-Jean, entre autres choses, apporte sa charge de conseiller au P^t, ayant couté 45.000 livres.

Fait au château de Couëllan, par. de Guitté, évêché de St-Malo.

Ont signé un grand nombre de parents St-Pern qui figurent au décrèt du 11 Août, et, en outre, Constance le Mezec du Plessis, dame présidente du Plessis ; Jeanne-Marie de St-Pern du Plessis ; Rose-Pelagie Auban de St-Pern ; Louis-Bonaventure de St-Pern, chevalier de Ligouyer ; Jean-Judes de St-Pern ; du Breuil de St-Pern ; Emmanuel de St-Pern ; Renée-F^{coise} de St-Pern ; Marguerite de St-Pern, religieuse de St-Georges.

1740 (m. 103). — Lettre du roi, accordant dispense d'alliance à René-Jean Bonin de la Villebouquay, con^{er} au P^t, pour épouser la belle-sœur de Jean-Baptiste-Claude-Marie Duplessix aussi con^{er} au P^t.

« A la charge que la voix dudit Duplessix et celle dudit exposant, venant à se rencontrer de la même opinion, elles ne seront comptées que pour une. »

23 Aout 1740 (m. 104). — Acte du mariage de René-Jean Bonin avec Gillette-Emilie de St-Pern, celebré en la chapelle du château de Couëllan, paroisse de Guitté, par missire René de St-Pern, recteur de Bedée.

Etaient presents, en outre des témoins qui figurent au contrat : Jacques-Alain-René Bonin et Jeanne-F[coise] Bertho, son épouse ; Rose Bonin ; noble maître Julien-René Bechu, s[r] des Hayes, avocat, con[er] du roi ; Bechu, recteur de Guitté.

1743 à 1766 (m. 105). — Lettres particulières de certains membres de la famille Bonin de la Villebouquais.

5 Décembre 1744 (m. 106). — Baptême en l'église de St-Etienne de Rennes, de Francoise-Judith, fille de René-Jean Bonin et de Gillette-Emilie de St-Pern, administré par Jean-Francois de Guerzans, grand archidiacre, chanoine de la cathedrale, official et vicaire général de Mgr l'evêque.

Parrain : Vincent-Judes de St-Pern, chev., s[gr] de Ligouyer, Champalaune et a. l., chevalier de St-Louis, colonel du reg[t] de la Marche-Infanterie, brigadier des armées du roi, premier gentilhomme de Son Altesse le duc de Penthievre. Marraine : Perrine-Françoise de Carné, c[tesse] de Langan.

Ont signé, outre les parrain et marraine et les parents : Louise de Derval ; Pont-Carré de Viarmes ; Reine Bonin de la Villebouquais ; Huart de Bourbansays ; Grignar de Chansavoy ; de Guersans ; Jean Bonin de la Villebouquais.

Copie certifiée par. de Chateaubriant, curé de St-Etienne en 1757.

3 Juin 1744 (m. 107). — Baptême de Charles-Marie, fils de René-Jean Bonin et d'Emilie de St-Pern, célébré à St-Etienne de Rennes.

Parrain : Jean-B.-Claude-Marie Duplessis, chevalier, s[gr] de Grénédan, con[er] au P[t] de Br. Marraine : Françoise-Renée-Reine Bonin de la Villebouquais.

Ont signé, outre les parrain et marraine et les parents : de Derval ; Anne de St-Pern Duplessis ; Marie-Joseph Grignar de Champsavoy ; Bertrand de St-Pern.

30 Août 1745 (m. 108). — Institution de tutelle pour les enfants mineurs de feu Jacques-Allain-René Bonin, chevalier, s[gr] de la Villebouquais, Tregranteur..., etc., con[er] honoraire au P[t], et de Jeanne-Françoise Bertho, sa seconde femme.

De ce mariage il reste six enfants mineurs : Charles, Julienne, Reine, Anne-Leobanne, Marie-Anne, Magdelaine-Marguerite, Therese-Renée.

Comparaissent personnellement ou par procureur : Jeanne-F^{çoise} Bertho, demeurant à Trégranteur ; René-Jean Bonin, chev., s^{gr} de la Villebouquais, Tregranteur, v^{te} de Maugremier, s^{gr} de Guermahias et a. l., fils aîné du premier mariage (avec Marie Rose de la Bigottière), con^{er} au P^{nt} de B. ; René-Anne-Hypolite de Brilhac, s^{gr} abbé commendataire de l'abbaye royale de St-Jean-des-Prés, y demeurant par. de Guillac, év. de St-Malo ; Pierre Picaud, chev. s^{gr} châtelain de Quéhcon, chevalier des ordres de St-Lazare, de Jerusalem et de N.-D. du Mt-Carmel ; Joachin Hay, chev. s^{gr} de Bouteville, con^{er} au P^{t} de B., habitant son chateau de Monbouan ; Jacques-Francois-René Huart, s^{gr} de la Bourbansaye, con^{er} au P^{t} de Br., habitant son hôtel à Rennes ; Marie-Joseph Grignart, chev., s^{gr} de Champsavoy, demeurant en son château de la Ville-Guyhart ; Francois-Joseph-Charles de Kergu, s^{gr} du Boisgerbault, frère, du coté maternel, des mineurs ; Clement de Castel, s^{gr} de Landual ; Toussaint Hersart, chev., s^{gr} de Kerbolle, demeurant au château de Beguynaie (par. de Tourie, év. de Rennes) ; écuyer Charles de Lamotte, s^{gr} de la Motte-Rouge, demeurant au château de la Motte-Rouge (par. de Henanzal, év. S^{t}-Br.) ; Toussaint-Julien des Cougnet, chev., s^{gr} de Correc, Prevasic, demeurant au château de Prevasic (par. de Plouguer) ; Pierre-Francois du Bourgblanc, chev., s^{gr} de Preville, chevalier de St-Louis, habitant son château de Quergarot (év. de Tréguier). Tous, parents des mineurs, déclarent accepter la tutelle de F^{çoise} Bertho ; l'abbé de Brilhac, curateur pour les causes où ladite Bertho serait interessée.

6 Septembre 1752 (m. 109). — Opposition faite par le s^{gr} de la Villebouquais et la dame du Plessis de Grénedan à l'appropriement définitif, s'en suivant du contrat d'acquet de la terre de Fornebello, consenti par Jacques-Marie de Bahuno, chevalier, m^{quis} du Liscoët (agissant pour lui et ses sœurs) et par Julien-René-Jean de Grimaudet, chevalier, s^{gr} de Rochebouet, conseiller au P^{nt} de Bret., vendeur.

La terre de Fornebello consiste en château, métairies, moulins, colombiers, garennes, dîmes, bois taillis et futaies, rentes censives et convenancières. La vente a été signée le 21 Janvier 1750, moyennant 68.700 livres et enregistrée à Guingamp.

14 Octobre 1752 (m. 110). — Contrat de mariage d'écuyer Felix-Anne Plancher, s^{gr} de la Rocherousse, fils de feu écuyer Mathurin Plancher, sénéchal de Lamballe, et de Jeanne-Françoise le Fruglaie, avec Anne-Perrinne-Leobanne Bonin, dame du Plessis, fille mineure de Jacques-Allain Bonin, chevalier, s^{gr} de la Villebouquais, et de Jeanne-Francoise Bertho, demeurant au château du Plessis-Trehen, par. de Pluduno, év. de St-Brieuc.

Ont signé, outre les futurs époux : Bertho de la Villebouquais ; Marianne Bonin ; Magdeleine Bonin ; Thérèse Bonin de la Coudraie ; Jean-B.-Nicolas Lardan, doyen des chanoines de l'église collégiale de Lamballe, à requête de la dame le Fruglaie Plancher, qui declare ne pouvoir signer à cause de ses infirmités.
Fait à Lamballe.

17 Aout 1753 (m. 111). — Quittance donnée à MM. de la Villebouquais et de Traissan, conseillers au parlement, par l'orfèvre qui a pesé et estimé l'argenterie et les bijoux de la succession de Mr de Perchambault (Guy-René de la Bigottière), leur oncle, mort en 1751.

18 Aout 1753 (m. 112). — Comptes relatifs aux affaires de la même succession, que se rendent MM. de la Villebouquais et de Traissan.

Ont signé : le Gonidec de Traissan ; de la Bigottiere de Traissan, sa femme ; Bonin de la Villebouquais ; Renée-Reine Bonin et Jacquette-Rose Bonin, sœurs dudit de la Villebouquais.

17 Avril 1757 (m. 113). — Certificat de garde de la marine, pour le chevalier de la Villebouquais, délivré par François-Marie Peirenc de Mozas, M^{quis} de St-Priest, secretaire d'Etat au département de la marine.

4 Aout 1760 (m. 114). — Diplôme de bachelier en droit canon et civil, délivré à Bertrand-Jean-Marie Bonin de la Villebouquais.

1760 à 1779 (m. 115). — Lettres d'affaires, adressées à Mademoiselle de la Villebouquais, en son hôtel, place du Palais à Rennes, ou rue de Bourbon.

27 Juin 1761 (m. 116). — Don mutuel entre demoiselles Françoise-Renée-Reine Bonin de la Villebouquais et Jacquette-Rose Bonin ; vu et approuvé par René-Jean Bonin, leur frere ainé.

11 Aout 1761 (m. 117). — Réception de Bertrand-Jean-Marie Bonin de la Villebouquais, licentié-es-lois, comme avocat, après avoir prêté le serment requis.

12 Mars 1762 (m. 118). — Contrat de mariage de m^{re} Charles Bonin, chev., s^{gr} de la Villebouquais, officier de la marine royale, chevalier de St-Louis (fils de Jacques-Alain-René et domicilié à Brest), avec Renée-Marie-Michelle de la Guerande, d^e de la Motillais, fille unique et noble de feu François de la Guerande de la Motillais et de Marie Salmon, habitant Lamballe.

Fait à Lamballe, et ont signé au contrat, outre les parties et leurs auteurs : René Abgrale, prêtre, curateur particulier de ladite demoiselle ; Julienne Salmon de Gravé (Vve de F^{çois} de Gravé) ; de la Bouexière Villetanet ; Mauny ; Plancher de la Rocherousse ; Louis-Pierre de la Bouexiere ; Marguerite de la Bouexière de la Villetanet ; Bonin de la Rocherousse ; Bonin de Mauny ; Bonin ; Bonin de Trevran ; René-Jean Bonin de la Villebouquais, frère de Charles.

20 Avril 1762 (m. 119). — Acte du mariage des mêmes, célébré en l'église de Lamballe, par missire René Abgrale.

En presence de presque tous les parents qui ont signé au contrat ; en outre de Mathurin Poulain, chev., s^{gr} Cte de Mauny, chevalier de St-Louis, beau frère du marié, et de Rambes, supérieur des Augustins.

14 Juin 1763 (m. 120). — Sentence rendue au comté-pairie de Laval, en faveur de René-Jean Bonin de la Villebouquais, con^{er} au P^{ent} de Br., Françoise-Renée et Jacqueline-Rose Bonin, demoiselles de la Villebouquais, demandeurs ; contre Olivier-Joseph le Gonidec de Treissan con^{er} au P^{ent} et Renée de la Bigottière, son épouse.

Ceux-ci reçoivent signification de procéder au partage des biens sensifs de la succession de Guy-René de la Bigottière, oncle commun des parties.

12 Juillet 1763 (m. 121). — Dispense d'âge et de parenté, donnée par le roi, à Bertrand-Jean-Marie Bonin de la Villebouquais, à l'effet d'être conseiller originaire au Parlement de Bret. ; son père étant déja conseiller en la même cour.

Juillet 1763 (m. 122). — Quittance délivrée à Bertrand-J.-M. Bonin de la Villebouquais, résignataire de René-Jean Bonin, son père, conseiller originaire au P^{ment}, pour 4400 livres versées afin d'obtenir des provisions aux gages et jouir de la survivance. Quittance au même de 864 livres pour le droit de Marc d'Or de l'office de con^{er}.

2 Décembre 1763 (m. 123). — Enregistrement par la Chambre des Comptes, des lettres de provisions données par le roi à Bertrand-J.-M. Bonin s^r de la Villebouquais, lui octroyant l'office de con^{er}

originaire au Parlement, dont était pourvu Jacques-Louis Berthou de Querverzio.

Mr de Becdelievre premier pr{d}.
Mr de Valleton, rapp.

24 Decembre 1763 (m. 124). — Lettres des trésoriers généraux de France au receveur payeur du Parlement, pour lui faire part de la reception de Bertrand Bonin, à dater du 18 Aout.

(sans date) (m. 125). — Notes de René-Jean Bonin, pour prouver le droit qu'ont ses enfants d'être admis dans l'ordre de Malte.

14 Octobre 1765 (m. 126). — Extrait des régistres extraordinaires de la juridiction du prieuré de Ste-Croix de Josselin. — Déclaration faite par le comte de la Villebouquais (René-Jean Bonin), ses frères et sœurs, d'accepter les successions réelles et immobilières de feues Madeleine et Anne Bonin, leurs sœurs, en ce qui relève du prieuré.

Fait par Dahirel, en présence de noble m{tre} Jacques-Elie de la Primaudaie, avocat, et Joseph-Jean Robin de Pimpoulle, procureur fiscal.

1766 à 1769 (m. 127). — Correspondance entre Mr de la Villebouquais, conseiller au P{t}, et Mr de Châteaubriant, son cousin, armateur à St-Malo, lequel s'occupe des intérêts maritimes de Madame de la Villebouquais et ses coassociés (St-Pern).

La correspondance traite de la pêche à Terre-Neuve, et incidemment des événements de Bretagne. Mad. de la Villebouquais et ses coassociés semblent avoir possédé quatre terreneuviers.

Comptes concernant l'administration de ces affaires.

16 Aout 1766 (m. 128). — Contrat de rente consenti par Jacquette Malescot, v{ve} d'Henri-Albert de Cecy, chev., sgr de Kerampuil con{er} au P{t}, à René-Jean Bonin de la Villebouquais et son épouse.

1769 (m. 129). — Grand des biens fonciers dépendant de la succession de René-Jean Bonin, mort le 7 Fevrier 1769.

La maison de Trégranteur, jardins..., etc., forment le préciput de l'aîné.

9 Fevrier 1769 (m. 130). — Inhumation dans le cimetière de l'église trêviale de Trégranteur de haut et puissant m{re} René-Jean Bonin, chef de nom et d'armes, chevalier, sgr Cte de la Villebouquais, Vte sgr suzerain de Montgremier, de Trégranteur, juveigmeur de Porhouet, M^quis de Quermahias, de la Ville-Geffroy, Kerprat, Baron de Château-Merlet, châtelain du Glayolet, s^gr de Fahuran, s^gr fondateur des églises paroissiales de Cruguel, Couet-Bugat, Trégranteur et a. l...., décédé le 7 février.

15 Avril 1769 (m. 131). — Institution de tutelle, en faveur d'Aimée-Gillette, d'Agathe-Jeanne-Marie et de Scholastique-Marie-Françoise, filles de René-Jean Bonin, de la Villebouquais, et de Françoise-Gillette-Emilie de St-Pern.

Comparaissent en personne ou par procureur : Bertrand-J.-M. Bonin, con^er au P^nt, frère des mineurs ; Mathurin Poulain de Mauny, chevalier de St-Louis (époux de Julie Bonin) ; Jean-François de Papeux (époux de Marie-Anne Bonin) ; Charles Bonin, ancien lieutenant des vaisseaux du roi, chev. de St-Louis ; Jean-B.-Elie Camus de Pontcarré de Viarmes, con^er d'Etat ordinaire, ancien prévôt des marchands de la ville de Paris ; Antoine-Paul-Jacques de Quélen, de Stuert, de Caussade, duc de la Vauguyon, pair de France, p^ce de Carency, c^te de Quélen et du Broutay, m^quis de St-Megrin et de Calenges, v^te de Calvignac, baron des Auriennes et hautes baronnies de Tonniens, Grateloup et a. l., s^gr de Larnagol, de Talcoimeur, Vidanne, chevalier et avoué de Sarlat, haut baron de Guyenne, second baron de Quercy, l^t général des armées du roi, chevalier commandeur de ses Ordres, gouverneur de la personne du dauphin, premier gentilhomme de sa chambre, grand maître de sa garde robe, gouverneurs des personnes de Mgr le c^te de Provence et Mgr le c^te d'Artois, premier gentilhomme de leurs chambres, grand-maître de leurs gardes-robes et surintendant de leurs maisons ; Francois-Joseph-Charles de Kergu, prêtre, tous, parents du côté paternel ; Judes-Gilles de St-Pern, chev., s^gr de Brondineuf, chevalier de St-Louis, ancien capitaine de carabiniers ; Louis-Bertrand Rolland du Rochay-Noday ; Toussaint Descognetz ; Hillarion de St-Pern, Louis-Bonaventure de St-Pern, maréchal des camps des armées du roi ; René-Celestin-Bertrand de St-Pern, chev., m^quis de St-Pern, tous parents maternels.

Ils nomment Emilie de St-Pern pour exercer la tutelle, avec l'aide du M^quis de St-Pern et du Vte de la Villebouquais, conseillers honoraires de ladite tutelle.

Fait à Rennes. Ont signé : Pélage de Coniac, chev., s^gr d'Alineuc, con^er honoraire au P^nt, Sénéchal de Rennes, et les notaires procureurs.

22 Octobre 1770 (m. 132). — Inhumation de Jacquette-Rose Bonin, d^elle de la Villebouquais, dans la chapelle du Reliquaire de l'église St-Germain de Rennes.

27 Avril 1771 (m. 133). — Reçu de la pension de d^{elle} Agathe Bonin de la Villebouquais, à l'abbaye St-Georges de Rennes.

Signé : Judith de Chaumont-Guitry, abbesse de St-Georges.

13 Mai 1771 (m. 134). — Inventaire et partage des meubles et effets, dépendant de la succession de d^{elle} Jacquette-Rose Bonin.

Fait en presence de Reine Bonin, Charles Bonin, Bertrand-J.-M. Bonin.

2 Decembre 1771 (m. 135). — Testament de Françoise-Gilette-Emilie de St-Pern, dame douairière de la Villebouquais.

On y voit que Me de la Villebouquais et son mari, ont employé plus de 20.000 livres pour bâtir leur château de Tregranteur.

2 Novembre 1772 (m. 136). — Partage noble et suivant la coutume de Bretagne de la succession de Jacquette-Rose Bonin, entre Bertrand-J.-M. Bonin (neveu de la défunte), Francoise-Renée-Reine Bonin (sœur de la défunte), Charles, ancien officier de marine, Julienne-Reine, épouse de Pierre Poullain de Mauny, Marie-Anne, épouse de Jean-F^{çois} Gesril du Papeux, et Therèse, enfants issus du second mariage de Jacques-Allain Bonin avec Francoise Bertho.

1768 à 1781 (m. 137). — Divers ordres d'embarquement, commissions de commandement et instructions, pour le chevalier de la Villebouquais, officier de marine.

Ces lettres sont adressées, soit à Brest, soit à Bordeaux, où le chevalier de la Villebouquais, lieutenant de vaisseau, remplit une mission spéciale, et sont signées : Sartines, Duchaffault, Prévalaye, d'Orvilliers, Guichen, Hector, de Vaugirault, de Roquefeuil, de la Touche.

Le chevalier est embarqué tour à tour sur la gabarre *l'Ecluse* (commandée par Mr Mingant), la frégate *le Zéphir*, le lougre *le Chasseur*, la frégate *la Vieille Poule*, *la Ville de Paris* (commandée par de Kermadec), la frégate *la Medée*, la frégate *l'Amphitrite*. Il est question dans deux de ces lettres de la conduite du chevalier d'Escures et du chevalier de St-Pern.

13 Avril 1774 (m. 138). — Contrat de mariage de h^t et p^t Joseph-Charles Jocet, chevalier, s^{gr} du Quengo, la Ville Canio, etc., demeurant à Moncontour, avec Aimée-Gillette Bonin.

Fait à Tregranteur, sous les seings des futurs époux, d'Emilie de St-Pern, de Bertrand-J.-M. Bonin, frere de la demoiselle, de Marie-Anne-

Constance-Janne du Plessis de Bonin, Agathe-Janne-Marie Bonin de la Villebouquais, Julie Bonin de Mauny, Pierre-Marie du Plexis, Hamon de Boismartin, de la Grandville.

1774 (m. 139). — Etat-Major embarqué sur la frégate *le Zéphir*.

Capitaine, de Monteil ; lieutenant en pied, de Carcaradec ; lieutenants, le Gonidec et d'Andigné ; enseignes : le chevalier Bonin, du Camper, du Loup, d'Orléans ; gardes du pavillon : de Galiffet et de Sainvilliers ; gardes de la marine : d'Estimanville, de Montazet, de St-Pern, Gombault ; gardes du pavillon : d'Eguilles, du Vivier.

16 Janvier 1776 (m. 140). — Procompte et transaction entre Francoise Bertaux, Vve de Jacques-Alain-René Bonin, s^{gr} de la Villebouquais (agissant pour elle, et son beau-fils de la Villebouquais), et Vincent Cesam ; relativement au réglement d'une jouissance sur la métairie de la Villemorin, par. de Henon, év. de St-Brieuc.

1777-1778 (m. 141). — Lettres de Mr de Sartines, ministre d'Etat, au chevalier de la Villebouquais, officier de marine, pour le féliciter de sa conduite en diverses occasions.

28 Juin 1778 (m. 142). — Copie de la lettre du roi, ecrite à Mr de la Touche, commandant à Rochefort, dans laquelle le roi motive ses hostilités contre l'Angleterre et ordonne de s'emparer de tous les bâtiments marchands anglais.

31 Octobre 1778 (m. 143). — Lettre du roi, contresignée de Mr de Sartines, annonçant à Mr Bonin de la Villebouquais, son admission, dans l'ordre de St-Louis et commettant Mr de la Prévalaye pour lui conférer ledit ordre.

8 Mai 1779 (m. 144). — Testament de Mlle de la Villebouquais (F^{coise}-René-Reine Bonin), qui institue Bertrand-J.-M. Bonin, son exécuteur testamentaire.

Quittances de messes signées : Guérin, recteur de Trégranteur ; Vandergrach, recteur de Coët-Bugat, chanoine de St-Augustin ; Gautier, doyen de St-Servan.

8 Janvier 1780 (m. 145). — Mainlevée, adjugée à Bertrand-J.-M. Bonin de la Villebouquays, de la succession de Françoise-Renée-Reine Bonin, sa tante.

Sentence signée de Louis-Joseph Varin de Bouvrel, lieutenant de la Senechaussée de Rennes. René le Clerc de Boisvilou, procureur au Parlement est porteur de la procuration de Marie-Michelle de la Guérande, femme de Charles Bonin, lieutenant de vaisseaux.

3 Octobre 1780 (m. 146). — Baptême dans l'église paroissiale de Trégranteur d'Aimée-Louise-Marie Bonin, fille de Bertrand-J.-M. Bonin, s^{gr} Cte de la Villebouquais, Fahuran, La Chenaie-Morio, Le Glayolay...., etc., conseiller en la grande chambre du P^{ment} de Bret. et commis pour présider la deuxième chambre des enquêtes, et de Marie-Anne-Constance-Jeanne du Plessis ; célébré par Bonaventure-Augustin-Joseph du Plessis-Grénédan, chanoine de Rennes et vicaire général de ce diocèse.

Parrain : Louis-Bonnaventure, c^{te} de St-Pern, chevalier, s^{gr} de St-Pern, Ligouyer et a. l., lieutenant g^{al} des armées du roi, inspecteur des canonniers gardes-côtes de terre ferme et îles de Bretagne (grand oncle paternel et maternel). Marraine : Aimée-Gillette Bonin, dame de Jocet, du Quengo, de la Ville Xenio et a. l. (tante paternelle).

Ont signé, outre les parents directs, les parrain et marraine : Emilie de St-Pern de la Villebouquais ; Agathe-Jeanne-Marie Bonin ; Scholastique-Jeanne-Marie Bonin de Trégranteur ; F^{çois}-Joseph de Vossey ; le chevalier de Vossey ; le Guillou de Bellouet, sénéchal de Josselin ; Martin d'Aumont ; Dahirel, procureur fiscal de la V^{té} de Trégranteur ; Eon, recteur de Cruguel-Bilio ; de Lesquen de la Charbotière ; Madeleine le Guenec de Trevran ; Orio, curé de Tregranteur.

28 Février 1781 (m. 147). — Partage noble et suivant la coutume de la succession de Francoise-Renée Bonin, entre Bertrand-J.-M. Bonin, Marie-Anne-Rose Bonin, d^e de Papeu, Thérèse-Renée-Catherine Bonin, F^{coise}-Jeanne Bonin, épouse de Marie-Joseph-Constant Faustin de St-Meloir, représentant Charles Bonin, son père.

5 Avril 1781 (m. 148). — Laissez-passer de la Direction de Bordeaux, délivré à la frégate *l'Engageante*, commandée par Mr de la Villebouquais.

19 Nov. 1781 (m. 149). — Extrait des minutes du bureau du greffe de la marine de Brest. — Vente publique des effets dépendant de la succession de Charles-Marie Bonin de la Villebouquais, lieutenant des vaisseaux du roi, chevalier de St-Louis.

23 Nov. 1783 (m. 150). — Inhumation dans le cimetière de l'église de Tregranteur, d'Agathe-Jeanne-Marie Bonin de la Villebouquais, décédé à l'âge de 27 ans.

27 Mars 1784 (m. 151). — Quittance du trésorier général des ordres du roi à Bertrand-J.-M. Bonin de la Villebouquais pour la somme de 1620 livres de Marc d'or, dues sur les lettres de commissions, qui l'appellent aux fonctions de Président aux Enquêtes du P^{ment} de Rennes.

1786 à 1790 (m. 152). — Mémoires et comptes adressés par différents fournisseurs de Rennes (tailleur, carrossier, apothicaire, sabottier, maison Vatar, argentier...., etc.) à la famille Bonin de la Villebouquais.

3 Décembre 1788 (m. 153). — Partage noble et d'ancien gouvernement, des successions de René-Jean Bonin et de Gillette-Emilie de St-Pern, son épouse, grossies de celles de Rose-Jacquette Bonin, de Madame de Mauny, et de Mlle de la Villebouquais (F^{çoise}-René-Reine), sœurs de René-Jean.

Fait à Tregranteur et conclu entre Bertrand-J.-M. Bonin, Bonaventure-Esprit Bonin, capitaine au reg^t de Penthièvre, Charles-René Bonin, chanoine de Vannes, vicaire général du diocèse, abbé commendataire de St-Aubin des Bois, Aimée-Gillette Bonin, dame Jocet du Quengo, Scholastique-Françoise-Marie Bonin, enfants de René-Jean. — (A cette époque trois de leurs frères et sœurs étaient décédés : Charles-Marie, Agathe-Jeanne-Marie, F^{çoise}-Judith).

Cahier de 37 folios, où figure le grand des biens fonciers de René-Jean [Trégranteur, Guermahéas, Maugremier et Chateaumerlet, avec leurs appartenances et dépendances ; les fiefs de St-Pern et de Quelen ; la terre de la Chenaie ; les métairies de Trévran, de Crainhouet ; une part de la jouissance de la seigneurie de St-Nazaire et Marzin (venue de la c^{tesse} de Langan) — des biens fonciers de Rose-Jacquette et de Françoise-Renée-Reine [terre du Glayolay, terre de Carmené, une part de la Ville-Allain] — de Me de Mauny [métairie de la Couche-d'Œuf] — d'Emilie de St-Pern [forge du Vaublanc, une part de la forêt (et fourneaux) de la Hardouinaye ; la seig^{ie} de la Villegeffroy et ses dépendances ; les metairies de Feine, de la Ville-Avenant].

La totalité des immeubles nobles et roturiers s'élève à 279.000 livres. Bertrand-J.-M. Bonin abandonne aux puînés la Villegeffroy. Le Vaublanc et St-Nazaire restent indivis.

21 Sept. 1789 au 3 brumaire an VIII (m. 154). — Quittances des impots du citoyen Bonin ; communes de Guégon et d'Amiens.

Sans date (m. 155). — Inventaire des acquisitions foncières faites par Bertrand-J.-M. Bonin et Marie-Constance-Jeanne du Plessis, son épouse.

XVIII⁰ siècle (m. 156). — Contrats de constitution consentis par la famille Bonin de la Villebouquais et quittances de rentes constituées.

Constituts consentis à éc. Barthélemy-Marie de Bonnefons et Françoise Kerboul son épouse (1754) — à n. h. Jullien le Meloret Laisné docteur en médecine (1703) — à Mʳ Geslin (1737) — a Mʳ du Parc le Roy (1742).

Quittances de rentes, signées des religieuses hospitalières de Vannes (1742) (Sœur Michelle de France, supérieure ; Madeleine de la Surgère, Pulchérie Boterel, Marguerite de Guervasic, Jeanne le Mettaire, Jacquette de Trémerreuc, Helène Huchet) — de Mʳ Mathurin-Pierre Poulain de Mauny (1759) — de Mʳ le Président de Catuelan (1742) — de Mad. Gesril du Papeu (1747) — etc.

XVIII⁰ siecle (m. 157). — Quittances diverses de Mʳˢ Bonin de la Villebouquais.

Ces quittances sont signées : Henriette de Sᵗ-Aulaire, religieuse du Père Eternel de Vannes (1735) — Ruault de la Tribonnière (1788) — Mʳ Dagorne de la Vieuville, pour 200 messes, en l'acquit du testament de Mad. de la Villebouquais (1787) — Sœur de Kerpedron, pour une rente due par les héritiers d'Emilie de Sᵗ-Pern (1791) — de Joseph de Quergu, dᵗ au manoir du Plessis-Trehen (1720) — Divers comptes et quittances relatifs à la succession de Mad. de Langan (decedée en 1762), d'Anne Leobane Bonin, dᵉ de la Rocherousse (decedée en 1765) et de Madeleine Bonin, dᵉˡˡᵉ de la Villebouquais (decedée en 1765) — Quittances des religieuses de Laval pour une rente viagère due par Mʳ de la Villebouquais à Hyacinthe-Abel de la Roche (1752) — Quittances signées du chevalier de Sᵗ-Pern (maréchal de camp).

30 Decembre 1790 (m. 158). — Opposition, devant le tribunal du directoire de Josselin, faite par Bertrand-J.-M. Bonin, à la vente totale des biens des Carmes de Josselin, en conservation des droits prétendus par ledit Bonin, fixés par fondations de 1643 et 1666.

10 Septembre 1793 (m. 159). — Certificat de résidence dans la commune de Guégon, pour Bertrand-J.-M. Bonin, Marie-Anne Duplessix son épouse, Aimée et Emilie Bonin, leurs filles, et Scolastique Bonin, sœur de Bertrand-J.-M. qui sont restés dans leur maison de Trégranteur depuis Mai 1789 à Septembre 1791.

Signé de Le Blanc, maire de Guégon. Certifié par les administrateurs du district de Josselin : A. Elie, Trevedy, Hemon, Leray, Chaye, Bonnefoye.

An II (m. 160). — Certificats de résidence dans la commune d'Amiens pour Bertrand-J.-M. Bonin, Constance du Plessis et Scholastique Bonin, d'Octobre 1792 à prairial ou brumaire an II.

Enregistrés par les administrateurs de Josselin : Vandergrach, Chaye, Bonnefoy, Amot.

Cette résidence comprend pour Bertrand-J.-M. Bonin sa détention dans la maison d'arrêt et dans la maison où il est encore (14 prairial), dite maison des Capets.

9 Prairial an IV (m. 161). — Nomination par le citoyen Bertrand-J.-M. Bonin et la citoyenne Jeanne Duplessis, son épouse, d'un mandataire général, à l'effet de liquider la succession d'Anne-J.-Marie de St-Pern, decedée à Rennes en floréal.

Fait à Amiens.

8 Fructidor an IV (m. 162). — Arrêté du ministère de la police pour la radiation définitive de Bertrand-J.-M. Bonin « dit, Tregranteur » de la liste des émigrés, afin d'obtenir la levée du sequestre et la rentrée en possession de ses biens.

Signé : Sotin ; Revellière-Lepeaux.

Cet acte vient confirmer un arrêté de radiation provisoire (en date du 7 oct. 1793) délivré par le département de la Loire-Inférieure. Ledit Bonin justifie sa résidence par un certificat qui lui a été délivré par la section de l'Observatoire constatant sa présence à Paris du 17 Sept. 1791 au 2 Oct. 1792 et par un certificat de la commune d'Amiens, pareil à celui qui précède.

29 Fructidor an VII (m. 163). — Déclaration faite au département de la Somme, par Bertrand-J.-M. Bonin, des biens fonciers qu'il possède et qui doivent supporter la taxe de l'emprunt de cent millions.

Frimaire an VIII (m. 164). — Pétition au département d'Ille-et-Vilaine, adressée par Scholastique Bonin. Agissant pour son frère (Bertrand-J.-M.) qu'elle dit résider à Amiens depuis le 3 Octobre 1792, elle demande que celui-ci soit déchargé de la taxe à l'emprunt forcé, dont il est déjà imposé dans la Somme.

6 Ventose an IX (m. 165). — Arrêté du conseil de préfecture d'Ille-et-Vilaine, ratifiant le partage fait par Bertrand-J.-M. Bonin avec la République, fondée aux droits de Bonaventure-Esprit Bonin prevenu d'émigration, et autorisant la levée du sequestre établi sur les biens en Bretagne de la famille Bonin.

16 Brumaire an IX (m. 166). — Contrat de mariage de Claude-Marie-Joseph Bernard de la Gatinais, fils de Guy-André Bernard de Courtville et de Jeanne-Thomasse Suriré, avec Scholastique-Marie-Francoise Bonin, fille de René-Jean Bonin et de Gillette-Emilie de St-Pern.

Fait à Lamballe et ont signé à la minute, outre les parties : Aimée-Gillette Bonin, Vve Jocet du Quengo ; Aimée-F^{coise} Jocet du Quengo ; Bonne Jocet du Quengo ; Bonin de la Villebouquet ; Marie-F^{coise} de la Bouaxière le Vicomte ; Bizien Kermeurian ; Mélanie Daen ; Honorée Daen ; Alexandre Daen ; de Forsans ; Kerversault de Bergerac ; le Bouetoux ; Charles le Vicomte ; Jean-Pierre le Vicomte ; Fidèle le Vicomte ; Marie, Julienne, Sainte, le Vicomte ; Marie-Anne Taburet Vve le Vicomte ; Delavigne Dampierre ; Lambilly de la Vigne Dampierre ; Angèle et Marie-Céleste de Kergu ; de la Moussaye ; F^{coise} de la Moussaye ; Charlotte des Cognets de l'Hopital ; Jean-Charles le Fruglais ; Silvie le Gucheneuc le Fruglais ; Adelaïde le Bel de Penguilly ; Edouart le Fruglais ; le Roy-Trochardais, père ; Planchet-Trochardais ; Renée le Roy-Trochardais ; Boucher Laubé ; Agathe Laubé ; Benasé de Planchet ; de Chalus ; Chalus née Tredern ; Lainée de Chalus ; R. Chalus ; Boishardy Vve Bouilly ; J.-M. Cargouet ; Villeon Villeneuve ; le Normand de la Villenane ; Haugomard de Lorgeril ; Henriette-Louise Plancher de la Villeneuve ; Rebillon de la Noë ; Marie-Louise de la Noë ; Armand Gouyon de Vaurouault ; E. de la Moussaye ; A. St-Genys de la Moussaye ; Jeanne Hemery ; le Métaer.

26 Brumaire an IX (m. 167). — Certificats de l'arrêté directorial prononçant la radiation définitive de Bertrand-J.-M. Bonin de la liste des émigrés.

1802-1810 (m. 168). — Reçus d'arrérages de rentes, versés par Bertrand-J.-M. Bonin ; signés : Gesril de la Begassière et Jean du Bouays de la Begassière.

Juillet 1808 (m. 169). — Extrait du contrat de mariage de Constant-Hippolyte de Poulpiquet du Halgouet, fils de feus Louis-Constant et Marie-Elisabeth Bertrand de Coeuvre (domicilié à Sucé,

Loire-Inférieure), avec Aimée-Louise-Marie Bonin de la Villebouquais, fille de Bertrand-J.-M. et Marie du Plessis (demeurant à Rennes, rue Trassart).

Fait à Rennes. Signé des parties et de leurs parents.

31 Juillet 1812 (m. 170). — Nouveau partage des successions de René-Jean Bonin et de Françoise-Gillette-Emilie de St-Pern, fait entre Emilie-Marie Bonin, Aimée-Louise-Marie Bonin, épouse de Constant-Hippolyte de Poulpiquet du Halgouet, Anne-Bonaventure-Marie Bonin épouse de Joseph-Anne-Claude Barbier de Lescoët, filles et héritières de Bertrand-J.-M., mort à Rennes en 1812 ; en concours avec Aimée-Gillette Bonin, v^{ve} Jocet du Guengo, et Scholastique Bonin, épouse de Claude-Joseph de Gatinais, sœurs germaines de Bertrand-J.-M.

Ce nouveau partage eut lieu parce que dans celui du 3 décembre 1788 Bertrand-J.-M. n'avait pas fait de désignation légale à ses sœurs. Les biens affectés aux puînés et gardés en propre par l'aîné sont les mêmes.

Fait à Rennes et signé des parties.

6 Août 1812 (m. 171). — Partage entre les mêmes, de la succession de Charles-René Bonin, chanoine de l'église cathédrale de Vannes, vicaire général de ce diocèse et abbé commendataire de St-Aubin-des-Bois, decédé à Rennes la même année.

Charles-René contraint de quitter la France pendant la Révolution, fut considéré comme déporté, et ses biens restitués à Bertrand-J.-M., son frère.

19 Juillet 1826 (m. 172). — Transaction entre les héritiers de la c^{tesse} de Langan, morte en 1754, relativement aux terres de St-Nazaire et de Moutoire. D'une part les Bonin ; d'autre part les la Guibourgère.

(m. 173). — Notes généalogiques diverses et extraits de registres paroissiaux concernant la famille Bonin.

René-Jean Bonin établit par preuves la noblesse de sa famille et le titre d'originaire.

II. — FAMILLE DE SAINT-PERN

2 Novembre 1557 (m. 174). — Vente d'une terre sise dans la paroisse de St-Pern, ratifiée par le s^{gr} de Ligouyer (St-Pern).

25 Nov. 1614 (m. 175). — Aveu rendu à h^{te} et p^{te} damoiselle Gabrielle du Parc, douairière de Ligouyer, Champalaune, Locqueltas et propriétaire de Guerneven, pour le lieu et convenant de Kerleguen (trêve de Lohuec, par. de Plougras) relevant de Guerneven.

1688 (m. 176). — Procès entre m^{re} Joseph-Hyacinthe de St-Pern, chevalier, s^{gr} de Ligouyer, et Julienne Cochon (fille de n. h. Julien Cochon, s^r de Vauvuffier), f^e d'ecuyer Louis le Diouguel, s^r de Laurus.

A propos d'une somme arrêtée entre les mains du s^{gr} de Ligouyer par les créanciers desdits s^r et d^e de Vauvuffier.

L'opposition est faite par Anne Cochon d^e des Aunes, m^{tre} Yves Quiniart, s^r dudit lieu, noble et discret m^{re} Guillaume Haugomart, s^r des Portes.

Extrait des registres du greffe de Lamballe. Chapdelaine, procureur, de Launay, commis.

1698 à 1703 (m. 177). — Lettres de Guillaume le Febvre, s^r du Ruzay, tuteur des enfants mineurs d'Hyacinthe de St-Pern.

Elles traitent des affaires de tutelle et sont adressées à Me Desmottes procureur, demeurant à Chastel-Audrain.

2 Sept. 1720 (m. 178). — Baptême en l'église Sts Côme et Damien de Paris, de Francoise-Gillette-Emilie de St-Pern, fille de Pierre-Mathurin-Bertrand de St-Pern, chev., s^{gr} de Ligouyer con^{er} et de F^{coise}-Angelique-Emilie de Derval.

Parrain : Judes-Vincent de St-Pern, chev. de Ligouyer, c^{taine} au reg^t du roi Infanterie. Marraine : F^{coise}-Gillette de Kersozon, f^e de Louis-Celestin de St-Pierre, chev., s^{gr} du Cattay, con^{er} au P^{ment} de Bret.

Ont signé les parents et les parrain et marraine.

1748 (m. 179). — Etat des biens de la succession de feu M^r et Me de Ligouyer (Pierre-Bertrand de St-Pern et Marie-Emilie de Derval).

Prisage de tous les biens fonds, dîmes, fiefs, coutumes..., etc., relevant de cette succession. Ces biens consistent dans — les terres et seigneuries de Couëllan, Lahaye, La Goherie, Bourien, avec annexes, [consistant en un chateau (Couëllan), 12 metairies, 4 moulins, foire à Caulne, quintaine, greffe de Couëllan, 49 rôles ou bailliages, un fief, rentes au portage, diverses charges aux seigneuries de l'Ecoublière, de Dellien, et de la Ferchais] — La sg^{ie} de St-Jouan de l'Isle [comportant l'emplacement de l'ancien château ruiné, 5 metairies, 1 moulin, 6 bailliages, le greffe de St-Jouan, rentes au portage, charges annuelles au chapitre de St-Malo et à l'abbaye de Beauport] — La sg^{ie} de la Chapelle-Blanche [comportant 2 moulins, differentes dîmes, 8 bailliages, droit de bouteillage, rentes au portage, un greffe] — la sg^{ie} de Ligouyer [comportant un chateau transformé en ferme, 9 metairies, foire, 1 moulin, une forge, les greffes de Ligouyer, la Ville-Ernoul, la Ville-Gilouart, et le Breilrond ayant cours aux paroisses de St-Pern, Miniac, Plouasne. La chapelle du chat. de Ligouyer est fondée sur toute la terre pour retribution de sept messes par semaine] — la sg^{ie} du Plessis-Giffart [comportant 1 metairie, 13 rôles ou bailliages, le fief du grd bailliage de St-Pern] — la sg^{ie} de la Villegeffroy [comportant château en Plélo, 2 métairies, 3 moulins, diverses dîmes et plusieurs convenants, fiefs de la Ville Chevalier et de Kerouzo, et du Pebel, charges au seigneuries de Plelo et de la Rochesuhart] — la sg^{ie} de Merdrignac [comportant 3 moulins, 7 dîmes, 7 rôlés, la forêt du Catalun s'étendant en Merdrignac et St-Vran, une forge, rentes au portage, un greffe] — La seig^{ie} de St-Launeu, sous le ressort de Rennes [comportant un vieux château en ruines, 2 métairies, partie de la forêt de Catalun et la forêt de Brancien en Lanrelas, dîmes et rôle. La terre de la Hardouinais et de St-Launeu sont chargées vis à vis l'abbaye de St-Méen et le recteur de St-Launeu] — la sg^{ie} de Guayvon avec ses annexes, s'étendant aux paroisses de St-Vran, Merillac, Langourla et relevant du C^{té} de Porhoët [comporte une maison principale, 3 metairies, 3 moulins, 3 dîmes, 7 rôles, rentes au portage et greffe] — la sg^{ie} de Champalaune relevant en plus grande partie du roi [comportant 1 metairie, 1 moulin, 1 greffe, 8 bailliages] — la sg^{ie} de Branxien, sous le domaine royal de Ploermel [comportant 2 moulins, greffe, rentes à portage, fief.] — la forge du Vaublanc, relevant de la seig^{ie} du Vaublanc (sur la lisière de la forêt de la Hardouinais). Différents actes nous apprennent que cette forge fut installée par suite de différents acquets (1671 à 1675) faits par Francois de Farcy, écuyer, s^r de St-Laurent (entre autres d'un moulin à papier appartenant à Pierre de Cariollet). Celui ci, en son nom, et comme fondé de procuration de Jacques de Farcy, éc., sr de Painel, René de Farcy, sr de Ragrie, et de Jeanne de Cahideuc, épouse de François d'Andigné, sgr de la Chasse, la vendit moyennant 45.000 livres à Simeon Hay, cte de Couëllan (contrat du 19 Nov. 1675).

28 Fevrier 1751 (m. 180). — Partage noble et avantageux de la succession qui precède ; entre René-Célestin-Bertrand de St-Pern, chef de nom et d'armes, chevalier, sgr de Ligouyer, Louis-Bonaventure de St-Pern, chevalier de St-Louis, colonel du regt de Penthièvre-Infanterie, Francoise-Gillette-Emilie de St-Pern, épouse autorisée de René-Jean Bonin, cte de la Villebouquais, Anne-Jeanne-Marie de St-Pern, épouse autorisée de Jean-B. cte du Plessis de Grénédan, Emmanuel de St-Pern, chevalier de Malte, capitaine au regt du roi Infanterie.

D'après ce partage la forge du Vaublanc, la forêt de Brancien et celle de la Hardouinais (ou de Merdrignac) restent indivis. Deux loties sont affectées aux cadets. Louis-Bonaventure et Emmanuel reçoivent les terres et seigneuries de Ligouyer, de la Ville-Ernoul, la Ville-Gillouard, le bailliage des Etves, la métairie de la Quemerais, différentes rentes. Les comtesses de la Villebouquais et du Plessis reçoivent les terres et sgies de la Villegeffroy, les métairies de la Corniers, de l'Ecolay, de Feyne, de la Ville-Avenant.
Fait au château de Couëllan et signé des parties.

14 Août 1758 (m. 181). — Bail pour la jouissance des forges du Vaublanc, en la forêt de la Hardouinays, et l'exploitation des bois de ladite forêt, consenti en faveur de n. h. Pierre-Jan Alba (Marie-Yvonne Neelz de Plancis, son épouse, et Jan Alba, son père), par ht et pt René-Celestin-Bertrand de St-Pern, chef de n. et d'a., cte de Ligouyer, agissant pour lui, pour Francoise-Gilette-Emilie de St-Pern, ctesse de la Villebouquais, et Anne-Jeanne-Marie de St-Pern, ctesse du Plessis de Grénédan.

Le cours d'eau et les étangs de la Hardouinays sont affermés pour 3 ans, moyennant 300 livres par an. Le preneur aura la libre jouissance du fourneau, des halles à charbon, bâtiments, jardins, etc.... L'exploitation des bois comportera 37.000 cordes à prendre en douze ans, pour le prix de 106.000 livres.

1759 à 1764 (m. 182). — Six comptes, rendus aux héritiers de feue madame la ctesse de Langan, par René l'Hermite...... des épices du Parlement de Bret., de la recette par lui faite des revenus dépendant ladite succession.

26 Mars 1761 (m. 183). — Dernières volontés de Vincent-Judes de St-Pern, lieutenant général des armées du roi très chretien, commandeur de St-Louis, inspecteur général d'infanterie, inspecteur commandant le corps des grenadiers de France et des grenadiers royaux, dictées à Francfort-sur-Main et relatives à une pension de 400 livres de rente viagère destinée à son maître d'hôtel.

1761 à 1765 (m. 184). — Différentes pièces, relatives aux affaires de la succession du lieutenant général de St-Pern, mort le 8 Mars 1761 à Francfort.

Entre autres ; un inventaire de l'argent trouvé dans sa cassette, un relevé des dépenses faites pour sa maladie et ses funérailles (signé : le chevalier d'Aumalle, et du Pin, capitaine aide-major) et un état de la succession, dans lequel on voit que ledit St-Pern avait acquis la terre de la Gaptière, pour 117.500 livres.

1769 (m. 185). — Lettres de Mr Estave, homme d'affaires à Paris, adressées à Mr de la Villebouquais, relatives à la succession St-Pern et à certaines affaires mobilières.

8 Déc. 1777 et 22 Juillet 1779 (m. 186-7). — Ordres d'embarquement pour le chevalier de St-Pern, officier de la marine royale.

Comme garde du pavillon il passe de *l'Eveillé* sur *la Tourterelle*. Comme enseigne de vaisseau il s'embarque sur la galiote à bombes, *le Saumon*, commandée par le chevalier de Suzannet.

5 Décembre 1778 (m. 188). — Partage donné par Mre René-Celestin-Bertrand de St-Pern, chevalier, m^{quis} de St-Pern, à ses cohéritiers, dans la succession de Vincent-Judes de St-Pern.

Les cohéritiers sont : Louis-Bonaventure de St-Pern, c^{te} de St-Pern Ligouyer, chevalier de St-Louis, maréchal de camp ; Gillette-Emilie de St-Pern, v^{ve} de René-Jean Bonin ; Anne-Jeanne-Marie de St-Pern, v^{ve} du Plessis. Judes-Gilles de St-Pern recueille, comme issu d'un cadet, un tiers de cette succession qui consiste principalement dans la terre de la Gabtière en St-Brieuc, Guilliers, Brignac et autres paroisses.

Prisage de ladite seigneurie, comprenant un château, 9 metairies, 3 moulins, différentes dîmes, un greffe, 8 rôles.

Fait au ch^{teau} de Couëllan, par. de Guitté.

24 Août 1780 (m. 189). — Partage, entre les cadets de René-Bertrand de St-Pern, des biens qui leur ont été assignés dans la lotie précédente.

30 Août 1780 (m. 190). — Partage entre mesdames Bonin et du Plessis, nées de St-Pern, de la portion des successions de leurs père et mère, qui leur avait été donnée le 28 Fevrier 1751 par leur aîné, et qu'elles avaient laissée indivise.

Me Bonin de la Villebouquais recueille la seigneurie de la Villegeffroy en Plélo, avec dépendances, les métairies de Faisne et de la Ville-Avenant ; M{de} du Plessis, la sg{le} de Kerprat en Plélo, avec dépendances, les métairies de Cormière et de Lescolay.

2 Avril 1782 (m. 191). — Rectification de l'erreur commise au détriment de Mr Hay des Nétumières, dans le compte par lui rendu au marquis de St-Pern le 25 Novembre 1781.

III. — FAMILLE DU PLESSIS DE GRÉNÉDAN

1727 à 1731 (m. 192). — Différentes pièces concernant un procès engagé devant la cour de Rennes (Parlement), par Nicolas-François du Plessis, chevalier, s^{gr} de Grénédan, lieutenant-colonel d'infanterie, chevalier de St-Louis, garde naturel des enfants de son mariage avec feue Vincente-Thérèse Touzé, héritière bénéficiaire de son père Jan Touzé, s^r de la Villeneuve ; contre Pierre Hual, tuteur des enfants (Jan, Yves et Joseph-Nicolas) de feu noble maître François Hino, s^r de la Courandais, avocat, et de Jeanne-Gabrielle Allanic.

5 Février 1740 (m. 193). — Contrat du mariage de Jean-B.-Claude-Marie du Plessis, chev., s^{gr} de Grénédan, con^{er} au P^{nt} de Br., fils unique de feu Jean-B. du Plessis de Grénédan, président aux requêtes du Parlement de Bret. et de Constance le Mezec, avec Anne-Jeanne-Marie de St-Pern, fille puînée de Pierre-Mathurin-Bertrand de St-Pern-Ligouyer, con^{er} au P^t, et de Marie-Emilie de Derval.

Fait au château de Brondineuf, senechaussée de Rennes. Ont signé, outre les parties et leurs auteurs : Louise de Derval de St-Pern ; Louise de Derval ; Rose-Pélagie Auband ; Gillette-Emilie-Vincente de St-Pern Ligouyer ; René-Bertrand-Célestin de St-Pern Ligouyer ; Pierre-F^{cois} de Derval ; Judes-César de St-Pern Kerguen ; le chevalier de St-Pern Ligouyer ; Bonaventure-Hillarion de St-Pern Ligouyer ; Vincent-Judes de St-Pern Champalaune.

Sans date (vers 1762) (m. 194). — Declaration fournie au bureau du domaine du roi, à Auray, pour y payer le centieme denier, faite par Anne-Marie de St-Pern, Vve du Plessis, tutrice de ses enfants (Pierre-Marie, Louis-Francois, Laurent-Judes, Bonaventure-Augustin-Joseph, Marie-Anne-Constance-Jeanne) hèritiers de Bertrand-Jean-Baptiste-Constance du Plessis, leur frere ainé, tué sous Cassel le 24 Juin 1762.

Suit la nomenclature des immeubles qui composent ladite succession situés dans l'arrondissement du bureau d'Auray.

13 Avril 1768 (m. 195). — Partage provisionnel, entre Me Vve du Plessis et Pierre-Marie du Plessis, enseigne de vaisseaux du roi, de la succession de Bertrand-Jean-Constance du Plessis, fils aîné de ladite veuve.

Suit le grand des biens de la succession.

5 Mai 1784 (m. 196) — Lettre adressée par Mr Bonin à Mr Cocquianty, procureur fiscal de la Riaye près St-Méen, dans laquelle figure un inventaire de différents actes concernant la famille du Plessis.

Janvier 1785 (m. 196). — Etat des titres envoyés à M^e la Ctesse du Plessis de Grénédan (de Carné), destinés à prouver la descendance de MM. du Plessis de Grénédan et du Plessis-Mauron.

Ennoncé de 22 pièces.

IV. — FAMILLE DE QUÉLEN DU BROUTAY

15 Juin 1516 (m. 197). — Contrat d'acquêt d'une rente (sur héritages à l'Hôpital aux Robins, aux Noës et aux Dresnies) passé entre n. h. Jehan Evenart, s^r de Kerengat, tant en son nom, qu'en celui de Marie de Quélen sa femme, et Jehan de Tregaranteur, s^r dudit lieu, acquéreur.

Le s^r de Kerengat tenait cette rente de Jehan de Quélen.

2 Mai 1572 (m. 198). — Accord entre n. h. Charles de la Chenaye, écuyer, s^r des Timbrieux, mari de Françoise de Quélen ; et Claude de Quélen, s^r de St-Guivray, curateur d'éc. Robert de Quélen, s^{gr} du Broutay, frère de la dite d^e de la Chenaye.

Ils promettent de partager la succession du Broutay, suivant l'assise du c^{te} Geoffroy, à la majorité de Robert de Quélen.

Ont signé à l'original : Claude de Quélen, Gilles de Quélen (s^r du Plessix), de la Chenaye, Jan Maugraye.

22 Aout 1642 (m. 199). — Compte fourni à m^{re} Grégoire de Quélen, s^{gr} de Quélen, le Broutay, Tregranteur, le Plessix, Quelneuc, par m^{re} Jacques Royer, son procureur, dans les affaires de succession de Julienne de la Chesnaye d^e de l'Epinay.

Dans cette succession, avec Gregoire de Quélen, figurent comme héritiers, les dames de Talcouesmeur et de la Villebouquais.

Un partage se fait sur le produit de la vente des meubles trouvés dans la maison des Timbrieux et dans la maison de la défunte, à Vannes, — bijoux, argenterie, bestiaux — et des grains de la maison du Val-au-Houlle, etc.

Le s^{gr} du Broutay reçoit pour sa part, les métairies de la Ville-Gourdan, Crainhouet, la Ville-Guingamp, les moulins de Henteul et du Crano.

23 Février 1645 (m. 200). — Sentence des juges de Ploermel, touchant le paiement des grains, prononcée en faveur de Grégoire de Quélen, s^gr du Broutay, Trégaranteur et a. l., et Mathurin Thébault, demandeur, contre Julien Brehalin, défendeur.

Signé. F. de Chatillon.

7 Juillet 1646 (m. 201). — Accord entre Mre Gregoire de Quélen, s^gr du Broutay, Trégranteur, le Plessix, Quelneuc, gouverneur de Rennes (demeurant actuellement en sa maison de la vieille ville de Josselin) et Elisabeth Royer, épouse autorisée de René de Kergu, agissant en son nom et comme tutrice des enfants issus de son mariage avec F^cois Bonin de la Villebouquais.

L'accord est relatif à une part d'héritage venue de Julienne de la Chesnaye, d^e de Lespinay. Julienne de la Chesnaye des Timbreux descendait de F^coise de Quélen et, à cause de cette descendance, Elisabeth Royer prétendait à une part de succession pour ses enfants Bonin.

Le s^gr du Broutay reste possesseur de la Ville-Guingant moyennant 1925 sols tournois. Fait à Josselin.

23 Mai 1651 (m. 202). — Quittance donnée par Barthelemy de Quélen, s^gr du Broutay, Jean le Sénéchal, baron de Carcado, et n. h. F^cois Bureau, s^r de la Noë, échevin de Rennes, à Maurice Auvril, s^gr de la Chauvière con^er au P^ent, pour quatre mille livres des deniers de Geneviève Ménardeau fille de feu René Ménardeau, écuyer, s^r du Perray.

3 Mai 1653 (m. 203). — Contrat du mariage de Guillaume de Quélen, s^r de la Villetual — fils aîné de Jan de Quelen, s^gr du Breil, la Ville-Glé, la Ville-Neufve, le Boisjouan et a. l., et de Jeanne de la Vigne, demeurant au manoir du Breil, par. de Maroué, év. de St-Brieuc — avec Elisabeth de Kergu, fille aînée de René de Kergu, chevalier, s^gr dudit lieu, de Boisgerbault, la Villepiron, et de Francoise Desnos.

Le marié reçoit entre autres, la jouissance de la Villeneuve situé par. St-Gilles-Pligeau, que son père a acquis en partie du s^r du Rumain.

Fait à Lamballe, et ont signé, outre les parties et leurs auteurs : Claude de Kergu, Jacques de Lesquen, Jacques de Kergu, Jan de Kergu.

5 Fevrier 1661 (m. 204). — Quittance de Charles Auvril (d^nt à Angers), s^gr de la Roche, mari et procureur de Genevieve Ménardeau, à Barthélemy de Quélen, chev., s^gr v^te du Broutay, mestre de camp du rég^t de Navarre, pour 4715 livres versés par les mains de m^re de la Villebouquais.

Fait à Rennes, signé de Francois Billecocq, s^r de la Ville Calac, procureur du s^r de la Roche.

1690 (m. 105). — Abrégé généalogique de la maison de Quélen par Dom. J. Gallois, religieux bénédictin de St-Maur.

Manuscrit de 80 feuillets qui comprend la filiation des deux familles de Quélen, de H^{te} et B^{se} Bretagne. Il est orné d'écussons aux armes de Quélen et des familles alliées et se termine par un pennon généalogique de la branche Quélen du Broutay. La filiation s'arrête à Louis de Quelen-Stuart de Caussade, alors capitaine au reg^{nt} de Noailles, fils de Nicolas c^{te} de la Vauguyon et de Magdeleine de Bourbon-Busset. Ce travail a été imprimé à Bordeaux en 1727.

Septembre 1696 (m. 206). — Sentence du Parlement de Bretagne qui (sur requête d'ecuyer Luc de Ravenel, commissaire aux saisies en Bretagne) établit m^{tre} Nicolas Piou dans la jouissance des terres du Broutay et de Quelneuc, saisies sur Nicolas de Quélen-Stuart, c^{te} de la Vauguyon.

1726 à 1733 (m. 206^b). — Comptes de gestion adressés par le s^r de Lage à Mr de la Vauguyon.

25 Aout 1730 (m. 207) — Testament de Louis de Quélin de Caussade Cte de Lavauguyon, mestre de camp de la cavalerie, en garnison à Valenciennes.

Il institue son frère Antoine-Paul-Jacques-Nicolas de Quelin M^{quis} de St-Megrin, son héritier universel. Fait à Valenciennes en l'hôtel du *Cigne*.

24 Decemb. 1730 (m. 208). — Procuration générale d'Antoine-Paul-Jacques de Quélen Stuart de Caussade — prince de Carency, M^{quis} de St-Mégrin... etc., capitaine de cavalerie au régiment de Noailles, mineur émancipé, d^{nt} ordinairement en son château de St-Megrin, en Saintonge, héritier de défunt Nicolas de Quélen, son père, et de Louis de Quélen son frère, lequel est decedé à Valenciennes le 27 Aout 1730, — donnée, à François Gringreau s^r du Lage, aux fins de recueillir en Bretagne la succession de son frère ainé, constituée par les deux tiers des terres de Quélen, la Ville-Gourdan, la Chesnaye, Talcouesmeur, qui pour la totalité peuvent valoir soixante mille livres.

L'autre tiers des terres ci-dessus était déjà aux mains de Jacques de Quélen, comme part d'héritage de son père. Dans la succession de Louis de Quélen il convient de tenir compte de l'hypothèque au payement du douaire (de 6.000 livres par an) et du préciput (de 30.000 livres) de princesse Madame Madeleine de Bourbon, mère dudit s^{gr}, dont sont grevées lesdites terres.

8 Aout 1733 (m. 209). — Transaction, au sujet d'un constitut, entre Antoine-Paul-Jacques de Quélen, Cte de la Vauguyon (h[tier] de Nicolas de Quélen) d'une part ; et Heleine de Kerpedron d[e] de Plestruan (demeurant en sa maison de la Ville-Jarno, par. de Guillac), h[tiere] de feu écuyer René de Kerpedron, s[r] de Plestruan, son père, et de feu ec. Henry de Kerpedron, s[r] de la Bouersière, son mi-frere, et Jeanne Touzé, d[e] de Kerpedron, également héritière (d[nt] à Josselin), d'autre part.

1734 (m. 210). — Quittances signées : le Guennec de Trevran (avec autorisation d'éc. René-Philippe de Kerpedron son curateur) et données à Mr de Lage, homme d'affaires de Mr de la Vauguyon.

1734-1737 (m. 211). — Transaction, relative à un constitut, entre Antoine-Paul-Jacques de Quélen-Stuart de Caussade et n. g. Toussaint Pion, Allain Pion, Augustine Pion, faisant pour elle et sa sœur Hélène, épouse de n. h. F[cois] Bernard, s[r] de la Grange.

1747 (m. 212). — Lettres de M[r] d'Estrée, au Cte de la Villebouquais, traitant d'un travail qu'il entreprend sur la famille Quélen-Lavauguyon.

1752 à 1764 (m. 213). — Lettres et comptes divers, touchant les affaires de Mrs de la Vauguyon et de la Villebouquais.

1er Avril au 24 Septembre 1776 (m. 213). — Journal de bord, tenu par Mr de Quélen, d'un bâtiment faisant partie de l'escadre commandée par Mr Duchaffault.

Croisière sur les côtes d'Espagne. Chasse aux vaisseaux anglais.

Janvier à Decembre 1780 (m. 214). — Journal de bord, tenu par Mr de Quélen, du vaisseau *la Couronne,* commandé par le Cte de Guichen, général des armées navales.

Campagne des Iles du Vent (St-Dominique, la Martinique, Ste-Lucie, etc.), chasse aux vaisseaux anglais, différents combats.

V. — FAMILLE PICAUD DE QUÉHÉON

XVIIe siècle (*m. 215*). — Extraits des régistres paroissiaux de Ploermel, concernant les seigneurs de Quéhéon.

Où l'on voit, le 23 Nov. 1673, le mariage d'écuyer Yves-Jan Moro, v^{te} de Maugrenier, avec Anne Picaud, d^e de Quéheon, et la naissance d'ec. René-Jacques Picaud de Quéheon (20 sept. 1684), fils de Pierre Picaud et d'Elisabeth Bonin.

25 Aout 1678 (*m. 216*). — Contrat de mariage de m^{re} Pierre Picaud, chev., s^{gr} chatelain de Quéheon, Morgand, la Vieille-Court, Le Bois Gucheneuc, le Chesne-Orant, le Gafre Glaharon, etc. (d^{nt} en son chateau de Quéheon par. de Ploermel), avec Elisabeth Bonin, fille ainée de feu m^{re} Allain Bonin, chev., s^{gr} de la Villebouquais et d'Hélène Visdelou (d^{nt} au château de Trégranteur par. de Guégon).

Fait à Trégranteur, en presence d'Allain-René Bonin, s^{gr} de la Villebouquais, René de Kergu, Pierre de Lambilly, chev., s^{gr} de Quergrouaye, Hélène Visdelou.

14 Sept. 1678 (*m. 217*). — Acte de mariage des mêmes, célébré dans l'église trêviale de Trégranteur ; Gilles Gourmil étant curé.

Certifié par Desnos, curé en 1763.

25 Mai 1689 (*m. 218*). — Opposition faite par Pierre Picaud, chevalier, s^{gr} châtelain de Quéheon, fondé aux droits d'Hélène Visdelou, sa belle-mère, à la vente des meubles de René Nayl.

26 Sept. 1689 (*m. 219*). — Baptême de René-Jacques Picaud, fils de m^{re} Pierre Picaud, chevalier, s^{gr} de Quéheon, et d'Elisabeth Bonin, celebré à Ploermel. — (Copie).

Parrain : Jacques de Porcaro, chev. s^{gr} de Porcaro et des Touches ; marraine : Renée Picaud, d^e de la Chancellière. Ont signé, outre les auteurs et les parrain et marraine : Helène de Visdelou de la Villebouquais ; Bonin de la Villebouquais ; Pierre Fabrony ; Pierre Emar, recteur.

12 Juillet 1717 (m. 220). — Extrait des régistres paroissiaux de Tregranteur. — Mariage de René-Jacques Picaud, chev. s^{gr} de Morgan, du Parc, de Couetuhan, avec Jane-Gabrielle de Chateautro, d^{e} de la Pommerays.

Fait en présence d'Alain-René Bonin, chev., s^{gr} de la Villebouquays ; de Jacques-Alain Bonin, v^{te} de Trégranteur ; Joseph Picaud, chev., s^{gr} de Morfouais, de la Ville-Guery ; François de Lesquen, s^{gr} de Keraudran, de la Ville Bourde ; n. h. Guillaume de Lesquen, s^{gr} de St-Duvat, con^{er} au présidial de Vannes ; Charpentier Vincent, s^{gr} de Camayon, lieutenant du roi à Ploermel ; Claude-Alexis le Maignan de Kerangat, recteur prieur de Coat-Bugat ; Marie-Rose de la Bigottière ; Marie-Joseph Tondre ; Francoise de Chateautro ; L. de Chateautro ; Céleste de Lesquen ; Jan Desnos, curé de Trégranteur. — (Copie).

24 Sept. 1727 (m. 221). — Extrait des régistres de Taupont. — Baptême de Jacques-Thomas Picaud, fils de Jacques Picaud et de Jeanne-Gabrielle de Chateautro, s^{gr} et d^{e} de Morgand.

Parrain : Thomas Chanois, marraine : Anne Jan.

1744 à 1759 (m. 222). — Correspondance et procédure devant la cour de Ploermel, entre Jacques-Thomas Picaud, chev., s^{gr} de Quéheon, Morgan, et René-Jean Bonin de la Villebouquais.

Mre René Picaud, chev., s^{gr} de Quéheon, h^{tier} p^{al} de Pierre Picaud et d'Elisabeth Bonin, sous caution solidaire de René-Allain Bonin, chev., s^{gr} de la Villebouquais, s'est obligé (23 dec. 1705) devant les religieuses de l'Hopital de Vannes à payer 2500 livres pour la dot d'Elisabeth-Renée Picaud, sa sœur puînée. Les religieuses laissèrent cette somme entre les mains du s^{gr} de Quéheon à titre de constitut. Mais Jacques-Allain Bonin, afin de tirer son père du cautionnement, fit le versement de 2500 livres aux religieuses, qui, le 10 oct. 1719, le subrogèrent dans les droits qu'elles possédaient vis-à-vis des héritiers de Quéheon. La subrogation en question fut signée à Vannes en présence de Renée-Thérèse de Lannion, supérieure ; Laure-Marguerite de France ; Julienne de Lantivy ; Catherine Thouzé ; Suzanne Henry ; Silvie le Bourdoul ; Jacquette Huré ; toutes conseillères au convent de l'Hopital. Jacques Picaud heritier de René et petit-fils de Pierre ne s'acquittant pas des arrérages du constitut, René-Jean Bonin, fils de Jacques, requiert contre lui.

VI. — FAMILLE BOTEREL

18 Sept. 1428 (m. 223). — Transaction entre Plesou Botterel, femme de Jan Botterel de la Villeaudon, et Rolland Taillart, procureur général de Catherine Taillart, tutrice des enfants nés de Guillaume Botterel, son mari ; relativement au partage des successions d'Yvon Botterel et Jeanne Martin, sa f^e, père et mère dudit Guillaume et de Plesou Botterel.

Fait aux généraux plaids de Ploagat ; Mre Pierre Eder, s^{gr} de Ploagat.

2 Sept. 1588 (m. 224). — Procédure en la cour de Chatelaudren.

F^{cois} Botrel, vivant s^{gr} de la Villegeffroy s'étant constitué en l'obligation d'une somme vers Jan Damar, vivant s^r de Labrahan, les enfants de celui-ci après le decès dudit Botrel ont fait mettre saisie sur la seigneurie de la Villegeffroy. Ecuyer Yves de Kerleaut, s^r de Goasharant, est curateur des mineurs de la Villegeffroy.

15 Mai 1600 (m. 225). — Transaction passée entre Bertrand Ferron et Louise Botherel sa f^e, s^r et d^e du Chesne-Ferron, d'une part, et François Toupin, éc., s^r de Kerprat, au nom et comme curateur de n. et p^t Toussaint Botherel, fils ainé, héritier p^{al} et n. d'ecuyer F^{cois} Botherel, s^{gr} de la Villegeffroy, la Villebalin, Plouagat..., etc., d'autre part ; relativement au partage des biens provenant de la succession de Jean et Jeanne Botherel, père et mere communs dudit François et de ladite Louise, sa sœur.

Le s^r de Kerprat cède à Louise Botherel, d^e du Chesne-Ferron, la s^{gle} de la Villaudon en Plélo, avec un droit d'enfeu à deux tombes dans la chapelle de la Villegeffroy en l'église de Plélo, en outre plusieurs convenants en Plélo et Plouagat, à charge toutefois de tenir lesdites terres en ramage et juveignerie du s^{gr} de la Villegeffroy.

Le s^r de Kerprat institue n. h. Christophe Goures, s^r de la Villedaniel, pour la mise en possession.

25 Aout 1600 (m. 226). — Inventaire fait en la juridiction de

Plélou des titres délivrés à F^cois Toupin, s^r de Kerprast, curateur des enfants mineurs de François Boterel.

Ces titres ont été rendus par Christophe Goures, s^r de la Villedaniel, ayeul de Francois Toupin.

12 Octobre 1604 (m. 227). — Transaction devant la cour de St-Brieuc entre Yves de Kerleaut, curateur des mineurs de la Villegeffroy, et Yves-Jacques Gicquel, s^r de Lermor, mari et procureur de Charlotte Damar, héritière p^le de Labrahan, agissant pour tous les enfants héritiers de la succession Damar.

Ledit de Kerleaut subroge le s^r de Lermor au crédit du s^r de la Villegeffroy, sur écuyer François le Senéchal, s^r de Kercado ; le s^gr de la Villegeffroy étant héritier du s^r de Kerprast, par représentation de sa mère.

Fait et convenu sur avis d'éc. Jean Botrel, s^r de Beauvoir, et F^cois Connen, éc., s^r de Precrehant, proches parents du s^r de la Villegeffroy.

24 Octobre 1615 (m. 228). — Institution de tutelle, en faveur des enfants mineurs de Toussaint Boterel.

De par le roi, Amaury le Gonidec, éc., s^r de Kerbizien, est nommé tuteur, en remplacement de François du Halgouet.

8 Novembre 1623 (m. 229). — Arrêt du Conseil du roi, relatif aux intérêts des enfants mineurs de Toussaint Botherel, s^gr de la Villegeffroy.

Amaury le Gonidec, s^r de Kerbizien, Prigent Fanigot, s^r de Launay, Pierre Nedelec, Catherine Damel, Isaac Nurle, sont opposants au bénéfice d'inventaire, obtenu par les mineurs de la Villegeffroy. Raoul Bonacourcy abbé de Langonnet, Gilles Mosseur de la Ville-Brugault, Philippe du Bourgblanc s^r de Penerin interviennent comme parents des mineurs, ainsi que : Etienne Boterel, mari de Claude Boterel, fille aînée de Toussaint, Jean du Halgouet, s^r de Quergrée con^er au P^t et cousin issu de germains de Francoise du Halgouet, mère des mineurs, Mr Rocquet du Bourgblanc con^er au P^t, cousin au 3e degré des mineurs, Jean Botherel s^r de Montelon, con^er honoraire au P^t, qui a épousé Louise Botherel fille du feu s^r de la Villegeffroy, M^r...... Tenouarn, s^r de Couvran, parent au 4e degré des mineurs, Mr Budec, s^r du Tertre-Jouan, cousin germain du s^r du Halgouet et parent des mineurs au « tiers quart » degré, Mr Bonnier de la Coquerie, Mr Bonnier, s^r de Champlin et Mr Bonnier, s^r des Grées, con^er au P^t, cousins germains de Julienne de Beaurepère, laquelle est cousine germaine des mineurs ; tous ceux-ci interviennent pour défendre les mineurs.

1627 à 1655 (m. 230). — Procès, devant le Parlement de Rennes et le Conseil privé du roi, entre Philippe Botterel, chevalier, s^r de la Villegeffroy, d'une part, et Yves de Querléau, tuteur de Toussaint Botterel, père de Philippe, d'autre part.

Après le décès d'Yves de Querléau le procès se prolonge contre ses enfants et héritiers responsables : Jozias de Querléau, écuyer, s^r de Lisle, et Louise de Querléau, d^e de Quergonniou.

Philippe Botterel fit saisir sur Jozias de Querléau, la terre et seigneurie de Goazanharant dépendant de la succession du père.

28 Septembre 1627 (m. 231). — Arrêt du Parlement pour mettre fin au procès entre Etienne Boterel, tant en son nom et comme curateur des enfants de la Villegeffroy, demandeur, et n. h. Pierre Lostic, s^r du Clos, curateur des enfants de Jacques Jossom.

L'arrêt prononce la saisie des fruits et levées de toutes espèces sur des terres dont les lods et ventes n'ont pas été acquittés par ledit Lostic.

6 Avril 1629 (m. 232). — Sentence de la cour royale de St-Brieuc, relative au partage de la succession de Francois Botterel s^r de la Villegeffroy, pour mettre fin au procès entre Etienne Botterel, sr de la Villeneuve, tuteur des mineurs de la Villegeffroy, d'une part, et Anne Botterel, d^e de Precrehant, écuyer Pierre de Quenechquivilly et Claude Boterel sa f^e, s^r et d^e de Kerborgne, d'autre part.

La sentence est signifiée au s^r de Lanrivault, fils de la d^e de Precrehant.

20 Octobre 1633 (m. 233). — Requête au Parlement de Raol de Bonacourcy, abbé de Langonnet, contre Amaury de Quenechquivilly et Olivier de Keroignant, son curateur, Claude Botherel, v^{ve} de Pierre de Quenechquivilly, d^{elles} Janne et Anne de Quenechquivilly et Jan Prioul leur curateur, Etienne Botherel, s^r de la Villeneuve, père et garde-naturel de ses enfants.

21 Janvier 1635 (m. 234). — Contrat de mariage de m^{re} Philippes Boterel, s^{gr} de la Villegeffroy, Querprat, Lanrivau, etc., résidant au manoir de la Villegeffroy, par. de Plélou, avec Marguerite Visdeloup d^e de la Goublaye, fille puînée de défunts m^{re} Gilles Visdeloup et F^{coise} du Quellenec, s^{grs} de la Goublaye, Bienassis, L'Hostellerye, Abraham, Pratanras..., etc.

La future épouse est autorisée de Pierre Visdeloup, s^{gr} de Lespinay, son curateur. L'union est consentie aux mains du recteur d'Erquy et signée au château de Bienassis, dans cette paroisse d'Erquy, en présence

de : Thibault Tenouarn, s^{gr} de Couvran, con^{er} au P^t de Br. ; Jacques de
Querguern s^r de Kernisi, con^{er} du roi au siège de Quimper-Corentin ;
Louis de la Moussaye, s^{gr} de Lorgeril ; Gilles Visdelou, s^{gr} de Couetfaux ;
Charles Visdeloup, s^{gr} du Rible ; Charles Gouyon, s^{gr} de Vaurovant ;
Mathurin Carouet, s^{gr} de la Longraye ; F^{ois} Visdelou, s^{gr} de la Ville Tchart ;
Claude de la Fruglaye, s^{gr} de la Villeaubant ; Etienne Boterel, s^{gr} de la
Villeneuve ; Jeanne Duguée, d^e de la Goublaye ; Pierre de la Villéon,
s^{gr} du Boys Villegourio.

3 Novembre 1637 (m. 235). — Transaction sur partage de la succession de Francois Botherel, s^{gr} de la Villegeffroy, passée entre Philippe Botherel chevalier, s^{gr} de la Villegeffroy, et ses tantes Anne Botherel d^e de Precrehant et Claude Botherel douairière de Kerborgne.

Ce partage noble attribue à la d^e de Precrehant la maison et métairie nobles du Rosicq (par. de Pordic) avec ses dépendances, et autres terres.
Fait à Chatelaudren, en la demeure du s^r de Keroham.

1643 à 1650 (m. 236). — Liasse concernant le procès engagé entre Philippe Boterel, ec., s^{gr} de la Villegeffroy, demandeur, et Jan de Boisgelin, s^{gr} de Kersalliou, et Claude de Coëtlogon (d^{nt} au lieu de Kersalliou par. de Pommerit) défendeurs.

Le Parlement autorise la saisie des rentes de Kersalliou et du Pleseix appartenant au s^r de Boisgelin.
Parmi les redevanciers dudit Boisgelin dans la par. de Lanvollon, figurent éc. Vincent le Vicomte, s^{gr} du Rumain ; éc. Claude Courson, s^{gr} de Kerlevenez ; éc. Nicollas de Kerimel, s^{gr} de Kervenou ; éc. Guillaume Berthou, s^{gr} de Kerilly, n. et d. Nicolas du Bourruc, recteur de Pleguien.

12 Avril 1645 (m. 237). — Défense que fournit Philippe Botterel, s^{gr} de la Villegeffroy, contre éc. Francois le Gonidec, s^r de Kervisio, et éc. René Busnel s^r de la Touche, tuteur des enfants mineurs de feu Jean Busnel, s^r de la Clarté, et Julienne de Beaumer.

17 Janvier 1646 (m. 238). — Ordonnance du sénéchal de St-Brieuc, touchant la succession du sieur de la Villegeffroy et la tutelle des enfants mineurs.

Pour regler un différent entre Philippe Botrel, s^r de la Villegeffroy, Josias de Kerléau, s^r de Lisle, son tuteur, et Martin Guillou, s^r de Kerjoliet, créancier de ladite succession. R. de la Beausse, avocat du s^r de Lisle.

Decembre 1646 (m. 239). — Requête au Parlement, faite par Philippe Botterel, s¹ de la Villegeffroy, contre Francois le Gonidec, écuyer, s⁶ʳ de Kervisiou, fils et heritier d'Amaury le Gonidec et Gillette du Halgouet, veuve en secondes noces du défunt le Gonidec.

1ᵉʳ Avril 1659 (m. 240). — Transaction entre dᵉ Jeanne le Meur, douairière de Kerjam (demeurant en son manoir de Kerjam, par. de Louannec), tutrice des enfants nés de son mariage avec Yves de Kermerder, sʳ de Kerjam, et Jean Phelipe, sʳ de la Ville-Bertho (demeurant au lieu noble de Kergillis, par. de Penvenan), procureur de Philippe Botherel.

1669 à 1671 (m. 241) — Procès entre Marguerite Visdelou, dame de la Villegeffroy, curatrice de Jean-René Botterel, sʳ de Beauvais, son fils, chanoine de Sᵗ-Brieuc, encore mineur, d'une part ; et Michel David, sʳ de Bogar, chanoine, représentant le chapitre de Sᵗ-Brieuc, et Julien Arthur de la Vigne, hôtelier de Sᵗ-Brieuc, d'autre part, créanciers de René-Jean Botterel.

N. h. Pierre Mace, sʳ de Vaudaniel marchand de Sᵗ-Brieuc et n. h. Jan Guyto, sʳ de la Villedonno, sont aussi parmi les créanciers.

10 Octobre 1687 (m. 242). — Accord entre Hyacinthe de Sᵗ-Pern et Julienne-Sainte Boterel, héritière de Marguerite Visdelou, douairière de la Villegeffroy, d'une part ; et Louise Guégan, Vᵛᵉ d'Olivier Gérard, sʳ de Treluz, Françoise Gérard, dᵉ de Kerdanet, Marie et Louise Gérard, héritières de n. h. Olivier Gérard, sʳ de la Ville-Jegu, leur pere, d'autre part.

1ᵉʳ Août 1688 (m. 243). — Quittance d'une somme due par Jan-René Botterel, sʳ abbé de la Villegeffroy (demeurant en sa maison du bourg de Plélo), delivré à n. h. Christophe....... sʳ de Grand-maison, marchand de draps à Sᵗ-Brieuc.

14 Décembre 1689 (m. 244). — Assignation adressée par Julienne-Sainte Boterel de Quintin, dᵉ de Ligouyer, à Philippe Boterel de Quintin, s⁶ʳ de Kerscouadec, d'avoir à comparaître devant la juridiction de Plélou comme responsable de la tutelle de ladite dame, ayant été l'un des parents qui ont nommé cette tutelle (1666).

1706-1707 (m. 245). — Diverses actions faites en opposition à la succession d'écuyer Georges Botterel, s⁶ʳ de la Villegeffroy, chevalier de Sᵗ-Lazare, par Philippe le Cheny, sʳ de Penanrut, et par les religieuses hospitalières de l'hôtel-Dieu de Tréguier ; contre Bertrand de St-Pern, héritier dudit Botterel, autorisé d'éc. Louis de la Forest, son curateur.

10 Novembre 1706 (m. 246). — Reconnaissance par Jean Delpeuch s^r de Mesquen, sénéchal de la baronnie de Plélo, des droits de Pierre-Mathurin-Bertrand de St-Pern, chevalier, s^{gr} de Ligouyer, à l'héritage de Georges Boterel de Quintin, s^{gr} de la Villegeffroy, décédé, le 19 Juillet, à la Villegeffroy.

28 Novembre 1711 (m. 247). — Acquit de M^r l'abbé de la Villegeffroy (noble et discret Philippe Boterel de Quintin), à Mr de Ligouyer, pour 135 livres, représentant cinq des fondations de la chapelle St-Qué, en Plélo.

VII. — FAMILLES ROYER, PERRET ET DE KERGU

29 Novembre 1617 (m. 248). — Contrat de mariage de n. h. Georges Perret, s^{gr} de la Motte, fils de Jan Perret et de Jacqueline Maubé (?) s^r et d^e du Pas-aux-biches (résidant à Ploermel), avec Ysabeau Royer, fille de François Royer et de Janne Labbé, s^r et d^e de la Ville-Allain (résidant à Josselin).

Fait à Josselin, en présence des parties, de leurs auteurs, et de n. et d. Allain Bonin, prieur de St-Martin de Josselin, Yvon Gâtechair.

19 Decembre 1619 (m. 249). — Accord entre Suzaine de Bino, d^e du Chaucheix, Vve de Jacques de Brehant, s^r de St-Eloy d^t à Ploermel et éc. Jean Troussier, s^r du Gué, d^{nt} à Josselin (fils de F^{çois} Troussier, s^r de Kerbras, mari de Françoise Royer, fille de Francois Royer s^r de la Ville-Allain), relatif au payement de la métairie noble de Sinières.

Le payement de cette acquisition devait être effectué aux mains de n. h. Rousseau, s^r des Costeaux, mais opposition y est faite par n. h. Pierre Lesné, s^r de Keraudiern.

1620 à 1631 (m. 250). — Quittances de Jean Troussier, s^r du Gué, et Francoise Royer, sa compagne (d^{nt} à Kerbras par. de Menéac), et de n. h. Jean Royer, s^r de Lehelleu (d^{nt} à Cigorgne, par. de Venéfle), pour le réglement d'une obligation due par n. g. Georges Perret, s^r de la Motte, et F^{coise} Royer, sa f^e.

4 Novembre 1631 (m. 251). — Inventaire et prisage, faits par les notaires de la cour de Porhouet, des biens meubles de n. h. Georges Perret, s^r de la Motte, vivant sénéchal de ladite cour ; et ce, à la requête d'Ysabeau Royer, sa veuve, mère et tutrice de Jean-Francois-Georges et René-Louis Perret, ses enfants.

Inventaire des meubles situés dans la maison du defunt à Josselin, dans la métairie de la Coudraye (par. de Guégon), dans la métairie de la Ville-Allain, dans la maison et la métairie du Guermahéas en St-Servan.

3 Juin 1635 (m. 252). — Etat des biens communaux de n. h. Georges Perret, s^r de la Motte, et d'Elisabeth Royer sa femme.

23 Juin 1635 (m. 253). — Partage en deux loties des acquêts de communauté de n. h. Georges Perret, s^r de la Motte, et Ysabeau Royer, son épouse, femme en secondes noces d'écuyer François Bonin.

Ces biens consistent en une portion de la métairie de la Couldraie en Ste-Croix et dans l'office de sénéchal de Porhoët, vendu par ladite dame à écuyer Claude de Caradreux, s^r de Caradreux.

15 Novembre 1642 (m. 254). — Requête d'Elisabeth Royer, d^e de la Villebouquais, veuve de François Bonin, lieutenant d'artillerie ; contre Jean Royer, écuyer, s^r de la Cicorgne.

8 Janvier 1643 (m. 255). — Donation faite par Elisabeth Royer, Vve de Francois Bonin, et actuellement d^e de Kergu (demeurant en sa maison des Cluyères, par. de St-Martin de Josselin) de deux pièces de terre, aux Carmes de Josselin afin de participer au bénéfice de leurs prières.

Signé : René de Kergu, Elisabeth Royer, Silvestre de l'Annonciation, humble prieur, Gatechair, s^r de Launay, notaire.

12 Janvier 1643 (m. 256). — Contrat de mariage de René de Kergu, s^{gr} dudit lieu (par. de Mégry, év. de St-Malo), avec Elisabeth Royer, Vve de Francois Bonin, s^{gr} de la Villebouquaye, et promesse de mariage entre René de Kergu, s^{gr} de Boisgerbault (fils ainé dudit s^{gr} de Kergu et de Françoise Desnost) avec Helène Bonin (fille de lad. dame de la Villebouquaye).

Fait à la maison des Cluyères, par. St-Martin de Josselin, habitation d'Elisabeth Royer et en présence d'Allain Bonin, prieur de St-Martin et recteur de Serent. Ont signé, outre les parties : François Alleno, Allain Bonin, Jacques de Kergu, Jacques de Lesquen, Francois Lemetaer, Francois de Kergu, Louis de Tremigon.

12 Juillet 1646 (m.   ). — Aveu rendu par René de Kergu et Elisabeth Royer, s^{gr} et d^e de Kergu, du Boisgerbault, etc., à Briand Huchet, s^{gr} de Langouet, Querbriquet, la Ville-beufve, etc.

Pour une tenue dite de la Coudraie relevant de la Villebeufve.

15 Novembre 1712 (m. 257). — Accord entre Joseph de Quergu, chev., s^gr dudit lieu (d^t en sá maison du Plessis-Trehin, par. de Pluduno, ev. de S^t-Br.) et Louis-Pierre de la Bouexiere, chev., s^gr dudit lieu, son beau-frere, mari de Marguerite Servanne de Quergu ; relatif à la succession d'Ysabeau le Mezec, d^e de Ménabois, aieule maternelle du s^gr de Quergu.

31 Décembre 1714 et 19 Janvier 1715 (m. 258-9). — Transactions entre les héritiers de René de Kergu et Helène Bonin, s^r et d^e de Kergu.

1) Partage entre les anciens cadets, où comparaissent : René de Kergu, chev., s^gr dudit lieu, h^tier p^al et n. de René de Kergu et Jacquette de la Motte, ses père et mère, et par representation de son père heritier d'autre René de Kergu et d'Hélène Bonin (ledit Kergu demeurant au Plessis, par. de Pluduno, év. de St-Brieuc) — François de Kergu, prieur du St-Esprit, recteur, en son nom et comme tuteur de René de la Motte, presentement au noviciat des capucins de Rennes. — Ecuyer Gilles de Kergu, s^gr du Plessis (d^nt au Tertre-Desnos, par. de Planguenoual, év. de S^t-Br.). — Ecuyer, Jean-B. de Boisgerbault (d^nt au manoir de Vauvert, trève de Lescoit, év. de St-Malo). Ces derniers avaient deux sœurs religieuses aux Ursulines de Lamballe, mais leurs portions d'heritage étaient acquises à René de Kergu, étant entrées en religion du vivant de leur mère.

2) Partage entre les nouveaux cadets, où comparaissent : René de Kergu, s^gr de Kergu ; Jean-B. de Kergu, s^gr de Boisriou ; Hélène de Kergu, d^e de la Tourandaye (d^nt au C^teau de Bardelaye, par. de Plelan, év. de St-Malo), autorisée d'Hyacinthe Prevôt, s^gr de la Tourandaye, son mari ; Marguerite de Kergu, d^e de la Bouexière (d^nt en sa maison de Lamballe), autorisée de Louis de la Bouexière son mari.

Fait devant le notaire de la Hunaudaye, siège de Pledelia.

VIII. — FAMILLES DU HALGOUET ET DE POULPIQUET

24 Novembre 1619 m. (260). — Transaction relative au partage des biens de la succession de feu noble et vénérable m^ire Philippe du Hallegoe, en son vivant chanoine trésorier en l'église cathédrale de Tréguier ; passé entre n. h. François Michel, s^r de Kermorvan, damoiselle Françoise Raoul, mère et curatrice de dam^le Francoise du Hallegoe, d^e seigneur de Kerbeluen (par. de Penguernan) et écuyer Ollivier Gélin s^r de Kerenlan.

Le dit François Michel est fils ainé et h^tier p^le de noble Robert Michel, fils lui-même d'Henry Michel et de Marie de Keraenguern.

F^coise du Hallegoe est fille ainée et h^tiere p^le et n. d'écuyer François du Hallegoe, s^gr de Kerbeluen, lui-même fils ainé de ladite Keraenguern, de son mariage avec écuyer Ollivier du Hallegoe.

Olivier Gélin est fils unique d'Anne du Hallegoe et h^tier de Barbe du Hallegoe, douairière de la Villeboutier, sœurs germaines du trésorier.

Ont comparu également dans cet acte, éc. Etienne Boterel, s^r de la Villeneufve, noble et vénérable Guillaume Poullain, s^r de Tervaforest, et ont signé, outre les parties : J. du Hallegoe, Reine du Hallegoe, Ivan de Bourblanc. Fait à Tréguier.

8 Mai 1636 (m. 261). — Autre transaction relative à la succession de Philippe du Hallegoët, entre Philippe Botherel, s^gr de la Villegeffroy, fils ainé de Francoise du Hallegoët, douairière de la Villegeffroy, et François de Kermel, s^r dudit lieu, mari de Barbe Poullain, héritière de défunte Barbe du Hallegoët, son ayeule.

10 Août 1670 (m. 262). — Compromis entre Louise de Fouillaise, Vve de m^re Alexandre de Prouville, chevalier, s^gr de Tracy, con^er du roi, lieutenant des armées de sa Majesté et gouverneur du Chateau *(sic)*, et m^re Pierre du Halgoët, chevalier, s^gr de Kargret, Septeuil, Liovamont et a. l., époux de Marie Chrysante de Prouville, seule héritière du défunt s^gr de Tracy, son père ; touchant le partage des biens de communauté desdits s^r et d^e de Tracy.

21 Février 1685 (m. 262ª). — Jeanne Gefflot v^{ve} de Francois du Halgouet, chev. s^{gr} de Cargret, M^{quis} de Beaumanoir, con^{er} du r. en ses conseils, maître des requêtes ordin. de son hôtel, loue différentes pieces de sa maison de Paris (rue Taranne), à Madeleine Jolly v^{ve} de Joseph Pillot.

XVIIe siecle (m. 263). — Quartiers de noblesse de Jean-René-François-Almaric de Bréhan, chevalier, Cte de Mauron et de Plélo, Baron de Pordic, etc..., seul héritier de la maison du Halgoët, après la mort du duc de Coeslin, évêque de Metz.

Généalogie ascendante remontant au xive siècle.

6 Mars 1743 (m. 264). — Procuration donnée par h^t et p^t m^{re} Mathieu de Montholon con^{er} du r., premier président de sa cour au Parlement de Metz, et Catherine le Doulx de Malleville, son épouse (d^{nt} à Metz), à Madame Nau, pour traiter et transiger avec le s^r et d^e du Halgoët, leurs débiteurs.

18 Mai 1768 (m. 265). — Mariage en l'église St-Nicolas de Nantes, de Louis-Constant de Poulpiquet, chev., s^{gr} du Halgouet, chevalier de Malte et de St-Louis, veuf de dame Marie-Louise Vedier (fils de Jean-François de Poulpiquet, Con^{er} au P^{ment} et de Marie-Gabrielle de l'Escu de Runefau), avec Marie-Elisabeth Bertrand de la Berrière (fille de François Bertrand et de Francoise Bouteiller).

Témoins de Louis Constant : Luc-Sevère de Poulpiquet, abbé du Halgouet, son frère ainé, demeurant au Chât. de Juzet et écuyer Guillaume Bouteiller fils, oncle de la mariée. Témoins de Marie-Elisabeth : sa mère, écuyer Bertrand de Cœuvres, s^{gr} de Persimon, son frère, et Antoine Le Moyne de Beaumarchais, éc. capitaine au rég^t de Navarre, chevalier de St-Louis, son beau frère (époux de Francoise Bertrand).

5 Juin 1772 (m. 266). — Baptême, en l'église Notre-Dame de Nantes de Constant-Hyppolite, fils de Louis-Constant de Poulpiquet du Halgouet s^{gr} de Juzet, Hugern, Vieille Cour et a. l.

Parrain : Yves du Fresne, domestique. Marraine : Vauroquette, gardienne.

30 Mai 1786 (m. 266ª). — Acte du mariage celebré dans la chapelle du chateau de Quéheon, entre Louis-F^{çois} de Poulpiquet, comte du Halgouet, con^{er} au P^{ent} de Br., et Jeanne-L.-Renée Picaud de Quéheon.

1787 à 1795 (m. 266^b). — Actes relatifs aux baptêmes ou naissances des enfants de Louis-F^{çois} de Poulpiquet et de Jeanne Picaud.

Ces enfants, nés à Quéheon, sont : Anonyme (plus tard, Louis), Arsaine-Alexise-Louise, Anne-Marie-Michel, Eléonore.

Vers 1789 (m. 267). — Copie du mémoire généalogique de la maison de Poulpiquet du Halgouet, avec titres, pièces et mémoires à l'appui, envoyés à Mr Chérin (généalogiste des ordres du roi) pour preuves des honneurs de la Cour.

XVIIIe siècle (m. 268). — Généalogie de la famille du Halgouet écrite de la main de Chevillard.

21 Pluviose an VI (m. 268^a). — Procès-verbal des reprises à la division des biens dépendant des successions de F^{cois}-Bertrand de Coeuvres et F^{coise} le Bouteiller ; et partage de ces biens entre Louis-F^{cois} de Poulpiquet du Halgouet d'une part, et la nation fondée aux droits de Constant-Hippolyte et d'Elisabeth de Poulpiquet, émigrés.

4 Juillet 1808 (m. 269). — Copie du contrat de mariage de Constant-Hippolyte de Poulpiquet du Halgouet, avec Aimée-Louise-Marie Bonin.

Témoins de la mariée : Bertrand-J.-M. Bonin, son père, et F^{cois}-Louis du Plessis, son oncle maternel ; témoins du marié : Mr de la Chevière de St-Morand, son beau-frère, et Mr de Bastard, son neveu.
Fait à Rennes.

15 Novembre 1814 (m. 270). — Acte de naissance d'Auguste-Marie de Poulpiquet du Halgouet, fils de Constant-Hippolyte et d'Aimée-Louise-Marie Bonin.

Fait en présence d'Auguste-Bon-F^{cois} Gardin de la Pillardière et de Paul-Jan-Joseph de la Chevière.

13 Juillet 1819 (m. 271). — Inventaire estimatif des biens meubles dépendant de la communauté d'entre Constant-Hippolyte de Poulpiquet du Halgouet (decedé à Maxent le 30 Mai 1819) et d'Aimée-Louise-Marie Bonin.

Fait à Rennes, hôtel de la rue Trassart, en présence de Joseph de la Chevière, subrogé tuteur des mineurs, de A.-L.-Marie Bonin, et de Joseph Bertrand.

31 Mai 1833 (m. 272). — Acte de decès d'Auguste-Marie de Poulpiquet du Halgouet, agé de 18 ans, étudiant au petit seminaire de St-Méen, fils de Constant-Hippolyte.

IX. — FAMILLES GUILLART, SAUVAIGET, ET LE METAER

3 Janvier 1574 (m. 273). — Ecuyer Guillaume Guillart, s^r du Glayollay, libère éc. Thebauld de Carmené, s^r de Carmené (fils de François de Carmené) de l'administration des biens de n. g. Gilles Guillart et Jean Guillart, tous deux frères, dont ledit Guillaume est héritier principal.

20 Mars 1602 (m. 274). — Transaction entre éc. Guillaume de Lescouet, s^r de Hanguen, mari de Guillemette de Launay, d^e du Hanguen et de Launay (fille aînée de Jacques de Launay et d'Helène Guillart), et Marguerite Guillart d^e du Glayolay (fille et h^{tière} p^{le} de n. g. Guillaume Guillart et Amaurye du Parc s^r et d^e du Glayollay), tutrice des enfants de son mariage avec éc. Ollivier Sauvaiget, s^r de la Villeneufve ; relative au règlement d'une rente due sur la succession de Guillaume et d'Helène Guillart.

2 Aout 1616 (m. 275). — Changement de tutelle en faveur des enfants mineurs de n. g. Ollivier Sauvaget et Marguerite Guillart, s^r et d^e de la Villeneufve. Ces enfants sont : Bertrand, s^r du Glayollet, Pierre..... s^r de Menehil et Jacques. Ec. Jan du Quelnec, s^r de la Brouze, est nommé pour succéder à n. h. ec. Christophe Leparc, s^r de Gallouan, décédé.

Comparaissent en personne ou par procureur : .....Sauvaget, s^r du Clos ; éc. Jan Sauvaget, s^r de la Marre ; éc. Jan Gouion, s^r de la Fosse, mari de Louise Tardivel ; éc. Alain Sauvaget, s^r de la Villeguenry, René Martin, s^r de la Balluore ; époux de Jacqueline Sauvaget ; éc. Loys de la Motte, s^r du Vauvert, mari de Moricette de la Touche ; n. h. F^{çois} Henry, s^r du Val, mari d'Helène Guillart ; éc. Jan Sauvaget, s^r de Fordouetz.
Fait à Jugon.

24 Octobre 1617 (m. 276). — Ecuyer Jean du Quelnec, s^r de la Brouze, curateur des enfants mineurs de défunts n. g. Olivier Sauvaget et Marguerite Guillart, s^r et d^e de la Villeneufve et du Glayollet, réunit un conseil de famille, afin de statuer sur l'émancipation desdits mineurs,

Comparaissent en personnes ou par procureur : éc. s^r de la Baluère con^{er} au P^{ment} de Bret., mari de Jacquemine Sauvaiget, d^e de la Touche ; Guillaume de Lescouet, s^r du Hanguen, Briand Pinet, s^{gr} de Haudebœuf, mari de Jacquemine du Parcq, d^e de la Villepierre ; éc. Jean Gouyon, s^r de la Fosse ; Allain Sauvaget sieur de la Villeguenry ; éc. Nicolas Rouxel, s^r de Rauleon, mari de Guillemette de Bondan ; n. h. François Henry, s^r du Val, mari d'Hélène Guillart, tante maternelle des mineurs ; les sieurs de la Marre, Le Clos et de la Brouxe du Quelnec ; éc. Gilles Martin, s^r de la Marpaudais, mari de Jeanne Godart ; n. h. Guy Leffroy, s^r des Touches.

Les suffrages désignent le s^r Vauvert de la Motte comme coadjuteur du s^r du Plessix-Godart pour la conduite des affaires de l'aîné, et le s^r de la Villeguenry comme curateur des puînés.

17 Septembre 1653 (m. 277). — Loties faites par Anne le Mintier des biens héritels de la succession d'éc. Bertrand Sauvaiget, son mari, pour parvenir au droit de douaire auquel elle prétend sur la terre du Glajollet.

1657 (m. 278). — Procès à Moncontour, entre Jan Henry, s^r du Boisroullier, et Pierre Henry, s^r de la Haultière, son frère, contre François Le Métayer, s^r de la Planche ; relatif à la succession de Bertrand Sauvaiget éc., s^r du Glajollet, dont lesdits Henry se prétendent héritiers en partie, comme enfants d'Hélène Guillart, sœur germaine de Marguerite Guillart, mère du défunt, et sœur de Jeanne Guillart, mère de François Le Métayer.

29 Novembre 1658 (m. 279). — Supplique au Parlement de Jan de Sauvaget s^{gr} baron des Clos, héritier de défunt ec. Bertrand de Sauvaget, s^r du Glajollet, contre Francois Le Métaer, s^r de la Planche.

Il est question dans la supplique d'Anne le Mintier, v^{ve} du défunt, et d'Olivier de Sauvaget et de Marguerite de Guillard, père et mère dudit Bertrand.

13 Octobre 1659 (m. 280). — Transaction relative au paiement d'une obligation entre Pierre Mouesan, s^r de la Mare, et Francois le Métaer, éc., s^r de la Planche, héritier bénéficiaire de Bertrand Sauvaiget, vivant éc., s^r du Glaiollet, son oncle, décédé sans hoirs.

12 janvier 1662 (m. 281). — Requête au Parlement de François

Le Métaier, écuyer, s^r de la Planche et du Glayollet, demandeur, contre Jean Chauvel, defendeur..... faisant appel d'un jugement de la juridiction de Moncontour concernant la succession de défunt éc. Bertrand Desauvage, s^r du Glayollet.

6 Juin 1665 (m. 282). — Constitut de deux mille livres, consenti à Pierre le Champion, résidant au manoir de Bellevue, et Helleine Le Métaer son épouse, s^{gr} et d^e de Bellevue, par Mre Allain Bonin s^{gr} de la Villebouquay.

23 Mars 1669 (m. 283). — Helleine Le Mettaer, d^e de Bellevue, v^{ve} de Pierre le Champion, s^r de Bellevue, éc., consent vis-à-vis de n. h. Julien Cochon, s^r de Vaurusffier, au payement d'une rente de cinq perées froment.

S. D. (m. 284). — Assignation d'Hélène Visdelou à Helène le Métaer, afin que celle-ci rembourse un constitut contracté par feu Pierre Champion, son mari.

22 Mars 1672 (m. 285). — Reconnaissance d'un prêt consenti par Helène Visdelou, d^e de la Villebouquais, à ecuyer Alain le Métaer, s^r du Glaiolet et Bonaventure le Moine, sa compagne, demeurant ordinairement en la maison noble de Tallain, par. de Malguenac, év. de Vannes.

6 Octobre 1676 (m. 286). — Sentence du sénéchal de Moncontour, établissant l'ordre entre les créanciers d'écuyer François le Métaer, s^r de la Planche, après la vente du Glageolay.

13 Aout 1687 (m. 287). — Accord relatif au futur mariage projeté entre éc. F^{çois} le Métaer, s^r de la Planche (résidant au manoir de la Planche, par. d'Andel), et Loyse Bonin, d^e du Clyo, fille de Sebastien Bonin et de Marguerite Rogier s^r et d^e de la Villebouquais et du Clyo (faisant actuellement leur résidence au manoir de la Croix-Vaye, par. de Plangounoal).

François le Métaer est autorisé d'éc. Charles de Goues, s^r de Carman, son curateur, et Loyse Bonin, d'Allain Bonin, recteur de Seran, son frère.

S. D. (m. 288). — Mémoire en charge et décharge, pour éc. Francois le Métaer, relatif à la succession du feu s^r du Glayollet.

25 Octobre 1704 (m. 289). — Jugement rendu par Louis du

Quellenec, éc., s^r de Locmaria, maître particulier des eaux et forêts du duché de Quintin, et sur la demande de Guillaume Dagorne, s^r du Clos, procureur fiscal de ladite maitrise ; contre éc. Claude Rolland de Kerougnian, s^r des Salles, et d^e Francoise de Penfentenio, son épouse ; aussi contre les d^{elles} Peronnelle et Anne le Mettaer du Glayolet.

Les defendeurs sont accusés d'avoir pris différents bois, de chauffage et autres, au bois de la Grouelet faisant partie du domaine de Quintin.

X. — FAMILLES DIVERSES

9 Mai 1500 (m. 290). — Contrat relatif au règlement d'une dot, que se sont engagés à verser nobles hommes Geoffroy Lepvost (pour Leprevost, sans doute) et Henry, son fils ainé, à l'occasion du mariage de Plesou Lepvost, avec le sieur de Pempoulo.

Dans lequel il est question d'Hamon de Kergroaies, s^r dudit lieu, et de Geoffroy Lepvost, tuteurs et gardes de Jehanne Lepvost, d^e de Kerbastard, fille ainée d'Henri Lepvost (en 1491).

16 Mars 1545 (m. 291). — Accord entre n. g. Jehan de Bogat et Marie Morice, sa femme, d'une part, et Jan Morice, s^{gr} de la Villéon, d'autre part, sur le partage des héritages de feu Jan Mandard.

26 Avril 1550 (m. 292). — Procès pendant, devant la cour de Ploermel, entre Francoise Aubry, comparaissant en la personne de Louis Marcade et defendue par Jehan de Couedor d'une part — et n. g. Jehan Bogat et Marie Morice s^r et d^e de Treveray, François Morice, s^r de Kerouzault, Pierre du Plexis et Yvonne Morice, s^r et d^e de la Baye-faour, Alain Tainguy et Jehanne Morice, s^r et d^e de la Roche-Yvon, le Pocher et Guyonne Morice, s^r et d^e de Kerthomar, d'autre part, lesquels sont défendus par Bertrand de St-Pern et Jehan Gueheneuc, avocats.

15 Decembre 1562 (m. 293). — Vente d'une maison, sise à Moncontour, où figure parmi les signataires : Louis de Guémadeuc.

11 Novembre 1587 (m. 294). — Citation de noble homme Le Poitevin, contre Jean Morice, s^r de Kerouzault, en qualité de père et garde naturel de damoiselle Louise Morice sa fille, intimée, pour qu'il soit fait partage d'un héritage.

1587 (m. 295). — Jugement rendu sur procès entre n. g. François Toupin, s^r de Kerprast, Renan Soudan, s^r de Laudren, et Julienne le Baron, sa femme, et autres créditeurs aux biens de n. h. François Detnel.

Copie delivrée en 1610 à Toussaint Botrel, s^r de la Villegeffroy, fils ainé de François Botrel, assisté de m^{tre} Alain du Boysgellin, son avocat. Signé : du Bourblanc.

7 Mai 1591 (m. 296). — Inventaire et prisage des biens meubles appartenant à Nicolle Trégouet (fille de défunt Bernard Tregouet) et qui lui sont advenus de la succession de Raoul Tregouet, son aieul paternel.

Fait par Jacques Gourmil, sénéchal du Quermahéas.

17 Decembre 1645 (m. 297). — Constitut consenti par Jan le Bihan, recteur de Plougonven, à Yves le Cozicq, s^r de Kermellec, d^t au manoir de Kerloaguenan, même paroisse.

Fait en présence de Jehanne le Bihan, douairière de Mesedern. Prigent de Kersauson, chev., s^{gr} dudit lieu, mari de Francoise le Cozicq, héritière d'Yves le Cosicq, prolonge ce constitut.

21 Avril 1646 (m. 298). — Grand et prisage des biens provenant de la succession de n. g. Jan Jouan et Françoise Rozé, s^r et d^e de Guillerien ; fait à la requête de n. g. Jacques Moro, mari de Marguerite Jouan s^r et d^e de la Villeauvoyer, et n. h. Jan.... s^r de la Villesmero et de..... mari de Jeanne Jouan s^r et d^e de Petitaprez.

11 Novembre 1668 (m. 299). — Extrait des régistres de la paroisse de la Trinité de Laval, diocèse du Mans. — Mariage de m^{re} René de la Bigotière de Perchambault, con^{er} du r. au P^t de Br., fils de Guy de la Bigotière, s^{gr} de Perchambault, et de feue d^e Francoise Quantin, avec Julienne Charlot, fille de n. h. Jacques Charlot, s^{gr} de la Claverie, et de Françoise Cornilleau.

La bénédiction nuptiale a été donnée par le frere du marié, prêtre du diocèse d'Anjou, con^{er} du r., juge magistrat au présidial d'Angers. Ont signé au registre : Julienne Charlot, René de la Bigotière, de la Bigotière, J. Charlot, Cornillan, R. le Char, René Charlot, Hyacinthe Charlot, René le Clerc de Saultré.

30 Avril 1671 (m. 300). — Arrêt du Parlement dans une affaire engagée entre m^{re} Prigent de Kersauzon, chev., baron dudit lieu, mari et procureur de Francoise le Cozicq (fille unique et heritière p^{le} et n. d'Yves le Cozicq s^r de Kermellec, petite fille de F^{cois} le Cozicq s^r de Kerloaguen), et Jan Lelagadecq s^r de Mezedern (fils, h^{tier}

p¹ et n. de Jehanne le Bihan dᵉ de Mezedern), appelant d'une sentence rendue à Morlaix et touchant une fondation dans l'église de Plougonven.

14 Mai 1672 (m. 301). — Contrat de vente, (de trois tenues à domaine congéable, sises paroisse de Carnac), passé entre mʳᵉ Francois de Coué, sᵍʳ du Broussay, Esguirionné et a. l. (dᵗ en sa maison d'Esguirionné par. de Crach), et n. h. Louis Champoigt sʳ de Guerdinaire, marchant dᵗ à Auray.

17 Mai 1683 (m. 302). — Requête présentée à la cour de Porhouet, par Helène Visdelou, opposante au bénéfice d'inventaire d'ec. Jacques Troussier vivant sʳ de la Ville-es-Gloux, mari de Mathurine Touzé.

5 Juin 1689 (m. 303). — Contrat de mariage de mʳᵉ Jacques-Nicolas Huart, chev. sᵍʳ de Boeuvre, (fils puîné de défunts François Huart chev. sᵍʳ de Boeuvre, conᵉʳ au Pᵗ de Br. et de Renée Pelan), dᵗ en sa maison seigneuriale de Boeuvres par. de Messac, ev. de Rennes, avec Francoise Ferret (fille de défunt mʳᵉ Barthelemy Ferret, conᵉʳ du roy, maison et couronne de France, et de Francoise Truillot), dᵗ à Rennes, rue des Foullons.

D'après ce contrat, Pierre-Francois Huart, trésorier et premier dignitaire de la cathédrale de Rennes, frère aîné de Jacques-Nicolas, se demet purement et simplement de tous ses droits d'ainesse et des propriétés, échues ou à échoir.

Fait à Rennes, et ont signé à la minute : Francoise Ferret, Jacques-Nicolas Huart de Boeuvres, Francoise Trouillot, Pierre-Francois Huart.

Note postérieure. Jacques-Nicolas Huart était frère de Claude-Renée, qui épousa Alain-René Bonin. Les descendants respectifs de ces deux Huart, la dame de Viarmes et René-Jean Bonin, recueillirent en 1754 l'heritage de leur tante, la cᵗᵉˢˢᵉ de Langan, issue d'une autre sœur de Jacques-Nicolas Huart et Claude-Renée et appelée Jeanne Huart, dame de Carné.

23 Janvier 1691 (m. 304). — Examen d'un compte de tutelle, reclamé en justice dans une affaire entre n. h. François Delpeuch, sʳ de Goudemail, tuteur des enfants de n. h. Jean Delpeuch, vivant sʳ de Mesquen, faisant pour lui et ses consorts, demandeur, et n. ec. Louis Nouel, sʳ Deslandes, tuteur des enfants mineurs d'ec. Yves Jossom et Helène de Kergrist sʳ et dᵉ de Quistillic, défendeur.

8 Novembre 1691 (m. 305). — Sentence du sénéchal des juridictions du Pelen, la Villechevalier et Kerouzou, pour faire droit aux prétentions de Marie le Brun Ctesse de Lisle, — curatrice des enfants nés de son mariage avec Louis-Antoine de Bréhant, chev., s^gr Cte dudit lieu, — et de n. h. Francois Delpeuch, s^r de Goudémail, — faisant tant pour lui, que pour les autres enfants de feu Jean Delpeuch, s^gr de Mesquen, — subrogé aux droits de Jacques de Quellen et Claude Jossom s^gr et d^e de Quellen, créanciers aux successions bénéficiaires d'éc. Yves Jossom et Helène de Kergrist s^r et d^e de Quistillic et demandeurs contre ec. Louis Nouel.

Les demandeurs prétendent à la préférence sur les deniers provenant de l'acquet fait par ec. Philippe Abel s^r de Kermarquer et Renée Visdelou.

22 Janvier 1699 (m. 306). — Partage des biens meubles de Mre Pierre Gellouart, s^gr de Kerlemant.

Ce partage est fait entre : Mre Louis de Langle, chev., s^gr dudit lieu, de Kermorven, Kerjosse, Lomaria, Kerlevenes, Bodion, la Tertrée et a. l. d^t au chateau de Kermorven par. de Baud, faisant pour Guillemette Gellouart, son épouse, — Mre Pierre-François le Serazin, chev., s^gr du Boterff, Tremellien et a. l., con^er au P^nt de Bret., faisant pour Jacqueline Morice d^e de la Bedoière, sa mère, d^t au ch^teau du Boterff, par. de Plumellin, — Mre Guy-Luc de Talhouet, chev., s^gr de Coueby, Brignac, Quelen et a. l. et Anne de Kerguiris, son épouse, d^t au chateau de Brignac, par. de Serent.

Il ressort du même acte que Mre Jullien Gellouart, s^r de Kerivault, procureur du roy à Auray, avait epousé Jacquette le Gouvello. D'où naquirent : 1) Allain Gellouart, s^r de Kerboiec, con^er du roi, maitre des Comptes en Bretagne, — 2) Philippe Gellouart, s^r du Guern, procureur du roy en la cour d'Auray, dont : Guillemette Gellouart, qui épousa Mre Louis de Langle, chev., s^gr dudit lieu, con^er au P^nt de Bret., — 3°) noble et discret missire Pierre Gellouart, s^r de Kerlemant, prêtre, — 4°) Michelle Gellouart qui épousa en premières noces Yves Morice, ecuyer, s^gr de Kervagat, dont : Jacqueline Morice, Vve d'André Huchet, s^gr de la Bedoyère, procureur général au P^nt de Bret. ; en secondes noces, Jacques de Kerguiris, ec. s^gr de Baizit, con^er du roy, lieutenant civil et criminel à Auray, dont : Yvonne de Kerguiris, d^e de Bourgoigne et Anne de Kerguiris, épouse de Guy-Luc de Talhouet, s^gr de Coueby.

Fait à Auray et signé des parties.

26 Mars 1701 (m. 307). — Quittance consentie par Sebastien Aubert, prêtre de Plougonven, d^t au manoir de Lisle, à Gilles de Kersauson, M^quis de Kersauson, chevalier, s^gr de Coatleguer, Coatmerret, Kerounion, con^er au Parlement, d^t au chateau de Coatmerret, par. de Lanouarneau, ev. de Léon.

29 Octobre 1707 (m. 308). — Quittance de Renée Crosmier, Vve Bodin, pour le franchissement d'un constitut qui lui était dû, par Charles et Jacques Doysseau.

Donné à Mr du Marais, marchand de Nantes.

7 Septembre 1709 (m. 309). — Transaction sur partage, entre Florimonde-Renée de Lantivy de Cosero d^e douairière du Plessix-Bellière, et son oncle messire Jullien-Louis de Lantivy, chevalier, s^gr du Cosero.

Louis de Lantivy reçoit la s^gie des Aulnais, près Josselin.

13 Mars 1713 (m. 310). — Constitut consenti aux dames Ursulines de Josselin, par écuyer Jacques Le Guenec et Anne Cassard, son épouse, s^r et d^e de Trevran.

Ont signé : Jacques le Guenec de Trevran ; Anne Cassard ; Sœur Anne Bonin, supérieure ; S. Jacquette de Langle, sous prieure ; S. Bonaventure Bonin, discrète, et autres sœurs.

16 Mars 1713 (m. 311). — Constitut consenti à Mre Julien Théaux et Christine Benoist, sa compagne, par Jacques le Guenec et Anne Cassard s^r et d^e de Trevran.

Lequel constitut est remboursé, le 18 Avril 1721, par Mr de Kercointe, tuteur des enfants mineurs de Jacques le Guenec, et des deniers de Mr de la Bigotière.

7 Janvier 1716 (m. 312). — Assignation adressée à éc. Blaise Bonnescuelle, s^r de la Fontaine, conseiller secrétaire du roi, d^t à St-Brieuc.

Extrait du greffe de Morlaix.

9 Novembre 1715 (m. 313). — Quittance donnée à Mre Jacques-René le Prestre de Lezonnet, de 814 livres de marc d'or pour l'office de con^er originaire au P^ment, dont il entend se faire pourvoir au lieu et place de défunt Mre Jean-Maurice Geffroy de Kervegant.

24 Decembre 1726 (m. 314). — Dispense d'âge accordée par le roi à Charles-Pierre-Felicien du Merdy de Catuellan, à l'effet d'être pourvu d'une charge de con^er originaire au Parlement au lieu et place de René le Prestre de Lezonnet.

Signé : Louis. Contresigné : Phelippeaux.

2 Septembre 1727 (m. 315). — Ordre de la chambre des Comptes de Bretagne, d'enregistrer les lettres de provisions de C.-P.-F. du Merdy de Catuelan.

Louis de Cacé président, Proust du Port la Vigne. rapporteur.

11 Septembre 1727 (m. 316). — Lettre du trésorier général des finances de Bretagne au payeur du Parlement, pour le paiement des gages de C.-P.-F. du Merdy de Catuellan, nommé conseiller originaire par lettres du 9 janvier 1727.

Ledit de Catuellan s'est acquitté des 4400 livres de marc d'or pour l'office en question.

10 Octobre 1728 (m. 317). — Lettres de nomination de Jacques-Louis Berthou de Querverzio, à l'office de conseiller originaire au Parlement de Bretagne, succédant à Charles-Pierre-Félicien du Merdy de Catuellan, avec dispense d'âge et de parenté ; celle-ci à cause de son père Jacques Berthou, con^{er} en la Grande Chambre.

Donné à Fontainebleau et scellé du sceau royal.

21 Novembre 1729 (m. 318). — Extrait des régistres de la paroisse Ste Croix, de Nantes. — Mariage de François Bertrand, fils de n. h. Nicolas Bertrand et de Marie Michault, avec Francoise Bouteiller fille de Guillaume Bouteiller et de Marie-Françoise Baudry.

Ont signé : Bertrand de Coeuvre, Francoise Bouteiller, Montaudouin, de la Clartière, Bertrand Montaudoin, Albert Sengstack.

3 Avril 1730 (m. 319). — Accord relatif à la succession de Charles des Cognets s^r de la Ville-Roger, entre Mre Jacques Bonin chev. s^{gr} de la Villebouquais, n. h. Morvan, s^r de Grand-Champs, tuteur de Joseph-François de Quergu (fils de Joseph-René de Quergu), Francoise Jourdain, veuve de Charles des Cognets. Mre Toussaint des Cognets chevalier s^{gr} de l'Hospital, fils de Mre Allain des Cognets.

21 Août 1738 (m. 320). — Réception comme avocat de M^{tre} Jacques-Louis Berthou de Kerverzio « licencié aux lois de la faculté de Rennes. »

Ledit de Kerverzio a prêté serment en l'audience publique de la cour.
Ont signé l'acte de réception : Carolus Richard, Bizeul, de Marquez.

1738 (m. 321). — 17 Septembre. — Dispense d'âge et de parenté accordée par le roi à Jacques-Louis Berthou de Querverzio (à cause de son père Jacques Berthou, con^{er} en la Grande Chambre, afin d'être pourvu d'une charge de conseiller au Parlement. — *20 Septembre.* Quittance au même pour les 4.400 livres de marc d'or et survivance de l'office de con^{er} originaire. — *19 Décembre.* Ordre du trésorier général des finances de Bret. au payeur du P^{ment} de regler les gages du même, reçu conseiller. — *29 Décembre.* Ordre d'enrégistrer les lettres de provision, du même. Groust de Bellesme, président : Macé de la Cour, rapporteur.

10 Juillet 1740 (m. 322). — Extrait des régistres paroissiaux de Nantes (St Nicolas probablement). — Baptême de Marie-Elisabeth, fille d'écuyer Francois Bertrand de Coeuvres et de Marie-Francoise le Bouteiller.

Marraine : Elisabeth Bertrand, épouse de n. h. Albert Sengstack ; parrain : n. h. Guillaume Bouteiller.

23 Juin 1750 (m. 323). — Reconnaissance faite par Robert Le Guenec de Trévran (d^t en sa maison de Penhoët, en la Croix Helléan) à d^{elle} Rose Bonin de la Villebouquais, d'un constitut consenti le 22 Avril 1720 à Mre René de la Bigotière de Perchambault, doyen du P^{ment} de Bret., par Anne Cassard, mère et tutrice de Robert le Guenec.

7 Avril 1769 (m. 324). — N. m^{tre} Claude-Guillaume Farault qui s'est acquitté de 4.400 livres pour droit de survivance de la charge de con^{er} au Parlement, dont était pourvu René-Jean Bonin, déclare ne rien prétendre sur cette somme, qui revient au fils ainé dudit Bonin.

14 Avril et 15 Mai 1783 (m. 324^a). — Grand et prisage des biens dépendant de la succession de feu m^{re} Louis-Gilles de l'Ecu, chev. s^{gr} c^{te} de Runnefaux et a. l., président au P^{ent} de Br., et situés aux paroissos de Malleville, Savenay, et Lavau. La prisée est faite par Armand-Marie-Jean Dubot, chev. s^{gr} de Villeneuve, procureur d'Agathe de Trecesson, épouse autorisée de René-Joseph le Prestre de Chateaugiron et par Gabriel du Noir, chev., s^{gr} de Fournerat, procureur de Marie-Gabrielle de l'Ecu de Runnefau v^{ve} de Jan-François du Poulpiquet du Halgouet, (sœur germaine du feu c^{te} de Runnefaux).

S. D. (m. 325). — Généalogie de la famille de Kaërbout, avec notes sur celle-ci.

Les armes de Kaërbout sont de gueules à trois fermaux d'argent.

La famille de Kaërbout est originaire de la paroisse de Menéac en Bretagne (Karo de Kërbout figure dans une réformation de 1513). Un cadet, Jehan de Kaerbout, damoiseau, combattait en France pour le duc de Bretagne, lorsqu'il épousa au pays du Perche en 1423, Guillemette de l'Epervier d{e} de Gemasse. Il fit souche dans le pays de sa femme et cette branche a donné un gouverneur du Perche (XVIe s.), un gentilhomme ordinaire de la chambre du roi sous Louis XIII, et plusieurs officiers de la garde.

Lancelot de Kaërbout n'ayant point laissé d'héritier mâle, son frère Louis, sgr de la Cruche, établi au pays du Maine, continua le nom. La famille de Kaerbout s'est fondue en celle de Mesenge, de Poulpiquet du Halgouet et d'Argentré.

Notes sur les seigneuries de Gemasse près Montmirail, en Perche, de Couléon, dans le Maine, et de la Cruche, par. de Teillé, dans le Haut-Maine.

XXVIIIe siècle (m. 326). — Notes écrites de la main de Bertrand J.-M. Bonin de la Villebouquais et relatives aux familles de la Bigotière de Perchambault (originaire d'Anjou) — Charlo (originaire du Maine) — Huart de Beuvres (Bretagne).

Série B. — TITRES DE SEIGNEURIES

I. — DOMAINE DE TREGRANTEUR

TREGRANTEUR

Seigneurie, paroisse de Guégon, évêché de Vannes, relevant du Comté de Porhoët.

6 Janvier 1521 (m. 327). — Contrat par lequel Ollivier Baron, demeurant à Ploermel, echange des champs aux villages de la Ville-Raffray et des Landes, contre un jardin, situé dans le faubourg de Ploermel, appartenant à Jehan de Tregaranteuc, ecuyer, s^{gr} de Tregaranteuc.

Fait à St-Gobrien.

9 Janvier 1536 (m. 328). — Aveu rendu à noble damoiselle Jehanne de Tregaranteuc, d^e de Tregaranteuc, du Clos et de la Chesnaye — fille et h^{tière} p^{le} de feu Pierre de Tregaranteuc, en son vivant, s^{gr} desdits lieux — pour la tenue Bohel de la Ville-André, en Ploemellec.

Cette tenue, outre l'hommage au s^{gr} de Tregaranteuc, une rente au s^{gr} de la Ville-Pelote et à la prieure de Locmaria, a l'obligation de mouture au moulin de la Haye.

Fait à la Ville-au-Chaud, devant les notaires de Callac.

10 Janv. 1536 (m. 329). — Aveu rendu à Jehanne de Tregaranteuc, pour la tenue Dorée, sise à la Villegrouais, par. de St-Aubin, et relevant de Tregaranteuc.

Fait à la Ville au Chaulx, par les notaires de Callac : Le Moisan et G. de

Callac pass. Cette tenue doit « 3 sols 2 deniers au s^{gr} de Tregaranteuc, dixme à Locmaria, devoir de moutage au moulin de la Haye. »

8 Aout 1563 (m. 330). — Accord entre Guillaume Riou et Jeanne de Tregaranteuc, s^r et d^e de Tregaranteuc, et Suzanne Demore, prieure de Locmaria en Plemelleuc, relatif à l'affranchissement d'une rente de « 13 mines et demi boessau seigle », sur les biens de ladite de Tregaranteuc.

Guillaume Riou s'acquitte de « 600 livres tournois en especes de pistolletz d'or et de poix ». Fait à St-Georges de Rennes et signé : du Bouays et Becouef notaire.

1577-8-9 (m. 331). — Régistre des actes de la juridiction de Tregaranteuc (qui appartient à la famille de Quelen).

Régistre de 400 pages.

4 Mai 1580 (m. 332). — Aveu à Guillaume Riou et Jehanne de Tregaranteuc, pour une tenue à la Ville-au-Cour, et sous Tregaranteuc.

Cette tenue doit : 30 sous monnois, 10 boisseaux avoine, 10 boisseaux froment rouge, 2 poules, 7 journées de corvées, le devoir de moudre et de fouler « leurs draps et chaussures » aux moulins de Couedigo. Ces corvées se détaillent comme il suit : « une de becher, une de fener, une de seyer, l'aultre de baptre en aoust, une de fembroyer à la Toussaints o deux chevaulx, et demy charaictte et demi corvés a amener les foyns o deux chevaulx, et demye charaictte à verguer, une autre de amener les bouays o deux chevaulx, et aider a curer les biez et amener les meubles du moullin. »

2 Avril 1606 (m. 333). — Egail de la tenue Geay, du Bourg de Tregranteur, relevant de la seigneurie du lieu.

Cette tenue doit : 38 sous monnois, 5 boisseaux avoine, 5 b. froment rouge, 1 poule, 3 corvées de charette avec un homme et deux chevaux, lesquelles se détaillent comme il suit : « l'une à amener au chasteier, l'autre à rentrer les foingns, l'autre à amener les bouays » ; plus 4 corvées d'homme, « l'une à saier, l'autre à babttre en aougst, autre pour fener et autre pour besthert ».

3 Decemb. 1625 (m. 334). — Aveu rendu à Mre Grégoire de Quellen, chevalier de l'ordre du Roy, s^{gr} du Broustay, Tregranteur, le Plessis, Quelleneuc, Quelen, le Clos, La Chesnaye-Morio et a. l., pour la tenue Moisan à la Ville-au-Chaux.

Cette tenue doit obeissance à Tregranteur, différentes rentes à la même S^gie, le devoir de moudre au moulin de la Haie, en Billio, dîme au recteur de Ploumellec et à Locmaria.

1631 à 1636 (m. 335 à 340). — Aveux rendus à Grégoire de Quelen s^gr de Tregranteur, pour différentes tenues à la Ville-au-Cour et à la Ville-Benoist (en Guégon), et à la Ville-Leo (en St-Servan).

1631 à 1637 (m. 341). — Régistre des actes de la juridiction de Tregranteur.

Gros régistre.

18 Juillet 1644 (m. 342). — Sentence du Parlement de Bretagne, au profit de Grégoire de Quelen et contre Anne Le Roy, religieuse professe de St-Benoist, prieure de Locmaria, relative au payement d'une rente due par la s^gie de Tregranteur, à Locmaria.

1648 - 1735 - 1778 (m. 343 - 346). — Egails de différentes tenues sous Tregranteur.

1656 à 1671 (m. 347). — Comptes de la fabrique trêviale de Tregranteur, pour servir aux charges et décharges des fabriciens et marguilliers qui s'y sont succédé.

Registre de 42 feuillets, qui contient à la fin plusieurs inventaires des meubles et effets de la fabrique (de 1665 à 1669).

1659 (m. 348 à 350). — Aveux des tenues Mercier Perrotin, Sallouart et Guinard, au village de Pourmabon en Cruguel, rendus à h^t et p^t Barthelemy de Quellen, s^gr Vte du Broustay, Tregranteur, Quelleneuc, le Plessis, Quellen, la Ville-Gourdan, la Chesnaye, Talcouesmeur, marechal de camp de toutes les armées du roi, conseiller en ses Conseils, mestre de camp du regiment de Navarre.

La tenue Mercier Perrotin doit : 35 sols 4 deniers tournois, 2 bois. d'avoine, 2 poules, 4 corvées de bras, 3 demi corvées de harnais, au seigneur de Tregranteur ; 2 sols 8 deniers, au Cte de Porhoët, en l'acquit du seigneur ; 9 deniers, à la fabrique de Guégon.

S. D. (m. 351). — Aveu de la tenue Rue-Gallot (St-Aubin) du fief de Tregranteur, rendu par Nicolas Thomazo maître chirurgien et barbier du roi, et d^elle Janne le Penmellan sa compagne, s^r et d^e de la Porte St-Aubin, en Ploumellec, à Mre Berthelemy de Quellan, cheval., s^{gr} du Broutay, Tregranteur, et autres lieux ordinaires.

3 Août 1660 (m. 352). — Vente de la seigneurie de Trégranteur, en échange de la seigneurie de la Villebouquays (paroisse St-Armel de Ploermel) et d'une soulte de 48.926 livres, faite par Mre Barthelemy de Quelen du Broutay à Mre Allain Bonin de la Villebouquays.

Copie collationnée à la minute des archives départementales d'Ille-et-Vilaine. Série E. — L'acte a été passé à Rennes en l'hôtel du Comte de Challain, président au Parlement. Ont signé, outre les parties : René de Kergu, F. Rogier, Duchemin et Berthelot notaires.

La seigneurie de la Villebouquais avec ses dépendances s'étendant à Ploermel et Taupont, le Haut et Bas Clio, situés par. de Campénéac, le fief et bailliage de St-Laurens de Coetelay, même paroisse, d'une part, sont échangés contre : la seigneurie de Tregarantur avec ses dépendances, justices, foires, rentes et redevances, la terre noble de Fahuran, la grande dîme de Tregrantur, les dîmes du Dresny, le Grand pré de la Ville Chapel, les Moulins de Couedigo, d'autre part.

1661 (m. 353). — Rentier de Tregranteur pour 1661.

Etat des tenues et leurs charges.

1661 à 1662 (m. 354-356). — Productions que fait au présidial de Vannes, Allain Bonin, s^{gr} de Tregranteur, contre M^{tre} Francois Bureau, s^{gr} de la Nos, sénéchal de plusieurs juridictions inférieures et vassal de Tregranteur, qui n'a pas fidèlement levé la dîme due à son seigneur.

D'après les différentes procédures l'on voit qu'au fief de Trégranteur, le seigneur lève la dîme à la 11e gerbe, dont un tiers revient au recteur de Guégon (à l'exception de certaines terres qui composent la dîme de la Madrette, dont le seigneur ne prélève que la tierce partie). La dîme de la Villegeffroy, en Guégon (11e gerbe), doit être partagée entre le s^{gr} de Tregranteur, celui de Quelen, et l'église de Guégon.

François Bureau est condamné par le présidial de Vannes.

1661-1662 (m. 357-364). — Aveux rendus à Allain Bonyn s^{gr} de la Villebouquay, Vte de Tregranteur, chevalier de St-Michel, pour différentes tenues en Plomellec (Bruban et Thomas, à la Ville Pesron, Collin-Thomas (1), à la Ville-Guillemot, Regnault Bihan, à la Ville-Gleu, Gro à Lostel-Gro, Jonas (1) et Janni-Mayeux, à la Ville-au-Chaux), et à Guéhenno-Guesgon (Busson et Guimart (2), à la Ville-

Brellan). Toutes ces tenues sont du rôle de St-Aubin et doivent obéissance à Tregranteur.

Les dites tenues doivent, outre leurs rentes accoutumées, dîme à Plumelec et à Locmaria, « moutaige et fouillige » au moulin de la Haye.

Parmi les tenanciers figurent : (1) Catherine de Chateau Tro, demeurant à Beauxlieus en Cruguel et (2) Mre Ollivier de la Chesnaye, chef de n. et d'a. chevalier de l'ordre du roi, Cte des Timbrieux, s^{gr} des maisons et châteaux de Quistinic, Beaulieu, du Mas, Lanvaux, du Rosgouet, de Queravon, du Fost, du Megouet et a. l. résidant au chateau Destimbrieux, par. de Guéhenno.

6 Avril 1682 (m. 365). — Quittance générale de la vente de Trégranteur, donnée par h^t et p^t prince Nicolas-Barthelemy Stuart de Caussade de Quelen... etc. — fils ainé de feu Barthelemy de Quelen — à Hellaine Visdelou Vve d'Allain Bonin.

Fait à Ploermel. Ont signé : Nicolas Stuart et Helleine Visdelou.

3 Novembre 1683 (m. 366). — Minu du rôle-rentier de la seigneurie de Tregranteur, appelé le petit rôle de St-Aubin (trêve de Plumelec), fourni par le receveur, au procureur fiscal de la juridiction.

Parmi ces rentes, la d^e prieure de Locmaria, doit, par an au s^{gr} de Tregranteur : 5 boisseaux de seigle, 5 b. d'avoine, 8 pots de vin d'Anjou et 4 oies grasses.

1er Avril 1686 (m. 367). — Inventaire et prisage des meubles du château de Treganteur et des bestiaux des métairies. Le tout est prisé 8000 livres.

Les métairies dont il est question sont les métairies de la Porte, de la Ville-Chapel, de Fahuran, de Maugremier, de Guermahéas.

14 Avril 1692 (m. 368). — Déclaration faite à la juridiction royale de Ploermel, par Hélène Visdelou et Alain-René Bonin, chevalier, pour les terres et fiefs nobles, qu'ils possédent dans le ressort de cette juridiction. Il y est dit que le s^{gr} de la Villebouquais a paru à toutes les revues, en qualité de cornette de la Compagnie collonelle (arrière ban) de l'évêché de St-Malo.

Les biens qui figurent dans ladite declaration sont :

La sg^{le} de Tregranteur, valant 1200 livres de rente ; Le Guermahéas en St-Servan, valant 300 livres de rente ; Maugremier en Coëtbugat, valant 300 livres de r. ; le Glaiollet en Plœuc (ev. de St-Brieuc) valant 200 livres de r. ; Treveran en Lanouée, valant 50 livres de r.

1703 (m. 369-374). — Aveux rendus à Mre Allain-René Bonin, chevalier, s^{gr} de la Villebouquaye, Tregranteur, Maugremier, Guermahéas, pour différentes tenues sises en Pleumelec (Bruban et Au-Coq, à la Vilgleu, Rolland et Es-Rostiaux, à la Ville-Heu, Rostiel, à la Vilandré, Gallot, au bourg de St-Aubin). Toutes font partie du rôle de St-Aubin et doivent obeissance à Tregranteur.

La tenue Bruban doit, outre les rentes (17 sols, 2 b. avoine, 2 poules), la dîme au chapelain du Broutay et au recteur de Plumelec. Les autres tenues doivent la dîme au recteur de Plumelec et à Locmaria.

3 Janv. 1721 (m. 375). — Acte d'appropriement décerné par la cour de Porhouet à Jacques-Allain-René Bonin, chevalier, s^{gr} de la Villebouquais, pour des héritages, acquis par lui, en Guégon, d'ecuyer Hyacinthe de la Pierre s^{gr} de Carnouet.

Signé : Hardouin, sénéchal.

28 Novembre 1721 (m. 376). — Ferme de la métairie noble de la Porte, du chateau de Tregranteur.

20 Sept. 1735 (m. 377). — Minu du grand rôle de Tregranteur.

1736 (m. 378). — H^t et p^t s^{gr} de la Chesnaie, chef de n. et d'a. chevalier de l'ordre du roi, Cte des Timbrieux, des maisons et chateaux de Quistinic, Beaulieu, le Matz, Lanvaux, le Rosgouet, Querran, Fost, Megouet, et a. l. résidant aux Timbrieux, et consorts, rendent aveu à Allain Bonin Vte de Tregranteur, pour diverses tenues à Breslen.

1742 (m. 379). — Inventaire d'acquêts, passés à St-Jean Brevelay, sous le ressort de Tregranteur.

9 Aout 1745 (m. 380). — Apposition de scellés, faite à Tregranteur par le commis au greffe de Porhoët, après décès de Mre Jacques-Allain-René Bonin, chev., s^{gr} de la Villebouquais et à la réquisition de Jeanne-Françoise Bertho sa veuve et de René-Jean Bonin, con^{er} au P^{ment}, son fils.

Il a été procédé, en présence de Mre René-Anne-Hyppolite de Brilhac, s^{gr} abbé commendataire de St-Jean des Prés et de Joseph Guignard, chev. s^{gr} de Champsavoy.

Inventaire de tous les meubles et de l'argenterie mis sous scellés.

1745 à 1785 (m. 381). — Comptes du rôle de St-Aubin, de 1745 à 1785, avec le nom des receveurs.

Le rapport pour l'année 1745 se détaille comme il suit :

En argent....................................	20^l 9^s 3^d
1 boisseau froment.......................	4^l 2^s
12 b. avoine..................................	29^l 15^s 4^d
3 b. seigle....................................	7^l 4^s
4 oies grasses (prieuré de Locmaria).......	2^l 8^s
8 pots de vin d'Anjou (id.).............	4^l 16^s
5 onces de poivre.........................	10^s
13 demi corvées de harnais et 6 entières...	10^l 10^s
25 corvées de bras........................	7^l 10^s
9 poules.......................................	2^l 14^s
	89^l 18^s 7^d

Le rapport varie entre 89^l en 1745, 256^l en 1772, et 258^l en 1785. Etat du même rôle, vérifié d'après d'anciens aveux.

1745 à 1786 (m. 382). — Compte et rapport du grand-rôle de Tregranteur de 1745 à 1786, avec le nom des collecteurs.

Ce rapport de l'année 1745, est comme il suit :

En argent....................................	32^l 3^s 1^d
7 boisseaux 1/2, froment................	30^l 15^s
2 b. seigle....................................	4^l 16^s
71 b. avoine et 2/3 l.....................	112^l 5^s 6^d
17 poules.....................................	5^l 5^s
20 corvées harnais 1/2, moins 1/8 et 1/12...	24^l 18^s
54 corvées de bras........................	15^l 16^s
	225^l 18^s 7^d

Le rapport varie entre 225^l (en 1745), 647^l (en 1772), 522^l (en 1784), 796^l (en 1785).

1746 et 1758 (m. 383-384). — Baux de la métairie noble de la Porte, du chateau de Tregranteur.

1755 à 1776 (m. 385). — Compte des rentes qui se lèvent au « fief de la Villebouquais » sur les tenues de Dresny (St-Servan) et du Teno (Guégon).

Cahier.

1755 à 1776 (m. 386). — Différents acquêts de terres, proche et sous Trégranteur.

1756 à 1770 (m. 387). — Extraits des régistres du greffe de Tregranteur. — Différents retraits féodaux exercés par René-Jean et Bertrand-J.-M. Bonin, se rapportant à des terres touchant la seigneurie de Tregranteur.

1758 à 1761 (m. 388). — Différents contrats se rapportant à l'acquêt du bois de la Pompe, sous le fief de Tregranteur, passés par devant M^{tre} Francois Merlet, notaire de la juridiction du lieu.

Joseph Saget, maître d'hôtel et homme d'affaires, agit pour M. de la Villebouquais, acquéreur.

1760 à 1780 (m. 389). — Rapport du petit-rôle de Tregranteur, de 1760 à 1780, avec le nom des collecteurs.

En 1760 le rapport se détaille comme il suit :

En argent, poules, chapons............	19^l 8^s 3^d
4 b. froment à 7^l 6^s 8^d................	29^l 10^s 8^d
12 b. avoine à 2^l 10^s 8^d................	30^l 8^s
	79^l 02^s 11^d

Le rapport varie entre 79^l en 1760, 127^l en 1771 et 104^l en 1780.

1765 (m. 390). — Régistre du « grand rôlle de Tregranteur », pour servir à Louis Perrotin, sergent dudit rôle. On y relève diverses tenues, au bourg de Tregranteur, aux villages de Guilleron, la Ville-au-court, Coëdigo, la Ville-es-dars, le Gueldo, etc.

30 Mai 1765 (m. 391). — Aveu rendu à Mre René-Jean Bonin, chev., s^{gr} Cte de la Villebouquais, Vicomte de Trégranteur, Mis du Guermahéas, s^{gr} de la Chesnaye-Morio, Baron de Chateaumerlet, Vte de Maugremieu, juveigneur de Porhoët, con^{er} au P^{ment} de Bret., pour la tenue Ameline, située aux dépendances du Temple de St-Servant.

1767 (m. 392). — Minu du « petit rôlle de Tregranteur » fourni par Julien Trevedy, collecteur pour l'année 1766.

Les rentes sont levées aux villages du Maguéro, de la Ville-Benoist, de la Villegeffroy, Guilleron, la Ville-au-Gentil, le Bot, la Ville-Even, au bourg de Guégon.

1775 et 1782 (m. 393). — Vente de deux portions de lande, situées sur la lande de Justice, et d'une pièce au Champ des Grées, le tout sous Trégranteur.

26 Mai 1778 (m. 394). — Bail de la métairie noble de la Porte de la Villebouquais (Tregranteur).

1779 à 1781 (m. 395). — Etat des commissions des greffes de la Vte de Trégranteur, des juridictions de Maugremier, Chateau Merlet et le Guermahéas, depuis le 16 sept. 1779 à la même date de 1781.

14 Mars 1784 (m. 396). — Remboursement du retrait féodal, consenti à Bertrand J. M. Bonin par François du Bot, laboureur, demeurant au village du Bot (Guégon), relativement à différents héritages roturiers acquis par ledit du Bot.

Signé des parties, et de Dahirel, notaire de la juridiction de Tregranteur.

16 Floréal an II (m. 397). — Bail de la maison principale et métairie de la Porte de Tregranteur, provenant des frères Bonin, émigrés; consenti à Mathurin Allain, par Trevedy, agent national et Gaillard, receveur des domaines de Josselin.

1er Prairial an II (m. 398). — Bail de la maison de Tregranteur, autrement, la Villebouquet, et de la métairie de la Porte ; consenti par Mathurin Allain, meunier d^t à Ste-Croix, à Pierre Duval, et moyennant 800 livres en argent, 110 demés de seigle, 23 milles de foin, et 40 demés d'avoine.

19 Vendemiaire an VI (m. 399). — Bail de la maison principale et de la métairie de la Porte de Tregranteur ; consenti par Marie-Anne-Constance-Jeanne du Plessis, épouse de Bertrand-J.-M. Bonin (ladite citoyenne, demeurant ordinairement avec son mari à Amiens), et moyennant 400 livres en argent et la moitié des grains.

7 Juillet 1806 (m. 400). — Acquet par Bertrand-J.-M. Bonin, de la maison Desnos, située au bourg de Tregranteur.

S. D. (m. 401). — Liasse concernant les mesurages de la propriété de Tregranteur, nécessités par le règlement des successions F^{colse}-Renée-Reine Bonin, Jacquette-Rose Bonin, et René-Jean Bonin.

Les mesurages sont faits par Sohier et Elie, experts.
Nombreuses annotations de la main de Bertrand-J.-M. Bonin.

XVIIe et XVIIIe siecles (m. 402). — Nombreuses liasses non inventoriées concernant le greffe de la seigneurie de Tregranteur.

LA CHESNAIE-MORIO

Seigneurie, trêve de Lizio, paroisse de Serent, ev. de Vannes, et relevant de la Salle.

---

20 Mai 1426 (m. 402). — Aveu à noble écuyer Jacques de Tregaranteuc, s^r de Tregaranteuc et de la Chesnaye, pour une tenue relevant de la Chesnaye.

3 Mars 1435 (m. 403). — Aveu à écuyer Jacques de Tregaranteuc, pour la tenue Guillo, fourni devant les notaires de la Chapelle.

A signé : J. de la Houlle.

26 Janvier 1445 (m. 404). — Aveu et hommage de la seigneurie de la Chesnaye, fourni par Jacques de Tregaranteuc, au seigneur de la Chapelle et de Moulac.

1445 à 1454 (m. 405-409). — Aveux rendus à Jacques de Tregarenteuc, à cause de la Chesnaye, pour différentes tenues sises aux villages de la Porte, de la Ville Guéhan, de Trebarst, en la paroisse de Serent.

Ont signé outre les parties : J. de St-Pern ; de la Chesnaye et Bouet de Lesmais pass.

1460 à 1470 (m. 410-413). — Aveux rendus à noble écuyer Pierre de Tregaranteuc, s^{gr} de Tregaranteuc, du Clos et de la Chesnaye, pour différentes tenues en Quilly, Lizio et Serent.

Ont signé, outre les parties : G. de Quelen ; de la Chesnaie et Quillart, notaires de Porhoët.

La tenue Denoual, du village de Treverest, doit : « 50 sols de rente, 6 corvées aux harnois et 2 bestes de traits, une charte à la volonté du s^{gr} avec un homme et deux bestes de traits ; dixme à l'onzième, moultage. »

13 Mars 1464 (m. 414). — Pierre de Tregaranteuc, s^{gr} de Tregaranteuc et du Clos, confesse foi, hommage lige et rachat à n. et p^t Jehan s^{gr} de la Chapelle et de Moulac, en sa juridiction de Serent, pour l'hébergement de la Chesnaye, comme il se poursuit avec ses appartenances et dépendances. Ce qui se trouve dans la paroisse de

Serent, relève ligement de Thibaud de la Salle s^{gr} de la Salle, comme juveigneur d'ainé.

20 janvier 1477 (m. 415). — Hommage pour l'hébergement et manoir de la Chesnaye, fait par Jacques de Trégaranteuc, s^{gr} dudit lieu, à n. et p^t Jehan de la Chapelle, s^{gr} de la Chapelle et de Moulac.

28 Juin 1479 (m. 416). — Aveu de Jacques de Tregaranteur, à Robert de la Salle, pour la seigneurie de la Chesnaie, qu'il tient en juveignerie de la Salle.

Fait aux plaids de la Salle.

1479 et 1496 (m. 417-418). — Aveux à Jacques de Tregaranteuc s^{gr} de Tregaranteuc et de la Chesnays, pour la tenue Mary, en Lizio, et une maison, nommée l'Hôtel-Perrin, sise à Kermené.

16 Mai 1510 (m. 419). — Echange entre n. ec. Jehan de Tregarenteuc s^{gr} de Tregarenteuc, du Clos, et de la Chesnays, et Simon Plantaret, du Theno, touchant de près à Fahuran.

1510 à 1525 (m. 420-424). — Aveux rendus à Jehan de Trégaranteuc, pour les tenues Denoual, à Treverest (Serent), Nail, au village des Fraiches (St-Servan), Brenugat, à Trevillan (Lizio).

Ces tenues ont l'obligation de mouture au moulin de St-Malo, en Lizio.

30 Juin 1526 (m. 425). — Hommage de n. h. Jehan de Tregaranteur, rendu à n. et p^t Raoul du Juch et Jeanne de la Chapelle s^{gr} et d^e de Pratdenroux, de la Forest, de la Chapelle, pour la seigneurie de la Chesnaie (manoir, hébergement et terres), qu'il tient en juveigneurie des s^{gr} et d^e de la Salle.

1536 (m. 426-427). — Aveux rendus à noble damoiselle Jehanne de Tregaranteuc dame de Tregaranteuc, du Clos, de la Chesnaye, fille et héritière p^{le} de feu Pierre de Tregaranteuc, pour la tenue Gallet, au village de Trevere, et la tenue Guillemet.

1550 à 1576 (m. 428-432). — Aveux à nobles gens Guillaume Riou ec. et Jehanne de Tregaranteuc sa compagne, s^{gr} et d^e de Tregaranteuc, la Haye, la Chesnaye, les Crenhouetz, Fahuran, le Clos ; pour les tenues Morice, Brénugat, Thebaud, Chateau-Gallet, la Ville-Hayart, sises en Lizio, et relevant de la Chesnaye.

12 Decembre 1564 (m. 433). — Aveu, rendu par ec. Jehan de Neant s^{gr} du Val et de la Porte, à n. h. Guillaume Riou et Jehanne de Tregaranteuc ; pour ses terres de la Bihaunayes.

Fait au manoir du Val, devant les notaires de la Chapelle.

11 Janvier 1571 (m. 434). — Echange de maisons et terres en Lizio et Serent, chargées de rentes à Tromeur ou à la Chesnaye.

1600 à 1640 (m. 435-449). — Aveux rendus à Mre Gregoire de Quelen, chevalier du roi, s^{gr} du Broutay, Tregranteur, la Chesnaie-Morio, les Plaissaix, Queleneuc, pour différentes tenues en Sérent et Lizio (villages de Carouge, Treviguet, les Deserts, la Ville Billy, la Ville Hoyart, Tremerec, Treverest, Vauglan, la Grée aux Moynes, la Fosse).

Ces tenues ont l'obligation de mouture au moulin de St-Malo.

En 1640, Gregoire de Quelen est qualifié : Lieutenant au gouvernement de Rennes.

8 Juillet 1600 (m. 450). — Aveu rendu à Grégoire de Quelen, par ecuyer Guillaume Poullain s^{gr} du Pontho du Val, d^t au lieu du Val, en Serent, pour différentes terres en Lizio, qui lui sont advenues par héritage d'ecuyer Charles de Néant, son oncle, en son vivant s^{gr} du Val.

Fait à la maison du Val, devant les notaires de la Chapelle. Sceau de Quelen.

1602 (m. 451). — Minu du rôle de la Chenaie-Morio.

3 Juin 1644 (m. 452). — Action, entre Mre Gregoire de Quelen et Thebaud, fermier en la terre seigneuriale de la Chesnaye-Morio.

2 Aout 1644 (m. 453). — Procès-verbal de descente du lieutenant de Ploermel, au village des Fraiches, que Mre Grégoire de Quelen prétend relever prochement de sa seigneurie de la Chesnaye-Morio.

Fait en présence du procureur de d^{elle} Marguerite de Rohan, Ctesse de Porhouet.

6 Mars 1647 (m. 454). — Constitution d'une pension sur hypothèque, de soixante livres tournois par an, à Pierre Denoual, fils d'autre Pierre Denoual, d^t à la metairie noble de la Chenaie Morio, afin d'être admis aux ordres de la prêtrise.

23 Aout 1653 (m. 455). — Jugement de la cour de Serent, à requête de Barthelemy de Quelen, s^{gr} de Quelen, Tregranteur, la Chenaie-Morio (maréchal de camp des armées du roi, mêstre de camp du reg^t de Navarre, capitaine des Chevau-legers de la reine); contre les vassaux de la Chesnaie-Morio, qui depuis trente années, n'ont point acquitté la dîme (11e gerbe) qu'ils doivent à cette seigneurie.

1er Decembre 1653 (m. 456). — Production, que fournit Barthelemy de Quelen, contre Olivier Legal et consorts, auxquels ledit s^{gr} de la Chenaie, reclame un droit de rente et d'obeissance, fondé sur un titre d'acquet du 6 Nov. 1565.

Cet acquet du 6 Nov. 1565 est passé entre Guillaume Riou et Jehanne de Tregranteuc d'une part, et n. h. Abel de Plennyc s^r de Guernio d'autre part.

1er Mars 1665 (m. 457). — Aveu de la tenue Mary, du village de Henrée, en Serent, rendu à Mre Jan de Faverolles, s^{gr} dudit lieu, d'Yssy, Vte du Broutay, Quelleneuc, Baron du Plessix Montreville et Godefroy, Quelen, la Chenaie-Lizio, « conseiller, secrétaire du roi maison et couronne de France et de ses finances, controleur général des finances de son A. R. Mgr frère du roi.

1732 (m. 458). — Minu du rôle et rentier de la Chenaie-Lizio, fourni au Cte de Vauguyon.

20 Sept. 1732 (m. 459). — Hommage de la Chenaie-Morio, fait par h^t et p^t Antoine de Quelen-Stuart de Caussade, Prince de Carency, Cte de la Vauguyon... etc., etc., s^{gr} de Varaigne, Talcouesmeur, la Villegourdan, la Chenaie, à très h^t et p^t s^{gr} René-Alexis, sire de Serent, chev., Cte de Carcado, Baron de Mollac, Serent et a. l., Lieutenant Général des armées du roi, chevalier de St-Louis, g^{neur} de Quimper, et à cause de sa baronnie de Serent.

La s^{gie} de Chenaie comporte diverses tenues aux bourg de Lizio, aux villages de Saint-Billy, la Ville-es-Malais, Treviguet, Carouge, Plaquier, Treverée, les Deserts, Pourbellan.

Grée à Serent, sous le seing de F^{cois} Gringreau s^r de Lage, agent général des affaires du Cte de la Vauguyon. Controlé à Josselin et signé : de Villepierre.

10 Avril 1754 (m. 460). — Saisine pour Mr de la Villebouquais de la seigneurie de la Chesnaie-Morio, par suite du contrat d'acquet passé à Paris le 22 mars 1754.

La remise est faite par les notaires des juridictions de Porhoët et Serent au s^gr de la Villebouquais qui, assisté de son procureur, F^cois Merlet, prend possession de tous les batiments et des terres, — des prééminences et priviléges dans l'église de Lizio (tombe, sur laquelle sont apposés les écussons armoriés de la maison de la Chenaye), — des fiefs, rentes, dîmes, juridictions s'étendant au village des Fraiches et autres lieux, — du moulin de St-Malo.

20 Décembre 1758 (m. 461). — Bail du moulin à eau de St-Malo, en la paroisse de Serent, dépendant de la terre de la Chesnaye-Morio, consenti par M^tre Joseph Loaizel, s^r de Saulnay, fermier général de ladite terre.

1764 et 1775 (m. 462-463). — Baux de la métairie noble de la Chenaye-Morio, consentis par Joseph Loaisel, fermier général.

1771 (m. 464). — Différentes pièces, concernant le rachat de la Chenaie-Morio que doit Mr Bertrand-J.-M. Bonin, après la mort de son père René-Jean Bonin.

Parmi ces pieces : une lettre signée Kercadio de Tromeur, à Mr Caro, procureur fiscal du Tromeur, — une transaction entre Guillaume-Pélage-Louis de Bombard, mari et procureur de d^e Marie-Reine Oryo de Remfort (agissant pour René de Kereron, tuteur de la fille de feu Marc-Alexis Oryo s^r de Remfort) et F^cois Caro, representant Mme de Tromeur, — une quittance du rachat qui s'élève aux huit treizièmes des revenus de la seigneurie, pour la portion qui relève de la baronnie de Serent.

1779 et 1787 (m. 465-466). — Fermes du trait de dîme qui se perçoit dans la frairie du Haut-Goray, trève de Lizio, et relève de la Chenaie-Morio, consenties par Bertrand-J.-M. Bonin, chev., s^gr Cte de la Villebouquais, con^er au P^ment, doyen de la Chambre des Enquêtes.

15 Avril 1780 (m. 467). — Exploits à la requête d'ec. Louis-Pélage de Bombard, demandeur, en paiement d'une somme de 150 livres qui lui est dûe pour la jouissance de la dîme du Haut-Goray, à lui sous-affermée.

1792 à 1796 (m. 468). — Compte de ce que le receveur des domaines a touché de la métairie de la Chenaye-Morio, pendant quatre années de sequestre (1792, années I, II et III).

LE CLOS

Seigneurie en St-Aubin, trêve de Plumelec, ev. de Vannes, et relevant de Callac.

1er Mai 1408 (m. 469). — Aveu rendu par Jahen Gallo, à Monsieur du Cloux et sa femme, et à cause de celle-ci, pour différents héritages près St-Aubin, relevant du Cloux.

Fait sous le témoignage de Perot de Remungol.

5 Septembre 1419 (m. 470). — Hommage rendu par Jacques de Tregarenteuc, s^r de Tregarenteuc et du Clos, à n. h. Mre Gilles de Tiercent, chevalier, et Janne de la Lande, son épouse, s^r et d^e de Tiercent, de Callac, de Lamotte, pour le fief et la seigneurie du Clos, en St-Aubin, Plumelec et Guégon, tenus en juveigneurie et ramage de Callac.

Le bailliage du Clos s'étend à la métairie de Craihouet (Guégon), à la totalité des villages de la Saudraye, de Kernué, de la Ville-Geffroy, de la Ville-Benoist (Guégon), a certaines tenues des villages du Creu (St-Aubin) et du bourg de St-Aubin où se trouve la métairie de la Porte-Guelle, des villages de Castiller et de la Ville-Launay (Serent), de la Ville-Guimar, Bertho, la Ville au Gentil, la Villevent, Guilleron, Maguero, Panglleuf, Mainquier (Guégon).

2 Decembre 1432 (m. 471). — Aveu de Jean Gallo de St-Aubin à Madame du Clos.

24 Juin 1451 (m. 472). — Hommage du Clos, juveigneurie de Callac, fait par Pierre de Tregarenteuc s^r du Clos — autorisé de Jacques de Tregarenteuc, son père —, à n. g. Thebaud de la Lande et Beatrix de Callac sa compagne, s^r et d^e de Callac.

Fait en la cour de Porhoët et signé : J. de Penhouet et Robin le Corre.

1552 à 1564 (m. 473-475). — Aveux de différentes tenues en St-Aubin, Ploumellec et Guégon, fournis à n. g. ec. Guillaume Ryou et Jeanne de Tregranteuc, s^{gr} et d^e de Tregranteuc, la Haye, la Chesnaie, le Clos, et à raison de cette dernière seigneurie.

La tenue Bouestel, à la Villegeffroy (Guégon), qui n'est que pour un quart sous le Clos, doit : 1/4 de trois boisseaux avoine, 1/4 d'un boisseau froment, le 1/4 d'une poule, et moutage à Gouesdigo.

11 Juin 1600 (m. 476). — Aveu de la tenue Jan Bostrel du village de Guerneu (Kernué), sous le fief du Clos, fourni à n. ec. Gregouayre de Quelen, s^{gr} du Broutay, Tregranteur et a. l.

1622 (m. 477). — Minu du rôle-rentier du Clos, dépendant de Tregranteur, fourni par Jean Pichard à Grégoire de Quelen.

1662 (m. 478-480). — Aveux rendus à Allain Bonin s^{gr} de la Villebouquaye, Vte de Tregranteur, pour deux tenues au rôle du Clos (à la Ville-Guimar, au Creu et à Brellan).

La tenue de la Ville-Guimar est chargée de 28 sols, 9 deniers tournois ; 3 demi boisseaux avoine, 1 chapon, la dîme à la 12e gerbe, la mouture au moulin Jan, le foulage des draps et filasses à Coëtdigo, la recolte du rôle.

1711 et 1743 (m. 481-482). — Minus du rôle du Clos, dépendant de Tregranteur et faisant partie du petit rôle de cette seigneurie.

22 Janvier 1721 (m. 483). — Bail de la métairie noble de Crainhoëts, appartenant au Cte de la Vauguyon, consenti par n. h. François Graingreau s^r du Lage, adjudicataire du bail juridiciel des terres du seigneur de la Vauguyon.

François Gringreau demeure au chateau de Quelen, par. de Guégon.

14 Juillet 1754 (m. 484). — Vente de la métairie noble de Crainhoëts, sise en Guégon et dont les terres s'étendent à Guégon, Plumelec, Serent et relèvent du Comté de Porhoët; faite, moyennant 3600 livres, par Mre Antoine-Paul-Jacques de Quelen-Stuart de Caussade, prince de Carency, Cte de la Vauguyon, lieutenant g^{nl} des armées du roy, commandeur de ses ordres, d^{nt} à Paris, chateau des Thuileries, à Mre René-Jean Bonin, chev. s^{gr} Cte de la Villebouquais et Tregranteur, con^{er} au P^{nt}, représenté par Mre Jacques-Philippe Le Long, chev., s^{gr} Cte du Dreneuc, lieutenant au reg^t des gardes françaises, chevalier de St-Louis.

27 Nov. 1754 (m. 485). — Procès-verbal de l'état des terres de Crainhoëts, fait à la requête de René-Jean Bonin et prise de possession par celui-ci.

12 Mai 1761 (m. 486). — Ferme de la métairie noble de Crainhoëts, consentie par René-Jean Bonin chev. s^{gr} Cte de la Villebouquais, Tregranteur et autres lieux ordinaires, juveigneur de Porhoët, à Francois Laurent du village de la Saudraye.

Fait au Guilleron, par devant Merlet, notaire de la juridiction de la Vicomté de Tregranteur.

13 Messidor an II (m. 487). — Ferme de la métairie de Crainhouet, provenant des frères Bonin, émigrés, consentie par l'agent national et le receveur des domaines de Josselin.

LE GUERMAHÉAS

Seigneurie, paroisse de St-Servan, eveché de Vannes, relevant du Comté de Porhoët.

3 Février 1553 (m. 488). — Aveu de la tenue Nicol Cadoret du bourg de St-Gobrien, à n. h. Francois de Trégouet s^{gr} du Kermahéas.

5 Juin 1602 (m. 489). — Bail de la tenue Allain Morice, du Bois-du-Guer, et aveu à n. h. Jan de Tregouet, ec. s^r du Guermahéas.

22 Mars 1610 (m. 490). — Contrat de vente de la terre seigneuriale du Guermahéas, en St-Servan, passé entre n. h. Guy de Tregouet et Peronnelle Labbé, sa femme (d^t à Rennes) d'une part, François Royer s^r de la Ville-Allain (d^t à Josselin), d'autre part, acquéreur pour 5350 livres.

Cette seigneurie comprend : manoir, jardins et bois, métairie et dépendances — rôle (qui vaut 35 livres 5 sols, 5 minos 1/2 d'avoine, 2 boisseaux de blé, 2 b. froment, plusieurs chapons), fief et juridictions — droits en la chapelle du Bois du Guer avec chapelle privative — pierre tombale dans l'église St-Gobrien. Le tout tient « prochement à l'obeissance, foy et hommaige de Monseigneur de Porhoët, à la charge audit Royer de faire adveu à ce seigneur par les mains du sieur de Penher d'un certain nombre de boisseaux de froment. »

3 Juin 1610 (m. 491). — Saisine du Guermahéas pour François Royer s^r de la Ville Allain.

23 Mai 1610 (m. 492). — Bannies faites à St-Servan de l'acquet du Guermahéas.

1613 à 1617, 1682 (m. 493-495). — Minus du petit rôle de Guermahéas.

3 Novembre 1624 (m. 496). — Aveu de la tenue Nicol en St-Gobrien, fait à damoiselle Jeanne Labbé, v^{ve} de F^{cois} Royer, s^r de la Ville-Allain et de Kermahéas.

1626 (m. 497-501). — Aveux fournis à n. h. Georges Perret et Isabeau (ou Isabel, ou Elisabeth), Royer s^r et d^e de la Motte, Guermahéas, pour différentes tenues en St-Servan (sises au bourg de St-Gobrien, aux villages de Launay, de l'Hopital, de la Touche Piro, de la Ville Rezo) et sous le Guermahéas.

24 Mars 1633 (m. 502). — Ferme du lieu et de la maison noble du Guermahéas, consentie par ec. François Bonin et Elisabeth Royer sa compagne, s^r et d^e de la Villebouquais.

13 Novembre 1640 (m. 503). — Bail de la métairie du Guermahéas, consenti par Elisabeth Royer v^{ve} de Mre François Bonin.

Procès-verbal des lieux ; état des maisons, terres, et bétail, donnés au fermier.
Ladite Elisabeth Royer, tutrice de ses enfants, demeurant habituellement aux Cluyères (faubourg de Josselin) est à present au prieuré de St-Martin.

1641-1644 (m. 504). — Procès, entre Mre Grégoire de Clan, s^{gr} du Broutay, Garanteuc et a. l., et Mathurin Thebault s^r du Gouiric, son fermier ; relatif à une dîme impayée sur une piece relevant du Guermahéas.

1643-1656-1663 (m. 505-507). — Fermes du manoir et métairie noble du Guermahéas, consenties par Mre René de Kergu et Elisabeth Royer sa compagne, s^{gr} et d^e de Kergu, les Plessix, la Villeporio, le Boisgerbault, le Tertre, Guermahéas, résidant en leur manoir des Cluyères, près Josselin.

1645 à 1650 (m. 508-514). — Aveux rendus à René de Kergu et Elisabeth Royer s^{gr} et d^e du Guermahéas pour différentes tenues sises au bourg de St-Gobrien, à la Touche-Piro, à Launay, à la Ville-Rezo, à la Lande, le tout en St-Servan.

Sceau des s^grs du Guermahéas.

25 Avril 1661 (m. 515). — Echange d'une terre en Brangournet et sous la s^gle des Timbrieux, contre une terre, sise à la Ville-Aubry et relevant de Kermahéas.

7 Juin 1665 (m. 516). — Aveu de la tenue Peltier, du village de Lezarnan, en St-Servan, fourni à Mre Allain Bonin, chevalier, s^gr de la Villebouquaye, Vte de Tregranteur, du Guermahéas, Fahuran, le Clos, les Cluyères et a. l.

S. D. (m. 517). — Aveu de la tenue Perrot Caro, du village de la Touche-Pirot, fourni à Helène Visdelou, d^e de Tregranteur, le Guermahéas, les Cluyères, Fahuran, et a. l., tutrice et garde des enfants de son mariage avec Allain Bonin.

2 Septembre 1682 (m. 518). — Vente de meubles faite à la mairie du Guermahéas, et à la requête de la fermière, pour payement à la dame de la Villebouquais.

1727 et 1735 (m. 519-520). — Baux de la métairie noble du Guermahéas, consentis par Jacques-René Bonin de la Villebouquais, chevalier, s^gr de Tregranteur, con^er au P^ment.

1746 à 1787 (m. 521). — Rapport du grand rôle de Guermahéas, de 1746 à 1787, avec le nom des collecteurs.

Le rapport de l'année 1746, est comme il suit :

En argent	31^l 13^s 3^d
1 boisseau froment	5^l 4^s
2 b. seigle	6^l 13^s 4^d
21 1/2 b. avoine	38^l 14^s
Poules et corvées	8^l
	90^l 04^s 7^d

Les rapports varient jusqu'à 197^l en 1772, et 142^l en 1787.

18 Mai 1758 (m. 522). — Bail de la métairie n. du Guermahaés, consenti par René-Jean Bonin chev., s^gr de la Villebouquays, con^er au P^ment.

Les charges sont : la moitié des grains, 100 livres, deux pains de sucre de dix livres.

14 Novembre 1765 (m. 523). — Egail d'une tenue, dite la tenue Ameline, aux dépendances de St-Servan, et relevant du Guermahéas.

1766 à 1788 (m. 524-529). — Quittances de deux demées de froment rouge, mesure cagnarde, dus chaque année, au rôle de Penher, dépendant du comté de Porhoët, sur la maison noble du Guermahéas, et de trois demées, froment rouge, dus sur la métairie noble de la Ville-Morio. Ces rentes sont acquittées par Mr Bonin.

17 Juin 1783 (m. 530). — Bail de la métairie n. du Guermahéas, consenti par Bertrand-Jean-Marie Bonin, con^{er} au P^{ment}, président de la seconde Chambre des Enquêtes, commissaire réformateur du duché de Penthièvre.

21 Prairial an II (m. 531). — Ferme de la métairie du Gué Maillard (Guermahéas), provenant des frères Bonin, émigrés, consentie par le Blay, agent national, et Gaillard, receveur des Domaines de Josselin.

21 Floreal an IX (m. 532). — Ferme de la métairie du Guermahéas, consenti par Bertrand-J.-M. Bonin de la Villebouquais, demeurant habituellement à Rennes.

XVIIe et XVIIIe siècles (m. 533). — Nombreuses liasses non inventoriées, concernant le greffe de la seigneurie de Guermahéas.

CHATEAUMERLET

Seigneurie, paroisse de Billio, evêché de Vannes, relevant de Callac.

8 Juin 1471 (m. 534). — Enquête faite sur les droits et jouissances des seigneurs de Chasteaumerlet, par Jocet et Malinge, commissaires.

Parmi les dépositaires, Jean Mahé s^{gr} de Bezouet (dem^t en Plomelec), declare — qu'il a connu comme s^{grs} successifs de Chasteaumerlet, 1°) Eon de Chasteaumerlet, 2°) son fils ainé, Robin de Chasteaumerlet, mari de Catherine de Beaumanoir ; lesquels laissèrent deux fils : Morice, l'aîné, decedé, et son frère cadet Allain, actuellement détenteur de ladite seigneurie ; — que la seigneurie comporte : manoir, metairies, domaines, bois et autres appartenances de Chasteaumerlet et du Collay, étangs et moulins Connan, proches Cruguel et Bilio, différentes rentes s'étendant aux villages de Kerfoezono, du Pré, la Ville-Rezoul, l'Ospital, la Ville-au-Chat, la Ville-Potin, la Ville-Alliz ; — qu'il a vu un écusson « es grandes vitres des eglises de Cruguel et de Bilio..... dont le blaczon était de gueulles à ung chasteau d'argent et un merle de sable, membré d'or, lesquels armes..... encore à present sont tenus et appelés les armes de Chasteaumerlet » ; — qu'il a vu enterrer Eon de Chasteaumerlet au chanceau des s^{grs} de Chasteaumerlet en l'église de Cruguel, blasonné aux mêmes armes. Jacques Bondart, s^{gr} de Kerbelet, fait une déposition relative aux mêmes choses, par laquelle on voit que Robin de Chasteaumerlet avait épousé en 1res noces Jehanne de Boualle, et en 2mes noces Catherine de Beaumanoir et que ledit Robin mourut vers 1463. Il est dit aussi que les s^{grs} de Chasteaumerlet ont une chapelle en l'église de Cruguel, proche le maitre autel, et du coté de l'évangile.

7 Octobre 1478 (m. 535). — Aveu d'une maison et diverses pièces de terre, sises à la Ville-Allio en Crugué, rendu à Jehan Pregent et Jehanne de Trecesson sa femme, s^{gr} et d^e de Chasteaumerlet.

1506 (m. 536-537). — Aveux de la tenue Guihur, de la Ville-es-Fou, et de la tenue Pisilio, du village du Pré, fournis à n. h. Francoys de Trecesson, s^{gr} de Trecesson et Chasteaumerlet.

A signé : de Coetlagat.

9 Janvier 1507 (m. 538). — Féage fait, par ec. F^{çois} de Trecesson, à honnête chapelain dom Jan Bonnet, de seize journaux de terre, entre les taillis de Chasteaumerlet et de Locmaria, et pour une rente annuelle de 16 sols

Grée au manoir de Chasteaumerlet.

30 Octobre 1509 (m. 539). — Aveu et hommage rendu à Gilles de Treuzein (ou Tierzent) chevalier et Jeanne de la Lande, s^{gr} et d^e de Treuzein, de Callac et de la Rivière, par Francois de Trécesson, pour la seigneurie de Chasteaumerlet, qu'il tient en juveigneurie de Callac.

Lesdits lieux de Chasteaumerlet et du Collay, comportent 400 journaux de terre, pour lesquels ledit Francois de Trecesson, en outre de l'hommage, doit une rente de 27 sols 2 deniers, au s^{gr} de Callac.

Fait et consenti à la Ville au Fou, en Guehenno. Signé : de Callac et Jacquant.

4 Juin 1511 (m. 540). — Féage de la tenue Hurtebize en Bilio et aveu pour elle, rendu à Regne de Trecesson s^{gr} de Trecesson, et Chateaumerlet.

Fait à Chateaumerlet et signé : de Coetlagat.

1536 à 1541 (m. 541-543). — Aveux rendus à n. h. Regne de Trecesson, cc., pour différentes tenues sises aux villages de la Ville-au-Feu, de la Ville-Allio, en Cruguel, sous le fief de Chateaumerlet.

L'un est fait au manoir de Kerembras, en Guehenno.

1542 (m. 544-545). — Aveux de tenues sises à la Ville-au-Lau et à la Ville-Allio, en Cruguel, consentis à n. h. Regne de Trecesson, s^{gr} de Trecesson, Chateaumerlet et Croazac.

6 Février 1546 (m. 546). — Vente d'une partie de la Villeguingant (près Chateaumerlet), faite par Jehan Boullart à Pregent de Trecesson s^{gr} de Talcouesmeur et Regne de Trecesson s^{gr} dudit lieu.

16 Novembre 1549 (m. 547). — Aveu rendu, par noble Pregent de Trecesson, s^{gr} dudit lieu, au Vte de Rohan, Cte de Porhoët, pour les maisons, manoir, et métairie de Chateaumerlet avec leurs dépendances, aux paroisses de Billio et Cruguel.

Parmi les dépendances, sont les moulins Connan, la métairie du Collé, différentes terres, rentes, etc.
Fait au bourg de Ste-Crouez. Signé : Cognant, Bernard.

1550 à 1561 (m. 548-554). — Aveux rendus à n. h. Pregent de Trecesson s^{gr} de Trecesson, Chateaumerlet, Talcouesmeur, Croaczac, pour différentes tenues (villages de la Ville-au-Lau, la Ville-Allio, Hurtebize, Ville-au-Feu, Corbo) sous Chateaumerlet.

L'un de ces aveux est fait au manoir de Keraulien, et signé : de Trégouet (1561).

4 Juin 1550 (m. 555). — Hommage de Chateaumerlet, tenu en juveigneurie de Callac, fait par Pregent de Trecesson à n. h. Mathurin le Forestier, s^{gr} de Coudray, tuteur de n. ec. Henry le Forestier, s^{gr} de la Touche, de Kerahays, et Callac.

Chateaumerlet, comprend le Collé, l'hébergement de la Villeguingamp, en général quatre mille journaux de terre comme ils se poursuivent, joignant un ruisseau qui passe au cimetière de Bilio et descend au moulins de Pontmain et de Chateaumerlet...... etc. Comme autres débornements l'on cite les terres du manoir de Beaulieu que tiennent les enfants de Jehan Tregouet, le bois taillis du manoir de la Haye, les landes du s^{gr} de Bezouet. L'aveu détaillé, porte sur « les droits que le s^{gr} de Chateaumerlet possède sur les maisons, manoir et metairie de Kerfrezour et de Kerasteville, l'obeissance et autres devoirs lui appartenant sur les personnes, choses, héritages qui en suivent ; savoir, les hoirs de Jehan de Kermeno s^{gr} de Kerguehennec, Guillaume de Langourla s^{gr} de Langourla, et le droit qu'a ledit s^{gr} de Chateaumerlet à cause de Pregent de Callac, de Julien d'Avaugour et sa compagne s^r et d^e de la Grée, de Tristan de Rohan s^{gr} du Pouldu, Jehan de la Chesnaie s^{gr} Destimbrieux, Pregent de Remugol, s^{gr} de Remugol, Louys de Lesmays s^r de Lesmays, sur les s^r et d^e de la Ville-Gueriff, Robert Drean s^r de Kergouall, Pierre Goueal s^r de la Ville Goueal, Guillaume Riou et sa compagne s^r et d^e de Portecamus, sur les hoirs de Louis Ermar s^r de Kerouré, les hoirs de Guillaume le Méc s^r de Trehardel, Vincent de Kerally, s^r du Mené (?), le s^{gr} du Matras, les hoirs de feu Robert Pisigo, Jehan de Chateautro s^{gr} de Bezouet, et chacun d'eux sur et à cause des tenues et héritages ci-devant déclarés. » Outre ces choses, l'hommager fournit déclaration pour la haute, moyenne et basse justice dont il jouit, le droit de menée et congé à la cour de Callac, les « revenus, moulins, destroictz, rentes en deniers, avoynes, poulles, corvées, pasnayges, mengiers, obeyssances, moultaiges, préeminences et prérogatives tant en l'église de Bilio, qu'en celle de Cruguel, avec armoiries et sépultures. » Il reconnait aussi devoir chaque année, au premier de l'an, 27 sous 2 deniers d'une rente, appelée » mengier au comte, » payés au bourg de Plomellec, à peine de 60 sous 1 denier d'amende en cas de défaut. Ladite somme est reçue par les mains de Pregent de Remugol sergent et prevôt feodé de Callac et baillée par ledit prévôt au Comte de Porhoët en déduction des rentes mengier auxquelles est tenu le s^{gr} de Callac vis à vis du Comte. Fait au manoir de Talcouesmeur.

28 Juin 1550 (m. 556). — Exemption des fruits de Mallefoy, accordée par René Vte de Rohan, Cte de Porhoët, à Pregent de Trecesson, s^{gr} dudit lieu, par cause (comme tenancier) de Chateaumerlet, Coesbic, Talcouesmeur.

Donné au chateau de Bleing. Signé de René de Rohan, et de son secretaire, des Forges, s^{gr} de Pennemené.

31 Janvier 1587 (m. 557). — Ferme du moulin de Chateaumerlet, consentie à Jan Grandvallet, par Grégoire de Trecesson, s^{gr} de Trecesson, la Chataignerie, Talcouesmeur, et résidant à Trecesson.

1595 (m. 558). — Compte et minu du rôle rentier de la seigneurie de Chateaumerlet, que rend Allain le Quenderf, receveur, à Francoise Brullon, douairière de Trecesson, tutrice de ses enfants, nés de n. h. Grégoire de Trecesson.

Parmi les tenanciers figurent : Jeanne Riou d^e de Felleguet, pour 76 sols de rente, et le s^r de Beaulieu.

5 Octobre 1597 (m. 559). — Ferme de la métairie du Colé, consentie à Louis Guihur par Françoise Brullon, douairière de Trecesson.

1er Février 1599 (m. 560). — Ferme de la métairie de Chateaumerlet, consentie à Jan le Douayrain par Francoise Brullon douairière de Trecesson.

Janvier 1600 (m. 561-562). — Aveux de tenues aux villages du Pré (Billio) et de la Ville-au-Foul (Cruguel), rendus à Francoise Brullon douairière de Trecesson.

L'aveu de la tenue Lalie, du Pré, est fourni entre autres, par ec. Francoys de la Chesnaye s^r de la Chesnaye, de Kermenet, Keronsault, Kerbavin, époux de Louise Morice, lesquels demeurent à Kermenet, en St-Servan.

1600 à 1607 (m. 563-566). — Aveux de différentes tenues sous Chateaumerlet aux villages de Heurtebise, Vilefray, Cosbo, la Ville-au-Feu (en Gruguel, et Guehenno), rendus à n. h. ec. Pierre de Trecesson, (fils de Grégoire) s^{gr} de Trecesson, la Chataigneraye, Chateaumerlet, Talcouesmeur, La Touche, le Couedic.

1608 (m. 567). — Baux de la métairie du Collé et du moulin de Chateaumerlet, consentis par h^{te} et p^{te} Françoise Brullon, douairière de Trecesson ; laquelle réside au manoir de Talcouesmeur en Plomelec.

1611 (m. 568-569). — Aveux de différentes tenues, sous Chateaumerlet, sises au Mont-Guehenno, rendus à Francoise Brullon, douairière de Trecesson.

1614 à 1632 (m. 570-585). — Aveux de différentes tenues, sous Chateaumerlet et sises au villages de Hurtebize, en Billio ; de Lesliray, la Ville-Moisan, Mont-Guehenno, en Guehenno ; de la Ville-Allio, la Ville-au-foulx, la Ville au Lau, en Cruguel ; rendus à n. ec. Jan de Trecesson s^{gr} de Talcouesmeur, Chateaumerlet, et a. l.

Robert de la Haye a signé en 1615.

1628 (m. 586). — Minu du rôle et rentier de Chateaumerlet, lequel s'étend aux villages de la Ville-au-Laux, la Ville es Symons, la Ville-Gallard, la Ville au Foulx, la Ville-Allio, la Ville-au-Chart, l'Hopital, la Ville-Potin, la Ville-Guigand, le Pré, le Mt-Guehenno, la Ville-Moisan.

Parmi les tenanciers se trouvent : Jean de Tregouet ec. s^r de Beaulieu, n. h. Francois Joer, s^r de la Villeneufve.

1631 (m. 587). — Minu du rôle de Chateaumerlet.

3 Février 1632 (m. 588). — Aveu de la tenue Lallie, sous Chateaumerlet, située au village du Pré, en Billio, fourni à ec. François de la Chesnaye et Louise Morice, sa compagne, s^{gr} et d^e de la Chesnaye, de Felyne, demeurant au lieu de Felyne en St-Jean Brevelay.

16 Janvier 1632 (m. 589). — Aveu rendu par Jean Le Branchu, pour 8 sols, qu'il doit à Chateaumerlet, sur un jardin au Mont-Guehenno, tenu prochement de la s^{gie} de la Porte-Camus.

6 Février 1636 (m. 590). — Aveu de la tenue Bizeul, à la Ville-au-Feu, rendu à Regne de Trecesson s^{gr} de Trecesson et Chateaumerlet.

1636 à 1639 (m. 591-593). — Fermes du moulin de Chateaumerlet, (moyennant 180 livres), du fief de Chateaumerlet (hormis les rentes de la Ville-Guingant), des bois taillis de Chateaumerlet (moyennant 200 livres), consenties par Jan de Trecesson, s^{gr} de Chateaumerlet, la Ville-Aubert, résidant au lieu de la Ville-Aubert, en Campénéac.

Les bois dont il est question, appelés le taillis de Plemellec et de Chateaumerlet, bordent le bois appartenant à la dame de Lespinay.

1640 à 1642 (m. 594-596). — Rôles et égails du fouage de la paroisse de Billio, pour prouver la roture de la Villeguingart.

1642 à 1649 (m. 597-604). — Fermes de la métairie de Chateaumerlet, dite de la Porte, (à Pierre Cadoudal et Georges Le Mercier, moyennant 246 livres), de la métairie du Collé (à Jean le Douarin et à Jean Jullien), du moulin de ladite seigneurie (à Guillaume Tanguy, moyennant 212 livres) consenties par Jean de Trecesson résidant à la Ville-Aubert et Roullin Le Barbier s^r d'Esquilly, chargé des affaires dudit seigneur.

9 Mars 1643 (m. 605). — Minu du rôle de Chateaumerlet, dont la collecte a été faite pour l'année 1642, par Louis Quellen.

1655 (m. 606). — Mémoire et instruction fournies pour Mre Jan de Trecesson s^gr de Chateaumerlet, aux arpenteurs royaux chargés de vaquer au prisage et mesurage des métairies de la Villeguingamp (relevant de Chateaumerlet) et de Reguiny (relevant de Porhoët).

On y voit que Mre Pierre de la Chesnaie s^gr de Quistinic, qui avait acheté (contrat du 11 Mars 1644) de Mr Gregoire de Quelen s^gr du Broutay les deux métairies de la Ville-Guingamp et de Réguiny, pour la somme de 5300 livres, ne s'est pas acquitté des droits de lods et ventes. C'est pour établir ces droits que les arpenteurs font le prisage.

1655 à 1663 (m. 607-609). — Aveux rendus à Jean de Trecesson pour différentes tenues (Mt Guehenno, Hurtebize) sous Chateaumerlet.

1655 et 1656 (m. 610-614). — Baux consentis par Jan de Trecesson s^gr de Chateaumerlet, pour la métairie de Chateaumerlet, le fief de ladite seigneurie, la métairie du Collé, le moulin de Chateaumerlet.

1671 (m. 615-625). — Aveux de différentes tenues, aux villages du Pré (Billio), de Langle (Cruguel), du Mont-Guehenno (Guehenno), rendus à h^t et p^t m^re François-Gilles de Trecesson, chevalier, s^gr de Trecesson, la Chataigneraie, Guillerien, les Dienneris, La Evareche, Chasteaumerlet, le Faux, la Lande, le Val-Boterel, Bernean, la Marche et a. l., demeurant en son chateau de Trecesson, en Campénéac.

L'une de ces tenues, au village du Pré, relève d'obeissance de la s^gie de Lenoizo au Marquis du Garo.

1727 à 1739 (m. 626-629). — Baux concernant les métairies nobles de Chateaumerlet et du Collé, consentis par Mre Gilles de Trecesson, chevalier, Marquis de Trecesson, s^gr de Chateaumerlet, Billio, Lauvau, Bailly, Grenouille et a. l., marechal de camp des armées du roi.

Gilles de Trecesson est qualifié : Lieutenant g^al des armées du roi en 1739.

1740 et 1742 (m. 630-631). — Lettres de capacité, accordées par le roi, à Julien Lebidre et Louis Couin, vassaux de Chateaumerlet.

26 Février 1741 (m. 632). — Procuration donnée par Mr Louvel de Warville, à Pierre de Trecesson, sire de Carné, demeurant à Coëtlogon, à l'effet — conjointement avec le M^quis de Trecesson (beau-frère dudit Warville) — d'acquitter le Comte de la Villebouquais du paiement de Chateaumerlet.

Fait au chateau de Warville, en Gerbigny, bailliage de Montdidier.

1746 (m. 633-635). — Baux relatifs au moulin à eau de Chateaumerlet, à la terre et métairie noble de Chateaumerlet, à la métairie du Colé, consentis par Mre Jan-François de Trecesson, chev., baron de Corbonne (ailleurs : Sorbonne) s^{gr} de Chateaumerlet, Billio, Lauvau, Bailly, Grenouille, Saint-Loup d'Ordon.

Les redevances du moulin comprennent un gateau de trois livres le jour de la fête des rois.

15 Janvier 1749 (m. 636). — Vente de la terre et seigneurie de Chateaumerlet, faite par Mre Gilles-Jacques-Pierre de Carné de Trecesson, M^{quis} de Coëtlogon, Bon de Pleugriffet, Vte de Mejusseaume et de la Motte-au-Vicomte, s^{gr} chatelain de Kercadiou, le Hildry, le Farne (d^{t} en son chateau de Coëtlogon, paroisse de Plumieux) — aux fins des procurations à lui adressées par t. h^{t} et t. p^{t} chev. Mre Jean-Francois-Marie de Trecesson, t. h^{t} et p^{t} m^{re} Antoine-Marie de Louvel, chev., s^{gr} de Warville, et Francoise-Petronille-Gillette de Trecesson, épouse dudit s^{gr} de Warville — à Elisabeth Verot d^{e} de Villeneuve, épouse de Mre Jacques-Mathurin Hervieux de Mellac, marechal de camp des armées du roi des Deux-Siciles, gouverneur de Portho Hercule, en Toscane, demeurant en sa maison de Villeneuve, par. de Rieux, ev. de Vannes, moyennant 22.000 livres.

Fait à Josselin, devant les notaires de Porhoët.
La seigneurie de Chateaumerlet comporte : des anciennes masures, la métairie du lieu, le moulin, le rôle et fief du lieu (Cruguel, Billio, Guehenno), h^{te} m. et b. justice s'exercant au village de St-Yves ou l'Hopital au Creny (Cruguel), sur tous les vassaux, droit de chapelle en l'eglise de Cruguel et de banc en l'eglise de Billio. Elle relève noblement à foi et hommage lige du Comté de Porhouet.

30 Janvier 1749 (m. 637). — Prise de possession de la seigneurie de Chateaumerlet, en présence de Robin de Paimpoulle, avocat, procureur du vendeur.

2 Juillet 1749 (m. 638). — Ratification de la vente de Chateaumerlet par m^{re} Jean-François de Trecesson, M^{quis} de Trecesson, chev., baron de Corbonne, s^{gr} de Fery, Arnicourt, Beaufort, St-Jean des Prez, St-Loup d'Ordon et a. l. (d^{t} au chateau de St-Loup d'Ordon, paroisse du même nom, ev. de Sens) et par Anthoine-Marie de Louvel, M^quis de Warville, veuf de Francoise-Petronille de Trecesson, père et tuteur de Charles-Gilles-Marie et Antoine-Marie, ses enfants.

17 Juillet 1749 (m. 639). — Appropriement de Mr de Mellac, relativement à Chateaumerlet.

Signé : Quérangal, sénéchal de Porhoët.

1751 (m. 639^a). — Différents comptes concernant les moulins de Chateaumerlet.

15 Fevrier 1751 (m. 640). — Vente de la terre et seigneurie de Chateaumerlet, faite par Elisabeth Verot, épouse renonçante de la communauté de Jacques-Mathurin Hervieux de Mellac, à René-Jean Bonin, chevalier, Comte de la Villebouquais, M^quis du Guermahéas, Vte de Tregranteur, et de Maugremier, s^gr de Fahuran, le Clos et a. l. juveigneur de Porhoët, con^er au P^ment, moyennant 24.000 livres.

Fait à la Villeneuve, devant les notaires de Porhoët et de Rieux.
Quittance des lods et ventes, donnée à Mr Bonin, par Mr de la Ville-Hery, fermier général du Comté de Porhouet.

20 Fevrier 1751 (m. 641). — Quittance de Jean-F^cois de Trecesson, chevalier, M^quis de Trecesson, baron de Sorbonne (ailleurs : Corbonne)... etc., des sommes payées, en l'acquit de Madame de Mellac, par Mr de la Villebouquais, acquéreur de Chateaumerlet.

19 Mars et 6 Mai 1751 (m. 642). — Ratification de M. Hervieu de Mellac, à la vente de Chateaumerlet, faite par sa femme.

Différentes lettres à ce sujet, adressées de Portohercule en Toscane, dans lesquelles ledit de Mellac expose ses difficultés financières.

30 Mars et 1er Avril 1751 (m. 643). — Prise de possession de Chateaumerlet par Mre René-Jean Bonin.
Dahirel et Martin notaires.

Sentence d'appropriement, rendue par la juridiction de Porhoët ; Querengal, étant sénéchal.

1751 à 1759 (m. 644-648). — Baux se rapportant aux métairies de Chateaumerlet et du Collé, et au moulin du lieu, consentis par René-Jean Bonin.

1770 à 1789 (m. 649-653). — Baux se rapportant à la métairie et au moulin de Chateaumerlet, consentis par Bertrand-Jean-Marie Bonin, chev., Vte de Tregranteur, Chateaumerlet et a. l.

Parmi les redevances dues par la métairie figurent dix livres de sucre royal, par an.

25 Avril 1779 (m. 654). — Afféagement (à devoir d'obeissance et de rachat) d'une parcelle de terre avoisinant le moulin de Chateaumerlet, fait à Mre Bertrand-Jean-Marie Bonin, chev., s^{gr} Cte de la Villebouquays, Baron de Chateaumerlet, et autres titres ordinaires, juveigneur de Porhoët, par Mre Paul-Francois de Quelen, juveigneur de Porhoët, M^{quis} de St-Megrin, baron de Tonneins, prince de Carency, duc de Lavauguyon, pair de France, g^{neur} pour sa Majesté des ville et chateau de Cognac, ambassadeur du roi auprès des états généraux des Pays-Bas.

Fait à Josselin par les notaires de Porhoët, soumis aux juridictions de la Chatellenie de Quelen et de la Ville Gourdan.

Dahirel, Giquel, Gaillard, notaires.

Fin du XVIIIe siècle (m. 655). — « Rentes mangées » dues à la seigneurie de Chateaumerlet.

6 Mai 1790 (m. 656). — Transaction sur procès à raison de bris de clotures près le moulin de Chateaumerlet, entre les habitants du village du Roch, paroisse de Guehenno, et Bertrand-J.-M. Bonin.

Les riverains avaient abattu les fossés du moulin au son d'instruments champêtres.

21 Prairial et 13 Messidor an II (m. 657-658). — Fermes du moulin à eau de Chateaumerlet et de la métairie du Colé, appartenant aux frères Bonin émigrés, consenties par le Blay, agent national et Gaillard, receveur des domaines de Josselin.

18 Brumaire an XII (m. 659.) — Ferme du moulin de Chateaumerlet, consentie par Bertrand-Jean-Marie Bonin, moyennant 300 francs et 10 livres de sucre par an.

XVII et XVIIIes siècles (m. 660). — Nombreuses liasses non inventoriées, concernant le greffe de la seigneurie de Chateaumerlet.

MAUGREMIER

Seigneurie, en Coët-Bugat, trève de Guégon, eveché de Vannes, juveigneurie de Porhoët.

27 Décembre 1582 (m. 660). — Aveu rendu par Tanguy et François de Kersauson, au Comte de Porhoët, pour leur seigneurie de Maugremien qu'ils tiennent en juveigneurie de Porhoët.

« Les estayers, domainiers, demeurant aux fiefs de ladite seigneurye de Maugremien, savoir, au bourg de Couesbugat, aux villages de Seffrou, de la Ville-Camaret, Couesquet, la Ville Bourde, les s^r et d^e de la Grée-Meno, à cause dudit lieu, manoir et métairie de la Grée-Meno, aux villages de Fahuran, les Allets, la Tryardaye, la Ville..., les Landes, la Bourdonnière, detenteurs de maisons, terres, héritages, situés auxd. villages sur et par causes desquels, sont hommes et sujets de lad. seigneurie, doivent et sont tenus payer et continuer chacun an... — en deux termes, au jour de Pâques fleuries et à la Sainte Croix en septembre, moityé par moityé la somme de 35 livres 5 sols 4 deniers monnoys, variables entre eux suivant le rôlle... pour le payement desquelles rentes, ils sont accoutumés choisir et eslire chacun à son tour et rang, un sergent pour percevoir et cueillir lesd. rentes..... quy paye iceux au fermier et commis du seigneur; — item douze bouesseaux et un quart froment rouge mesure de Porhouet et quinze bouesseaux grosse avoine même mesure payables au receveur, terme de Noël; — item chacun faisant feu et fumée auxdits fies et villages cy-dessus ayant deux bestes tirantes en la charette doit au terme de Noël aux mains des fermiers recepveurs quatre boesseaux comble et un bouesseau rayé avoyne même mesure avec une gelinote et cinq corvées et celui desdits demainiers qui fait estage aud. villages et fies ne doit que deux boisseaux avoine, mesure dite, et un demi-bouesseaux dite avoine et un rayé, avecq une gelinotte et les cinq corvées.

Davantage les détenteurs et demeurants au village de la Ville-au-pers particulièrement doibvent avecq l'amende, en cas de deffault au jour de Noël à l'issue de la grande messe paroissiale de Couesbugat, à la barrière du cimetière dudit lieu une paire desprons blancqs à armes. Plus ledit s^r de Maugremien a droit de disme sur les hommes du village de Seffrou qui se depart entre le seigneur et le prieur de Couesbugat dont après qu'elle est assemblée de neuf gerbes au départ, le prieur en a sept et le sieur les deux, à l'équivalence de ce qu'il y en a. Item au village de

Boismouet pareil devoir de disme qui se leve à l'onzième gerbe, dont ledit s^{gr} en a la tierce partie et ledit prieur le reste. Item à pareille disme sur les terres de bleds y croissant aux villages des Allaits et Couesquet, qui se leve à l'onzième gerbe, dont on a les deux parts, fors aux terres qui furent à Jonnet Perrot qui s'appellent franches, à cause de donnaison que aultres foys en fist le s^r de Montauban. Item a droit de prééminences enfeux et autres devoirs de bancs et armoyries et à la ceinture à l'entour de lad. église paroissiale de Couesbugat et toutes authorités que seigneur doibt avoir sur ses sujets. Quelles terre et seigneurie il tient en ligence du roy, sous la cour de Ploermel, à devoir de rachapt, sur et par cause de laquelle terre et seigneurye ledit sieur est tenu obeyr et faire la foy au Comte de Porhouet, comme Juveigneur noble et tenant en juveigneurye est tenu obéyr à son aysné selon la coutume du pays, ce que devant ainsy promis, gréé, juré et obligé par serment avec hypothecque des biens réels et mobiliers présentes et futures quelconques liaisons et renonciations à sa requêste y condamné. » Consenti et gréé à Josselin, en la « demeurance de maître Yves de la Chasse ». Signé l'original : Tanguy de Kersauson, Francois de Kersauson ; Destimbrieux et Guern notaires. —
Copie délivrée le 8 Nov. 1682.

20 Novembre 1589 (m. 661). — Aveu de François de Kersauson, (d^t au lieu de Kersauson, par. de Guiclan, ev. de Léon) pour sa seigneurie de Maugremien, qu'il tient en juveigneurie « comme d'obéissance d'aisné, sans debvoir de rachapt ny chambellneyge » de h^t et p^t s^{gr} René Vte de Rohan, P^{ce} de Léon, Cte de Porhoët.

Cette seigneurie comporte : « maison, manoir, métairies, rôlles, moullins, dismes, bouays de haute fustaye et taillables.... justice haute, moyenne et basse et fyé de haubert qui s'exerce en l'auditoire de Porhoët..... droit et privilége de menée et congé qui s'expedient le Mercredi des plaids généraux et se tenant au même auditoire ».

7 Août 1608 (m. 662). — Aveu de la tenue Jagu, de la Ville-au-Pé, en Guégon, rendu à h^t et p^t m^{re} Francoys de Kersauzon, chevalier des ordres du roi.

17 Juin 1623 (m. 663). — Enquête civile, faite par Georges Perret, sénéchal de Porhouet, à la requête de Jeanne Laduré, Michel Chevrier et noble h. Jean Moro s^r de la Ville-au-Voyer, au sujet d'une tenue à la Ville-Bourde.

1623 (m. 664-665). — Aveux de la tenue Jagu à la Ville-au-per et de la tenue Bretton, de la Bourdonnière, fournis à Suzanne de Guémadeuc, d^e douairière de Carsauzon et de Mescrouit, propriétaire de Couetmarec et curatrice de René de Carsauzon, son fils, s^gr de Carsauzon, Couetliquet, Querguelet, Vte de Maugremien.

6 Avril 1630 (m. 666). — Mandement de l'office du greffe de Maugremien, donné par h^te et p^te d^e Suzanne de Guémadeuc d^e de Kerliver, douairière de Kersauson et de Mesarvon, en faveur d'Etienne Touzé procureur postulant de la juridiction de Porhoët,

Donné à Lesneven. Signé : Suzanne le Guémadeuc ; de la Roche (son secrétaire).

21 Juin 1637 (m. 667-669). — Contrat d'acquet de la terre et seigneurie Vicomté de Maugremien, passé entre honorable homme Charles Fustel, marchand de Paris, procureur de Mre de Kersauson, chev., s^gr baron dudit lieu, capitaine des Chevau-legers, et M^tre Jan Jouan s^gr de Guillerien, avocat au Porhoët, receveur des dîmes en l'évêché de St-Malo, acquéreur pour 12.000 livres tournois et 300 livres de vin et commission, à l'obligation de garantir très h^te et p^te d^e Suzanne de Guémadeuc, douairière de Kersauson, qui a reçu ladite seigneurie en douaire.

L'Induction de possession (30 Juin) est faite par n. h. M^tre Jan Moreau s^r de la Ville-Bourde, procureur de René de Kersauson. Outre les biens de la seigneurie (metairie, moulins de Penro), les parties prennent possession de l'église de Coët-Bugat (où figurent les armoiries des seigneurs de Maugremien) avec la chapelle prohibitive et se rendent à Josselin pour faire acte des pierres tombales situées dans l'église Notre-Dame. Ladite induction est signée : J. Jouan, J. Moro proc., F. Moro, le Clainche, Champoign.

Les bannies de la vente sont faites (Decembre 1637) à Couesbugat, Guégon, St-Servan, à N.-D. du Roncier de Josselin. Le procès-verbal de celle de St-Servan est signée : Guillemot, sergent, et Julien de Chatillon.

23 Février 1638 (m. 670). — Requête de n. h. François Le Grand, fermier général du domaine royal en Bretagne, contre Jan Jouan s^r de Guillerien, et Julien Clemand « moulnier » et sous-fermier des moulins au duc (à Ploermel), afin qu'ils s'acquittent des deniers du roi.

Quittance donnée par Jan Masson, s^r de Lirio, sous fermier du domaine de Ploermel, à Jan Jouan pour les lods et ventes de Maugremien (les droits montent à 500 livres). Autre quittance donnée par les Carmes de Ploermel, au même, pour une rente due sur le domaine du roi.

16 Août 1639 (m. 671). — Procès-verbal de la saisie faite des biens de feu Lorans de La Roche, sous le fief de Maugremien, par le procureur fiscal de cette seigneurie.

Signé : Jacques Bizeul.

1643 (m. 672-674). — Aveux de tenues aux villages des Landes, de Pourmabon (Couesbugat) et du Bouays-du-Guer (St-Servan), sous Maugremien, rendus à n. h. Jean Jouan s^r de Guillerien.

L'aveu de la tenue le Moigne, à Pourmabon, est fourni par F^{cois} et Mathurin le Mercier, en leur nom et en celui de René le Guello, con^{er} du roi, maitre ordinaire de la Chambre des Comptes de Nantes et Peronnelle Caré, sa compagne, s^r et d^e de Kerianat, Botpierre, Kernicol, et a. l.

La tenue au Bouays-du-Guer consiste en une terre appelée le Bouays de la Lande, joignant le grand chemin qui va du manoir de Fahuran à la lande de la Tombe-au-Mort.

L'aveu de la tenue sise aux Landes, est signé : de la Serpandaye.

4 Avril 1645 (m. 675). — Vente publique par la cour de Porhouet, des biens meubles provenant des successions de n. g. Jan Jouan et Francoise Rozé s^r et d^e de Guillerien, qui se sont trouvés, après décès desdits s^r et d^e de Guillerien, dans leur demeure en la ville close de Josselin, et en la maison noble de Maugremien.

Cette vente (qui remplit un régistre épais) est faite à la requête de n. h. Jan de Lespinne s^r de la Ville-Emero, tuteur de Françoise Audran, fille mineure de défunts nobles écuyer Jan Audran et Janne Jouan, s^r et d^e de la Motte-Aubry et de n. h. Jacques Moro et Marguerite Jouan s^r et d^e de la Ville-au-Voyer ; lesdites demoiselles Jouan, héritières des s^r et d^e de Guillerien.

1645 à 1650 (m. 676-681). — Extraits du greffe de Porhouet, justifiant que le s^{gr} de Maugremien est évoqué aux plaids de Porhouet, y ayant droit de menée.

Copies délivrées par Julienne Boullo, v^{ve} de n. h. Francois Jouan, s^r de Ponmarens greffier de Porhouet.

22 Mai 1647 (m. 682). — Procès-verbal de la saisie faite par le procureur fiscal de Maugremien, des biens, sous le fief de ladite cour, ayant appartenu à Jeanne Guillerme, du Costy, en Guehenno, morte sans hoirs.

26 Octobre 1647 (m. 683). — Déclaration du sénéchal de Maugremien, pour la nomination d'office d'un collecteur des rentes ; les sujets de la seigneurie ayant omis d'en nommer suivant la coutume.

Signé : Bobelot, sénéchal ; J. Moro substitut du procureur fiscal.

24 Juin 1654 (m. 684). — Aveu fait au roi à Ploermel, pour la s^{gie} de Maugremien, par le tuteur des enfants mineurs de défunts ec. Jacques Moro et Marguerite Jouan s^r et d^e de la Ville-au-Voyer, (après décès de Marguerite Jouan).

Les enfants mineurs sont ec. Francois Moro et ec. Jan Moro s^r de la Ville Bourde.

21 Juillet 1654 (m. 685). — Adjudication à bail de la s^{gie} de Maugremien, tombée en rachat au domaine de Ploermel, par suite du décès de Marguerite Jouan, dame de Maugremien.

Fait par le procureur du roi en la cour de Ploermel, et n. h. Mathurin Merel receveur du domaine. Le bail est adjugé à Jan Taupin, moyennant 510 livres et 100 sols de deniers adieu à la fabrique de Mr St-Armel.

18 Février 1657 (m. 686). — Vente d'une terre sous Maugremien, consentie par François Bernard, de la Ville-Hulin, à Jan Quellen, de Trihorel.

F. Jouan, quitte l'acquéreur des droits du contrat.

11 Mai 1658 (m. 687). — Réception par le siège royal de Ploermel de n. h. François Bureau s^r de la Noë, comme sénéchal et seul juge de la Vicomté de Maugremien, lequel a prêté serment devant la cour.

Signé : Pierre Perret, sénechal de Ploermel.

13 Dec. 1659 (m. 688). — Bail du moulin de Maugrenier, autrement dit, de Penros, consenti par n. h. Nicolas Pieche s^r de la Ville-Marquaro (d^t en la maison noble de Guerniguel par. de la Nouée), adjudicataire du bail à ferme de Maugremien, à Pierre Loysel, pour en jouir comme du vivant d'éc. F^{çois} Moro, en son vivant s^r de Couesquet.

18 Dec. 1661 (m. 689). - - Aveu de la tenue au Bretton, du village de la Bourdonnière, fait à ec. Yves Moro Vte de Maugrenier, Garniguel et a. l., par Jeanne le Febvre, Vve de Pierre Guerdal, d^t en la métairie noble de Fahuran, en St-Servan.

31 Decembre 1661 (m. 690). — Aveu de la tenue Couesquet, située proche la Ville-Bourde, consenti par n. h. Julien Gourmil s^r du Lesmiele (d^t en sa maison de Lesmiele, en Serent), Jan Flourée s^r du Quemper (d^t au faubourg Ste-Croix), et autres....., à ec. Yves Moro s^{gr} de Maugremien, assisté et autorisé de n. h. Ollivier Boschet s^r de la Taupe, son curateur.

4 Janvier 1662 (m. 691). — Aveu des tenues Jonchet, Mercier, Prod'homme, Guihur, au bourg de Couesbugat, rendu à Yves-Jan Moro Vte de Maugremien, s^{gr} de Garniguel, la Ville-au-Voyer, la Villeder, la Pressaye.

Parmi les tenanciers : René de Kerpezdron.

Il est mention dans cet aveu du moulin du Comesle elevé par le s^{gr} de Maugremien.

2 Mai 1662 (m. 692). — Transaction passée entre Pierre Bonnier et Francoise Audran, sa femme, s^{gr} et d^e Desgrées, et Ollivier Boschet s^r de la Taupe, curateur d'Yves-Jan Moro, relative à une somme d'argent.

23 Mai 1662 (m. 693). — Deshérence au profit de la seigneurie de Maugremien, prononcée et opérée par François Bureau s^r de la Noué, sénéchal de ladite cour (d^t en la maison de la Villevan) sur les biens de Marguerite Ruault, des Landes, après decès sans hoirs.

8 Fevrier 1665 (m. 694). — Contrat de mariage, entre Mre Yves-Jan Moro, chevalier, Vicomte de Maugremien et Anne Marion, fille de n. h. René Marion et d'Anne Forestier.

18 Dec. 1665 (m. 695). — Hommage rendu pour la seigneurie de Maugremien, par Yves-Jan Moro (d^t en la ville de Malestroit ; fils, h^{tier} p^{al} et n. de Jacques Moro, vivant s^{gr} de la Ville-au-Voyer) à très h^{te} et p^{te} princesse Marguerite de Rohan, Ctesse de Porhoët.

7 Mai 1667 (m. 696). — Sentence du présidial de Vannes, à la suite d'un procès entre Robert Guymar et Yves-Jan Moro, son ancien curateur.

Robert Guymar accuse ledit Moro « d'usurper les titres, qualités, de de noble et d'ecuyer, messire, chevalier, s^{gr} Vte de Maugremien ». Le jugement maintient le s^{gr} de Maugremien aux dites qualités tant réelles que personnelles, mais le condamne à réformer le rôle de sa terre suivant la coutume, et déboute Guymar.

Ont signé : de Serent président ; Jan de Guer, sénéchal ; Le Gimeyo, alloué ; Yves Cormier, lieutenant ; Jan de la Coudraye, Claude Kermasson et autres juges et conseillers.

La sentence est notifiée à Francois Jolet s^r du Pas-aux-biches, avocat, curateur de Robert Guymar.

1672 (m. 697-700). — Aveux de différentes tenues à la Ville-au-Pers, au Costy, à la Bourdonnière, aux Landes, fournis à Yves-Jan Moro s^{gr} Vte de Maugremien.

La tenue Moissan, du Costy, est possedée par ledit s^{gr} de Mangremien, conjointement avec ec. Izac le Chaux et d^e Charlotte de Querally, v^{ve} d'ec. Ollivier de la Chesnaye, en son vivant s^{gr} des Timbrieux.

20 Fevrier 1679 (m. 701-702). — Contrat d'acquet de la seigneurie de Maugremien, entre Yves-Jan Moro chev. s^{gr} de la Villedel et Anne Picaud, son épouse, vendeurs ; et Helène Visdelou Vve d'Allain Bonin de la Villebouquais, acquéreur, pour la somme de 19500 livres.

Pour le payement, Helène Visdelou cède aux s^r et d^e de la Villedel 4 obligations : la 1re sur Louis Guymar s^r de Coetlo, la 2e sur Gillette de Lestang, d^e Janne de Gouizac et Francois de Derval, la 3e sur Amador-J.-B. du Guémadeuc, chev., M^{quis} dudit lieu et Marie-Francoise de la Villéon son épouse, la 4e sur Joseph Briand s^r de la Vallée.

Quittance des lods et ventes, donnée par Yves-Jan Moro à Madame de la Villebouquais.

11 Avril 1679 (m. 703). — Inventaire des actes fournis au s^r Feine, par Mr de la Villebouquais, pour servir dans l'induction de Mr de la Villeder, contre le procureur du roi, à Ploermel, et pour le soutien des droits de haute justice contestés à la s^{gie} de Maugremien.

Parmi ces actes : Un aveu de Maugremien rendu le 9 Mai 1540, par Jacques de la Motte ec. s^{gr} de Lorfeil, tuteur de Laurans de la Motte s^{gr} de Vauclerc et de Maugremien. Des extraits du régistre de Porhouet justifient que Maugremien au xvie siècle est évoqué aux généraux plaids avec droit de menée.

S. D. (m. 704). — Opposition faite par Francoise Audran, douairière Desgrées, à l'appropriement de Maugremien par Helène Visdelou, à cause de six mille livres que lui doit le vendeur.

1679 (m. 705). — Action intentée par Louis Le Clerc s^r de Quergolher, procureur et notaire du présidial de Rennes, créancier d'ec. Yves-Jan Moro, contre Helène Visdelou acquéreur de Maugremien.

Ledit s^r de Quergolher est créancier pour un constitut dont il s'est porté caution en faveur de n. h. René Marion s^r de la Maison Neuffve.

11 Février 1680 (m. 706). — Opposition faite par Mre Michel-Ambroise de Chateautro s^{gr} du Chateautro, du Bezouet, et Renée Charpentier, sa compagne (d^t en leur manoir de Bezouet, par. de Pleumellec), à l'appropriement que prétend obtenir Hélène Visdelou acquèreur de Maugremien.

Le s^{gr} de Chateautro prétend au « franchissement » d'un constitut fondé sur la terre de Maugremien et consenti au s^{gr} de la Villedel (Yves-Jan Moro, le vendeur) et à Pierre Picaud s^{gr} de Quéheon, père de la dame de la Villedel.

L'on mentionne dans cette affaire Suzanne Gatechair, épouse de Pierre Picaud de Quéheon, et d^{elle} Mathurine Picaud, dame de Morgant.

1681 et 1682 (m. 707-709). — Aveux de tenues aux villages de Jeffroy et de la Ville-Quamarelle (Guégon), relevant de Maugrenier, fournis à Hélène Visdelou d^e douairière de la Villebouquais.

7 Mars 1682 (m. 710). — Mandement de Louis XIV, faisant connaitre qu'Hélène Visdelou, a fait aveu de la seigneurie de Maugremien par devant la Chambre des Comptes de Bretagne, et que cet aveu a été reçu sans préjudice des fruits de Malfoy.

1684 (m. 711). — Nomination de deux collecteurs adjoints, pour aider à la collecte du rôle de Maugremien.

1693 (m. 712). — Saisie féodale faite d'autorité par la juridiction de Maugremien, touchant la métairie du Bois de la Lande, en St-Servan, après décès sans héritier de Pierre Denoual, prêtre.

Ollivier Denoual, du village de Leraut, en appelle aux juges de Ploermel, contre Michel Champion s^r de Queran, procureur d'office de Maugremien.

Liasse concernant cette affaire.

1697 à 1699 (m. 713). — Procès devant le Parlement de Rennes entre Helène Visdelou douairière de la Villebouquais, d'une part, et Yves Jean Moro, s^r de la Villedel et Charles Bougis, chargé de la réformation du domaine royal, d'autre part ; relatif à la réformation de Maugrenier et à l'acquittement des lods et ventes.

Helène Visdelou est accusé de ne pas s'être acquittée des lods et ventes, bien que le s^r de la Villedel se soit obligé à la libérer entièrement de ces droits, pour lesquels elle a versé entre ses mains une somme de mille livres, à la signature du contrat. Ladite dame obtient l'acquittement du Parlement.

Les membres du Parlement qui interviennent sont : Verdier (1699), Le Feuvre, président, de Montalembert rapporteur (1699), Le Roy, Boudoux.

28 Juin 1695 (m. 714). — Acquit général de la vente de Maugremien, donné à Rennes, par Yves-Jean Moro, à Allain-René Bonin, chevalier, s^{gr} de la Villebouquais, agissant pour Hélène Visdelou, sa mère.

30 Avril 1696 (m. 715). — Procès-verbal de contrainte vis à vis d'Hélène Visdelou d^e de Tregranteur, pour le payement, en l'acquit de Charles Bougis, de 462 livres, dues au roi pour les droits de ventes, sur l'acquêt de Mongrenier.

1724 à 1737 (m. 716-717). — Fermes des moulins de Maugremien (Penro et Ropsac sur la rivière Desdon, et le moulin à vent du Comesle), et de la métairie noble dudit lieu, consenties par Jacques-René Bonin, chev. s^{gr} de la Villebouquais, Tregranteur et a. l. con^{er} au P^{nt} de Bret.

La métairie a comme charge particulière le versement de 30 livres par an, au trésorier de N.-D. du Roncier. Le moulin de Ropsac doit entre autres, deux cents d'anguilles.

1732 à 1740 (m. 718-726). — Minus du rôle de Maugrenier des années 1732 à 1740.

28 Mars 1745 (m. 727). — Ferme de la métairie de Maugrenier, consentie par René-Jean Bonin chevalier s^{gr} de la Villebouquais, con^{er} au Parlement.

1745 à 1775 (m. 728). — Rapport du rôle de Maugrenier de 1745 à 1775, avec le nom des collecteurs.

Le rapport pour 1745 se detaille comme il suit :

En argent..............................	42^l 6^s 5^d
12 boisseaux 1/4 froment...........	50^l 10^s 10^d
15 b. avoine...........................	23^l 10^s
	115^l 17^s 3^d

Le rapport varie entre 115^l, 297^l en 1772, et 238 en 1774.

1747-8-9 (m. 729-731). — Recettes des rentes du rôle de Maugremien, par le sergent receveur de ladite juridiction, élu par les tenanciers.

Ces rentes s'étendent au bourg de Couesbugat, aux villages de la Bourdonnès, les Landes, la Ville Raffray, la Ville Camaret, la Ville Bourde, la Ville Leo, le Costys, la Ville-au-Coursier, Trihorel.

Enregistré à Josselin par Joseph Nail s^r de la Ville-Aubry, sénéchal de Maugremien.

2 Juin 1751 (m. 732). — Procès-verbal dressé par Jacques-Paul de Querangal, sénéchal de Josselin, constatant les dégats causés par la crue des eaux et les ouragans du mois de Mars précédent, aux moulins à eau de Ropsac, de Penro et de Bilhaut, et au moulin à vent du Comesle.

A la requête de Mr de la Villebouquais, pour fonder les reclamations qu'il a faites, touchant la perception du vingtième.

XVIIe et XVIIIe siecles (m. 733). — Nombreuses liasses non inventoriées, concernant le greffe de la seigneurie de Maugremier.

19 Prairial an II (m. 734). — Ferme des moulins à eau de Penro, Ropsac et du moulin à vente du Comesle, appartenant aux Bonin, émigrés, passée par l'agent national et le receveur des domaines de Josselin.

Signé des administrateurs de Josselin.

1er Brumaire an V (m. 735). — Ferme des mêmes moulins que ci dessus, consentie par Marie-Anne-Constance-Jeanne du Plessis, agissant pour Bertrand-J.-M. Bonin, son époux.

Messidor an II, à l'an VI Inclus (m. 736). — Recettes des métairies de Crainhoëts et de Maugremier, des moulins de Coëdigo, Bilhaut, Trefaroué, Penro, Robsac, Comelle, durant le sequestre par la Republique.

14 Mai 1806 (m. 737). — Consultation des jurisconsultes Toullier, Malherbe, et le Merer, au sujet d'une rente de 30 livres, due autrefois par les propriétaires de Maugremier, à la fabrique de N.-D. du Roncier de Josselin, et réclamée par les administrateurs de l'hospice civil de cette ville, par suite de l'arrêt du gouvernement qui transmet aux hospices les rentes des anciennes fabriques.

S. D. (*m. 738*). — Dîmes dépendant de Maugremier, et compte de celles qui se lèvent à Coëtbugat, Baumois et Seffrou.

CARMENÉ

Seigneurie, paroisse de St-Servan, eveché de Vannes, relevant du Comté de Porhoët.

4 Mai 1495 (*m. 739*). — Autorisation donnée par Jehan Vicomte de Rohan et de Léon, Cte de Porhoët, s^{gr} de la Gasnache et de Beauvoir, à Jehan Nogues s^{gr} de Kermenec, de faire construire une fuye à pigeons, en sa maison de Kermenec.

Donné au chateau de Bleign.

1497 à 1667 (*m. 740-755*). — Ventes ou échanges, de terres ou de rentes, sises à la Ville-Aubry en St-Servan et relevant de Carmené.

Un acte de 1491 est signé de Jacquet du Bot, notaire.

26 Avril 1510 (*m. 756*). — Aveu d'une pièce de terre, appelée les Saudrayes, fait par Jehan Ruellan du Quengo et Ollivier Ruellan, à Henry Quillart et Jehanne de Kermené, sa femme.

1527 à 1732 (*m. 757-770*). — Ventes ou échanges de terres aux appartenances du village de la Roche, en Glac, et sous la Seigneurie de Carmené.

Dans lesdits actes il est question de dépendances en Guillac pour les seigneuries de la Ville-Briend, de Bodegat, des Peés, du Val au Houlle, de la Ville-Meno. En 1527 un acte est consenti par n. ec. Guillaume Lambart ; un autre en 1580 par n. h. Francois Riou s^r du Fresne et de la Ville-Dannes en Guillac.

10 Decembre 1536 (*m. 771*). — Contrat entre Etienne Garel, marchand de Josselin, et n. h. Jehan de Langourla s^{gr} de Langourla et de la Ville-Cado, tant en son nom, que stipulant pour Helenne Nogues, sa femme. Lesdits s^r et d^e de Langourla transportent à Etienne Garel une rente de 24 minos de blé, sous le fief de Kermenec.

24 Octobre 1538 (m. 772). — Contrat de vente des manoir et métairie de Karmené, consentie par n. h. Jehan de Langourla et Hellayne Nogues, sa femme, s^{gr} et d^e de Langourla, la Ville Cado, à Etienne Garel, marchand de la Ville de Josselin, acquéreur.

Ledit Garel, accepte ledit lieu de Karmené avec toutes ses appartenances, sans aucune réservation, fors les rentes, pour la somme de 1333 livres 16 sols. Il est mis en possession réelle, par les procureurs du vendeur, qui sont : Vincent Levesque, s^{gr} de la Sillaudaye, Guillaume de Chateautro, s^{gr} de la Villecagan et Jehan Thomas s^{gr} de la Villegeffroy.

Fait dans la maison du chevalier Rolland de la Chasse, au faubourg Saint-Martin de Josselin, par de Chateautro pass.

14 Juin 1539 (m. 773). — Mandement de François Ier au sénéchal de Ploermel, confirmant Jehan Morice s^{gr} de la Villéon, dans la paisible possession de Kercomenec, maison, manoir et métairies.

Notification du present acte est faite le 19 juin, par Louis du Bot, général des armées du roi, à n. h. ec. Jehan de Lispetze s^{gr} de la Salle et de la Ville Jegu.

5 Mars 1557 (m. 774). — Echange entre n. h. Gilles de Kerveno et Francoise Aubry sa femme, s^{gr} et d^e de Kermenet et de la Pippelaye, habitant leur manoir de Kermenet, d'une part, et Mre Guillaume Nicole, de la Ville-Aubry, en St-Servan.

10 Mars 1565 (m. 775). — Accord entre Etienne Garel et ec. Gilles de Kerveno, s^{gr} de la Pippelaye, touchant une tenue.

2 Mai 1575 (m. 776). — Reconnaissance d'une vente à la Ville-Aubry, faite par n. h. Jehan Morice, tuteur des enfants de défunt n. h. Pierre Morice, seigneur en son vivant de la ville de Josselin, (lequel Jehan Morice demeure à Kermenet, en St-Servan), n. g. Bernard et Jehanne Frie sa f^e s^{gr} et d^e de Guergonan (d^t à Josselin), Ollivier Guymar, en son nom et comme procureur des enfants de Jehanne Morice sa f^e (d^t au village de la Ville-au-Gentil).

18 Aout 1581 (m. 777). — Ajournement aux assises de Ploermel de Jean du Val, par Jean Morice s^{gr} de Kermenet, qui reclame dudit Jean du Val l'aveu d'une maison sise à la Ville-Aubry.

1624 et 1640 (m. 778-779). — Aveux de deux tenues à la Ville-Aubry (St-Servan), rendus à n. ec. Francois de la Chesnaye et Louise Morice s^r et d^e de la Chesnaye, Carmené.

La tenue Geffroy, est possédée par lesdits s^r et d^e de la Chesnaye, conjointement avec Peronnelle Labbé heritière d'ec. René de Couedor, s^r du Val.

20 Novembre 1642 (m. 780). — Bail de la métairie n. de la Porte du lieu de Quermenet, consenti par ec. François de la Chesnaye et Louise Morice sa femme (d^t à Josselin).

1643 à 1708 (m. 781-802). — Contrats d'acquets et d'échanges, faits par François et Barthelemy-Louis de Lesquen (qualifiés seigneurs de Carmené, Feulegue, la Rivière-de-Bas, la Grée-Meno), de maisons ou de terres situées aux appartenances de la Ville-Aubry et de la Lande (et sous la s^{gie} de la Ville-Denoual), de St-Gobrien (et sous le Val-au-Houlle et le Guermahéas), de la Ville-Rezo et du Val-au-Curé (et sous le Guermahéas et les Timbrieux), près le village de la Lande (et sous la franchise de Trevenalleuc), près Tremaiet (et sous le Grat), près Braugourné (et sous les s^{gries} du Plessis et de Carmené).

1652 à 1733 (m. 803-820). — Baux relatifs aux métairies nobles de Carmené — la grande métairie, dite métairie de la Porte, et la petite métairie — et aux moulins de Carmené, consentis par les de Lesquen, s^{grs} de Carmené, habitant leur manoir de ce nom.

Les s^{grs} de Carmené qui figurent dans ces baux, sont : ec. François de Lesquen (qualifié aussi s^{gr} de Pontallamur) entre les années 1652 et 1685 ; ec. Berthelemy-Louis de Lesquen (qualifié aussi s^{gr} de la Rivière) entre les années 1693 et 1713 ; ec. Claude-Louis de Lesquen (et Celeste Suzanne de Lesquen sou épouse) chevalier s^{gr} Comte dudit lieu de Lesquen, de Casso, de Keraurousse, du Sain, de Couetlio, la Rivière-de-Bas, en l'année 1733.

1654-1661 (m. 721). — Procès entre Mre Francois de Lesquen s^{gr} de Cremenet et Mre Louis Picaud s^{gr} de Morfouesse et du Gras, touchant les droits de mouture réclamés par les deux parties sur les hommes de la Ville-Denoual.

François de Lesquen ayant acquis de Mre Charles de Rosnevinen et Jeanne de Boderuc sa femme, s^{gr} et d^e de Rosnevinen, de Saint-Remy, Rohéan et a. l., « le debvoir de mouttre, » que leur doivent leurs vassaux de la Ville-Denoual (Guégon et St-Servan) et du Val-Jouain, pour jouir de ces « moultaux » au profit de son moulin de Carmené, opposition lui est faite par Louis Picaud, s^{gr} de Morfouesse, qui expose que les hommes de la Ville-Denoual sont déjà, d'après la coutume, astreints à suivre ses moulins de Guillac et du Gras, et que pour ce droit tenu de féage il paye à la Ctesse de Porhouet 59 minos de seigle par an. Après sentence des cours de Porhouët et de Ploermel qui donnent raison au s^{gr} de Morfouesse, sauf le recours du s^{gr} de Carmené contre les seigneurs du Val-Jouain et de la Ville-Denoual, l'affaire se termine par un accord qui décide que les « vassaux de la Ville-Denoual suivraient les moulins de Carmené tant et si longtemps qu'ils seraient en état de moudre..... et le s^{gr} de Carmené, hommes, sujets et metayers, suivraient les moulins de Guillac et du Gras, à défaut d'eau au moulin du s^{gr} de Carmené ou iceux ne pouvant faire farinnes. »

5 Février 1654 (m. 722). — Sentence de la cour de Ploermel, au sujet de la vente d'une terre, sise à la Ville-Aubry, laquelle vente a été consentie par ec. François de Tregouet s^r de Labaye-Corseul à ec. Francois de Lesquen s^r de Carmené et du Pont-Alasne.

Dans cette sentence, figure également, Pierre de Couedor s^r du Val-au-Houx.

3 Septembre 1654 (m. 723). — Institution, par le sergent général de la chatellenie de Quellan (résidant à la Ville-Aubry), d'un sergent pour lever le rôle d'ec. Francois de Lesquen s^{gr} de Kermenet, de Pontallasur, la Grée-Meno.

1655 à 1707 (m. 724-740). — Minus du rôle et rentier de la s^{gie} de Carmené, fournis à Francois de Lesquen et Barthelemy-Louis de Lesquen.

1658 à 1680 (m. 741-743). — Procès-verbaux relatifs à l'établissement d'un sergent collecteur du rôle de Carmené pour l'année 1657, — d'un sergent collecteur pour l'année 1665-66, — de quatre collecteurs pour les années 1676-7-8-9.

9 Novembre 1660 (m. 744). — Sentence du Parlement de Rennes, à la requête de Francois de Lesquen ec. s^r de Guermené, appelant de sentence rendue à Ploermel ; contre Marguerite duchesse de Rohan, Ctesse de Porhoët, intimée, laquelle a formé opposition à l'appropriment de terres acquises à la Ville-Aubry.

De Marbœuf, président ; Huart rapporteur.

1661-1662 (m. 745-746). — Vente de différents héritages sous le fief de Carmenet, consentie par Morice Deboche et Marguerite Nicol à Louys Etienne.

Mre Francois de Lesquen se porte caution de l'acquéreur. Le payement doit être fait aux mains de n. h. Pierre Mahieux, s^r du Pré-Aubert, d^t à Ploermel. N. h. Jacques Royer, s^r des Fontaines, d^t à Josselin, agit pour ledit Mahieux.

10 Novembre 1666 (m. 747). — Retrait féodal, par François de Lesquen s^{gr} de Carmené, d'une terre à la Ville-Aubry et bannies faites par Jean Nail, sergent de la juridiction de Tregranteur, assisté de Jacques Thoumin et Jean du Bot ses témoins.

6 Novembre 1672 (m. 748). — Sentence de la cour de Porhoët, qui, à la requête de Francois de Lesquen, s^r de Carmenet, condamne Jean Perret, lequel ne veut point se soumettre à la collecte du rôle de Carmenet.

11 Decembre 1672 (m. 749). — Bannies faites à St-Servan, d'un acquet signé entre Francois de Lesquen s^{gr} de Carmenet et Raoul Nail s^r Deslongerest.

21 Janvier 1673 (m. 750). — Grand des rentes dues au rôle de Carmenet, appartenant à F^{cois} de Lesquen s^{gr} dudit lieu, de la Grée-Meno, de la Bourdonnaye, le Verger, et se levant en St-Servan, Guillac et Guégon.

10 Fevrier 1676 (m. 751). — Opposition à une vente consentie par Francois de Lesquen, faite par Jean Jehanne s^r des Rabines (pour Ollivier Boscher s^{gr} de la Taupe) n. h. F^{cois} Bureau s^r de la Noë, le s^{gr} de Rosnevinen et Yvonne Jouan Vve de n. h. Jan Farault, s^r de la Ville-Planson.

1681-1687-1710-1712-1715 (m. 752-757). — Minus du rôle-rentier de Carmené.

22 Juin 1726 (m. 758). — Ferme du pourpris et de la retenue de Carmené consentie à Pierre Crespin, par Allain-Jean de Lesquen, chevalier, s^{gr} de Carmené, chevalier de St-Louis, du Mt-Carmel et de St-Lazare, demeurant à Carmené.

11 Decembre 1763 (m. 759). — Bannies faites, devant l'eglise de Guillac, de l'acquisition de Carmenay par Jacquette-Rose et Francoise-René-Reine Bonin, demoiselles de la Villebouquais.
Le contrat a été passé le 4 Aout 1763 entre lesdites demoiselles et Marie-Celeste-Suzanne de Lesquen, vendeuse, moyennant 25.000 livres.

7 Fevrier 1764 (m. 760). — Transaction entre n. h. Jan-Yves Picard, procureur de Jeanne-F^coise le Texier (Vve d'ec. Joseph le Boutouillic s^r de Kerlan) d^t à Auray, d'une part, et René-Jean Bonin chev. s^gr de la Villebouquais (se portant pour F^coise-René et Rose Bonin), d'autre part ; au sujet du remboursement d'un constitut dû par la dame de Lesquen à la d^e de Kerlan, laquelle a fait opposition à l'appropriement de Carmené.

25 Sept. 1792 (m. 761). — Citation faite, devant le juge de paix de Josselin, à Bertrand-J.-M. Bonin, par le fermier de Carmenet, qui reclame dommages et interets pour certaines jouissances articulées par bail et dont il a été privé par le bailleur.

DÉPENDANCES DE TREGRANTEUR

Métairies nobles de Fahuran (Guégon), de la Ville-Chapel (Guégon), de la Ville-Morio (Guehenno), les moulins de Coët-Digo (Guégon), le fief de St-Pern (Cruguel et Guehenno).

Fahuran.

1519 (m. 762). — Acquêt par Jehan de Tregarantec, d'une terre à Fahuran, en Guégon.

Signé : Denoual et du Bouyn, pass.

2 Août 1577 (m. 763). — Quittance donnée à Janne de Tregaranteur, dame dudit lieu, de cinquante quatre sols qu'elle a versés à damoiselle Anne d'Avaugour d^e de la Villebeufve, pour trois années de rente (à 18 s.) sur le lieu et métairie de Fahuran.

21 Janvier 1578 (m. 764). — Requête aux juges de Ploermel, de nobles gens Guillaume Riou et Jeanne de Tregaranteur, s^r et d^e de la Haye et de Tregaranteur, contre Anne d'Avaugour d^e de la Villebeufve, afin d'obtenir restitution d'une somme de 54 sols que ladite dame a « extorquée » aux demandeurs, sous prétexte d'une rente sur Fahuran.

A signé : de la Houlle.

1748 à 1769 (m. 765). — Livre de comptes relatifs aux revenus de la métairie de Fahuran.

1783 et 1789 (m. 766). — Baux de la métairie noble de Fahuran, consentis par Bertrand-J.-M. Bonin chev. s^{gr} Cte de la Villebouquais con^{er} au Parlement.

13 Messidor an II (m. 767). — Bail de la métairie de Fahuran, provenant des frères Bonin, émigrés, consenti par l'agent national et le receveur des Domaines de Josselin.

La Ville-Chapel.

12 Nov. 1721 (m. 768). — Ferme de la métairie noble de la Ville-Chapel, dépendant du chateau de Tregranteur, consentie par Mre Jacques-Allain-René Bonin de la Villebouquais.

21 Prairial an II (m. 769). — Ferme de la Ville-Chapel, provenant des frères Bonin, émigrés, consentie par Le Blay, agent national, et Gaillard, receveur des domaines de Josselin.

La Ville-Morio.

25 Novembre 1775 (m. 770). — Ferme de la métairie noble de la Ville-Morio, par. de Guehenno, consentie par Bertrand-J.-M. Bonin de la Villebouquais.

« Le tout, comme il est expliqué au contrat consenti par Mr du Bot, s^{gr} des Timbrieux, vendeur, à Jacques Surel, acquéreur. »

Fief de St-Pern.

1752 à 1777 (m. 771). — Etat et compte du fief de St-Pern qui s'étend aux paroisses de Cruguel et Guehenno.

Ledit fief a été acheté par Mre Bonin le 8 Sept. 1751, et il consiste en six tenues situées aux villages de la Ville-Guillaume, Hurtebize, la Ville-es-Simon, la Ville au Chat, la Ville-au-Lau, au bourg de Guehenno. (Cette derniere tenue à Guehenno est aux mains de Mr de la Motte-Rabaud, d^t à la Grivière, près Nantes.

Moulins de Coët-Digo.

1516 (m. 772). — Extrait de l'aveu Bouton, de Coët-Digo, qui doit une rente à la s^{gie} du Val.

14 Septemb. 1632 (m. 773). — Enquête faite pour Grégoire de Quelen, s^{gr} du Broutay, sur la coutume des moulins de Coët-Digo, en Guégon.

Devant n. h. Jacques Moro s^r de la Ville au Cour, alloué et lieutenant de Porhoët, viennent déposer plusieurs laboureurs qui disent tous n'avoir jamais connu d'autre moulin à Billehaud, que celui qui existe et qui a été bati par le prieur de St-Martin et avoir vu le s^r de la Malorayes et ses métayers porter leurs grains à Coët-Digo.

25 Mai 1673 (m. 774). — Ferme des moulins de Couesdigo, consentie par Helène Visdelou, Vve d'Alain Bonin s^gr de Tregranteur.

17 Mai 1720 (m. 775). — Ferme des moulins de Coëdigo, consentie par Jacques-René Bonin.

12 Janv. 1770 (m. 776). — Sentence de la cour de Porhoët, concernant le déport de la chaussée de l'étang de Bilhaud.

1772 et 1778 (m. 777). — Baux des moulins de Couesdigot, Bilhaud, Trefarouet, consentis par Bertrand-J.-M.-Bonin.

22 Janvier 1773 (m. 778). — Sommation faite par Mre Bertrand-J. M. Bonin à des laboureurs du village de la Ville-Minio, en St-Servan, qui ne suivent pas les moulins de Bilhaud et Trefaroué.

1779 (m. 779). — Procédure à la requête de Bertrand-J.-M. Bonin, con^er au Parlement, doyen de la deux des enquêtes *(sic)*, relative aux usurpations commises sur des terrains voisins de l'étang de Bilhaud.

Robin de Paimpoulle, avocat à Josselin.

25 Sept. 1797 (m. 780). — Ferme des moulins de Coëdigo, Bilhaud et Trefaroué, consentie par Marie-Anne-Constance-Jeanne du Plessis, épouse de Bertrand Bonin.

16 Floreal an II (m. 781). — Ferme des moulins de Coëdigo, Billiaud, Trefarouet, appartenant aux Bonin frères, émigrés, consentie par l'agent national et le receveur des domaines de Josselin.

Fait au directoire, sous les seings des membres de la commission administrative de Josselin : Rieux, president, Crepin, Treogat, Julien Bellet, Vandergrach, Lahorie, Trevedy, Gaillard, Cogné.

14 Vendemiaire an VI (m. 782). — Acte passé entre Jeanne du Plessis, procuratrice de Bertrand Bonin et le meunier de Coëdigo, Bilhaud et Trefaroué.

II. — TITRES VENUS DE LA FAMILLE DE S¹-PERN

LA VILLEGEFFROY

Seigneurie (paroisse de Plelo, ev. de St-Brieuc) relevant du Comté de Plelo.

3 Juillet 1485 (m. 783). — Echange entre Pierre Boterel, s^{gr} de la Villegeffroy, et Geffroy Henry.

27 Fevrier 1495 (m. 784). — Aveu rendu par Guillaume de Mordelles, s^r de Chateau-Gouellou, à noble ec. Pierre Boterel s^r de la Villegeffroy, de quarante huit boisseaux sur différents héritages.

Copie fournie à Charlotte de Taillefer en 1672.

6 Decembre 1519 (m. 785). — Accord, entre n. ec. Jacques Boterel s^{gr} de la Villegeffroy, fils de Pierre Boterel, et Jehan Bertrand, relatif à la vente d'une rente.

Fait en présence de Jacques de Rosmar, sénéchal de Montafilant en Goellou, et de Sylvestre Gélin, notaire.

20 Janvier 1539 (m. 786). — Bail à convenant, de maison et terres au village de la Ville-Hus, consenti par Jacques Boterel s^{gr} de la Villegeffroy, fils d'autre Jacques Boterel.

1540 (m. 787-792). — Aveux rendus à n. ec. Jacques Botterel s^{gr} de la Villegeffroy.

L'un d'eux est rendu par Marguerite Le Callouet dame de la Villeneufve-Perret ; un autre est signé : G. Gonidec et G. de Rosmar pass. ; un autre est collationné en 1656 par Eustache de Lys s^{gr} de Beauv, con^{er} du roi, sénéchal de Rennes.

29 Janvier 1543 (m. 793). — Vente, sous la Villegeffroy, de l'emplacement d'une maison située au bourg de Plelo.

Signé : Deslandes et Jacques Boterel pass.

25 Novembre 1561 (m. 794). — Vente faite par Jehanne Boterel, d^e de la Villegeffroy et la Villeaudon, d'une terre en la dîmerie de la Villeneufve, paroisse de Plouagat, et accord au sujet de cette vente, entre ladite dame et ecuyer Francois de Rosmar s^r de la Villernault.

Ont signé : François Le Page s^r de la Villeaubert ; Duperier et Le Gacoin, notaires.

4 Janvier 1564 (m. 795). — Bail consenti par Jehanne Boterel, dame de la Villegeffroy et de la Villeaudon (d^t à la Villegeffroy), — curatrice de n. ec. Jehan Boterel, sieur desdits lieux, son mari, — à Yvon le Derval (d^t au manoir de la Saudraye), de maison et terres aux « mettes » de Kerjouy et sous les fiefs de la Rochesuhart et de Kerprat.

Ont signé : Jac Peret et Berthelot, notaires.

3 Juillet 1568 (m. 796). — Aveu rendu à Jehanne Boterel, curatrice de son mari.

Ont signé : Hiérosme Berthelot et Yves du Boisgelin, notaires.

14 Fevrier 1569 (m. 797). — Poursuite opérée par Jehanne Boterel, curatrice de son mari, contre un tenancier qui ne paye pas ses redevances.

Signé, Jac Rouxel et Deslandes notaires.

3 Decembre 1571 (m. 798). — Bail à convenant, du Clos sur le Val, village de la Guerche, paroisse de Plelou, consenti par n. h..... Regnault, stipulant pour Jeanne Botherel.

Ont signé : Regnault ; Jean Garel et Yves du Boisgelin notaires.

1575 à 1596 (m. 799-810). — Baux à convenants, sous l'usement de Goëllou, consentis par ec. Francois Boterel s^{gr} de la Villegeffroy, la Villechevalier, la Villaudon, Plouagat, de terres en la paroisse de Plelou.

On relève les signatures suivantes : du Rosmar et Hillary notaires, F^{cois} du Bourblanc s^{gr} de Benerupere (1580) — n. h. Jan Douallen s^r du

Carpont procureur ; Perarge et Mordelet notaires (1581) — n. h. Pierre Regnault Bringolo procureur ; Guyon de Rosmar not. de Plelo, Olivier et Christophe de Mordelles not. de la Roche-Suhart (1583). —

15 Avril 1581 (m. 811). Echange de terres en Plelo, entre Francois Boterel, s^{gr} de la Villegeffroy et la Villechevalier, et n. h. Jean Le Gacoin s^r du Chesnay.

27 Mai 1587 (m. 812). — Sentence du présidial de Rennes, rétablissant Jeanne Botherel d^e de la Villeaudon, dans la possession de son banc avec escabeau, au chanceau de l'église de Plelo ; malgré l'opposition de Madeleine de Luxembourg d^e d'Aspremont, douairière de Royan.

Le banc sera « remis en premier lieu et place..... au chanceau, sur les tombes et enfeus maintenus par la demanderesse lui appartenir.... » — Fait en presence de n. h. Pierre Regnault, s^r de Bringollo, procureur de ladite dame. Ont signé : Guy Meneust, sénéchal ; Germain Rondel, F^{cois} Dupin, Charles Huguel, Robert Hallouaye, Yves Desforges, Yves Debaudron, conseillers.

1er Octobre 1588 (m. 813). — Transaction passée entre très haute et très illustre princesse Marie de Beaucaire, d^e de Martigues, duchesse douairière de Penthièvre, — procuratrice de h^t et p^t Gilbert de la Tremouille s^{gr} de Royan, Ayspremont, Plelo, héritier de Madelaine de Luxembourg, — et Francois le Borgne ec. s^r de Kergommart, mari et procureur de Jeanne Botherel d^e de la Villaudon (d^t en son manoir de la Villebalin, par. de Plelo), relative aux prééminences dans l'église de Plelo.

La dame de Martigues, sans préjudice de ses droits de supériorité, cède au sieur de Kergommart « l'escabeau à queue et accoudoirs, tombes, enfeux et prééminences auxquels il peut prétendre au chœur et chanceau de l'église »..... et même un escabeau placé par la feue d^e de Royan sur les tombes que la d^e de la Villaudon prétend lui appartenir ; à condition de céder cet escabeau toutes les fois que les seigneurs de Plelo viendront en l'eglise. Les armes de ladite dame pourront y figurer au dessous de celles du s^{gr} de Royan.

Gréé au manoir épiscopal de Rennes. Signé : M. Odiou et J. Odiou, notaires royaux.

7 Juillet 1599 (m. 814). — Acte, relatif aux prééminences dans l'église de Plélo, consenti entre Gilbert de la Trémoille, chevalier des ordres du roi, capitaine de l'ancienne bande des cent gentilshommes de sa maison, conseiller en ses conseils d'Etat et privés, sénéchal du Poitou, M^quis de Royan, B^on d'Aspremont, duc d'Ollonnes et de Plelo, et Olivier de Quelen ecuyers s^gr de St-Bihy, la Lande et a. l.

Le seigneur de Plelo délaisse au seigneur de St-Bihy l'escabeau situé dans l'église de Plelo sur les pierres tombales de Quelen (et joignant d'un côté le marchepied du grand autel) ; à condition que celui-ci lui soit cédé ainsi qu'à ses successeurs, quand ils viendraient dans ladite eglise, dont il est fondateur. L'escabeau en question qui avait été édifié par Madame de Rohan (mère de Gilbert de la Trémoille) portera les armes de Quelen au dessous de celles du s^gr de Plelo.

Signé : F. Tremoille, Dorion not.

3 Mai 1604 (m. 815). — Accord entre ecuyer Francois de Boisbilli s^r de la Ville-Hervé, receveur des seigneuries de Plouagat, la Villegeffroy, le Pebel, et Jacques Jossom, ec. s^r de Quistillic, relatif aux rentes dues par celui-ci au seigneur de la Villegeffroy.

20 Aout 1605 (m. 816). — Saisie faite à la requête de n. h. Alain le Moenne s^r de Haulte-Ville, tuteur des mineurs de Jan Damar s^r de Labrahan, des biens dépendants de la succession de Francois Botrel.

Ces biens comprennent le manoir de la Villegeffroy et ses dépendances, les métairies de la Villegeffroy et de la Villegerfault, le moulin de la Villegeffroy, différentes tenues aux paroisses de Plelo, Plouagat, Tregommeur, Pordic, Plerin, Estables, Cesson, Ploufragan et Pleguien.

7 Septembre 1611 (m. 817). — Bail, à titre de féage noble, de différentes terres près la Ville-Urvoy et le moulin de Gouzeon, octroyé par n. et p^t Toussaint Botherel s^gr de la Villegeffroy, Kerprast, Kerscouadec, le Quenquizou, Plouagat (d^t en son manoir de la Villegeffroy), à n. h. Raoul Henry s^r de Beauchamp (d^t en son manoir de Beauchamp, par. de Plelou).

27 Fevrier 1612 (m. 818). — Transaction passée entre n. et p^t Ollivier du Quellen s^gr de St-Bihy, la Lande, et n. et p^t Toussaint Botherel s^gr de la Villegeffroy, h^tier p^al et n. (par représentation de n. et p^t Francois Botherel, son père) de Jeanne Botherel d^e la Villaudon ; relative aux escabeaux, enfeux et prééminences par eux prétendus en l'église de Plelo.

Fait au manoir de la Villegeffroy. Ont signé : Toussaint Botherel, Ordellot et Geslin, notaires.

19 Avril 1612 (m. 819). — Procès-verbal de la saisie de la seigneurie de la Villegeffroy, faite à la requête de Jacques Gicquel écuyer et Charlotte Damar, sa femme, s^r et d^e de Lermor, commis à « l'éligement » des crédits de la succession de Jean Damar s^r de Labrahan.

Yves de Kerleau, s^r de Lisle, curateur de Toussaint Boterel, s'étant déclaré incapable du remboursement des dettes, saisie de la Villegeffroy a été prononcée par la cour royale de St-Brieuc. Jean Bodin et Jean de de Lescalle sont commissaires à l'administration dudit immeuble.

14 Juillet 1616 (m. 820). — Arrêt du Parlement, portant annulation des saisies et ventes de la Villegeffroy.

A la requête de Gilette Bottrel, d^e douairière de Ronserais, d'écuyer Bernard le Bihan, s^r de Kerouzelac (ailleurs Kerouzelais), mari de Blaise de Kerampuil, elle-même curatrice de Mauricette de Kerampuil sa sœur, (lesdites Kerampuil, filles de défunts n. g. Michel de Kerampuil et F^{coise} Bothrel s^r et d^e de Brincollo), d'écuyer F^{cois} du Halgouet, s^r de Kerbeluen, curateur des enfants mineurs de Toussaint Bothrel, qui en appellent des jugements précédemment rendus à St-Brieuc.

1617 (m. 821). — Comptes, tant en charge qu'en decharge de la gestion de la Villegeffroy, fournis à Amaury Legonidec, ec. s^{gr} de Kerbezien, tuteur des mineurs de la Villegeffroy, et à Charlotte Damar veuve d'ec. Jacques Jicquel s^r de Lermor, par Jean de Lescalle s^r de Lousmeau, tant pour lui, que pour Pierre Bodin, tuteur des enfants de défunt Pierre Bodin.

Ces comptes sont rendus en présence de Salomon Amys, conseiller au Parlement de Bretagne. Ils partent de 1612; et l'on y voit que, depuis cette époque jusqu'en 1617 la seigneurie de la Villegeffroy a été adjugée en ferme tour à tour à Tanguy de Trenon s^r de Quistillic, Henry Botherel s^r de Kerbigado, Thomas Coullomb, ec.... de Kermolo s^r de la Touche. A la première adjudication, opposition est faite par Francoise du Hallegouet d^e douairière de la Villegeffroy, ec. Etienne Taillart s^r de Restolles, ec. Alain Legros, François du Halgouet ec. s^r de Kerbeluen lors tuteur desdits mineurs, ec. Bernard le Bihan.

4 Avril 1622 (m. 822). — Transaction entre ec. Etienne Boterel s^r de la Villeneuve (d^t paroisse de Ploumagouer), curateur des enfants mineurs du s^r de la Villegeffroy, et Jeanne Meuron, touchant une rente foncière et une paire de gants qui n'ont pas été acquittées à la Villegeffroy.

2 Juillet 1622 (m. 822). — Institution de tutelle en faveur des enfants mineurs d'ec. Jacques Jossom s‍r de Quistillic et d'Anne Lestic (à savoir : Yvon, Prigent, et Francoise), et opposition faite à cette institution par le procureur d'office de la cour de la Villegeffroy, pour la conservation des droits de ladite seigneurie.

Comparaissent en personne ou par procuration : nobles gens, François Gellin s‍r de Tremergat ; Jeanne du Cozkaer dame dudit lieu, en son nom, et comme curatrice d'ec. Henri Gellin s‍r de Lestoille son fils ; ec. Louis de Cresolles s‍r de Crechmorvan ; ec. Yves le Gouaguellec et Lucresse de Cresolles s‍r et d‍e de Guerollot ; éc. s‍r de Cleixtrieux ; Francois des Cognets s‍r de la Ronzière, époux de Jacquette Gellin d‍e de la Ronzière, tous parents du s‍r de Quistillic. N. g. Jacques Gellin s‍r de Troslosclos ; ec. Yves de la Villejarmon ; Pierre Boulays s‍r de S‍t-Saulneur, comparant par ec. Gilles Boullays s‍r de la Ville-Allion son fils ; ec. Jacques Boullays s‍r de Lanniguy ; ec. Yves de Kerimer s‍r de Garhanbic, epoux de Louise Gellin ; ec. Pierre Lestic s‍r du Clos, epoux de Francoise Lestic ; Jacques Lestic s‍r de Belleshrue ; ec. Guillaume Favet, s‍r du Guilly ; Madeleine Lestic ; n. h. Rolland Jegou s‍r du Ruestang ; Anne le Long d‍e de la Belleyssue, grand mère des mineurs, comparant par ec. Prigent Lestic s‍r de la Villeguessiou son fils ; ec. Rolland Lestic, s‍r des Salles, cousin germain de la mère des mineurs ; ec. Pierre de Boisgelin s‍r de la Villegellion époux de Genevieve (?) Lestic ; ec. Pierre Lestic s‍r du Cleuziat ; ec. Robert Boullays, s‍r de Rumeyrec, epoux de défunte Anne Lestic, en son nom et comme procureur d'ec. Vincent le Roux s‍r de Coetandoch ; ec. Louis Gellin s‍r du Pré, mari de Francoise Gellin ; ec. Francois Gellin s‍r de Kertenguy ; ec. Gilles du Maugouer s‍r de Kergoinon ; noble Olivier Brangais s‍r dudit lieu ; ec. Vincent le Chaponnier s‍r de Mellouary ; Guillaume le Chaponnier s‍r du Bobihan ; ec. Guillaume du Maugouer s‍r de Genesten ; ec. Jan Tuoulong (ou Troulong) s‍r de Penellan.

9 Avril 1623 (m. 823). — Arrêt du Parlement qui condamne Julien le Clerc, au payement d'une rente consorte, dite, rente de Querhamon, due à la Villegeffroy.

1624 (m. 824). — Bail à convenant, d'une terre dépendant de la métairie de la Villeguerfault, consenti par Toussaint Boterel s‍gr de la Villegeffroy.

1631 (m. 825). — Baux à convenants, sous l'usement de Goëllou, consentis par ec. Etienne Boterel s‍r de la Villeneufve, tuteur des enfants mineurs du s‍gr de la Villegreffroy.

1632 à 1658 (m. 826-836). — Baux à convenants sous l'usement de

Goëllou, consentis par Philippe Botterel s^{gr} de la Villegeffroy et autres lieux ordinaires, autorisé d'Etienne Botterel s^{gr} de Beauvoir, son curateur, résidant avec lui à la Villegeffroy.

Terres en Plelo, en la dîmerie de Kerdavon, aux mettes de la Ville Hue, de la Ville Andonnet, la Ville Rouallan, etc.

13 Avril 1636 (m. 837). — Sentence de Guy le Roux, éc. s^r de Kerilly, sénéchal de Plelou, qui condamne ec. Philippe le Bigot s^r de la Ville Frehour, à quitter la possession de quatre pieces de terre, en faveur de Philippe Botterel s^{gr} de la Villegeffroy.

27 Mars 1642 (m. 838). — Consultation de Boschauld et Chappel, relative à la vente d'une tombe au chœur de l'eglise de Plelo faite le 31 Mars 1612 par défunt Toussaint Botherel s^{gr} de la Villegeffroy, à ec. Julien Collet s^{gr} de la Villesollon.

Cette vente doit être considérée comme nulle en la matière.

3 Janvier 1646 (m. 839). — Transaction touchant le remboursement des édifices et « droits réparatoires » sur différents convenants.

1646 (m. 840). — Cession d'un droit de rabine, par Toussaint de Quellen s^{gr} de Launay et de St-Bihy, au seigneur de la Villegeffroy.

1646 (m. 841). — Prisage des droits convenantiers de différentes terres en Plelou, sous la Villegeffroy.

8 Janvier 1651 (m. 841). — Transaction relative au payement d'une rente.

Signé : Philippe Botterel, Jacques de Lescalle s^r du Carpont.

18 Janvier 1659 (m. 842). — Quittance donnée à Mr de la Villegeffroy, par Mr de la Garenne Boisgelin (à la Villebalin), pour des levées faites par Sebille s^r des Rochers.

Ces levées proviennent des biens de défunte..... de la Noë Changouellou, grand-mère dudit Boisgelin.

4 Fevrier 1660 (m. 843). — Procompte et apurement final de rentes arriérées dues aux seigneurs de la Villegeffroy et du Faüouet et à Madame de Tremergat, sur le convenant noble du Tertellet, tenu par les époux Costard.

Les tenanciers pour desintéresser lesdits seigneurs, leur abandonnent les édifices, les droits convenantiers et différentes pièces de terre.

6 Mai 1663 (m. 844). — Aveu rendu à Claude Bottrel chevalier s^{gr} de la Villegeffroy, fils ainé de Philippe Bottrel et de Marguerite Visdelou.

1666 à 1681 (m. 845-852). — Baux à convenants, sous l'usement de Goëllou, consentis par Marguerite Visdelou, douairière de la Villegeffroy, tutrice de Julienne Boterel, fille et unique héritière de Claude Boterel.

1667 et 1678 (m. 853-854). — Prisage du moulin de Gouëllou, sous la Villegeffroy.

1er Septembre 1668 (m. 855). — Bannies faites à Plelou et Chastelaudren de la mise à ferme, par Marguerite Visdelou, du lieu de la Villegeffroy avec ses dépendances appartenant à Julienne Botterel.

L'adjudication est prononcée dans la suite, en faveur de Jeanne Botterel d^e de Kerprast, pour quatre années et la somme de mille livres, à charge pour l'adjudicataire de régler les dîmes, prémices, chefrentes, plus 63 boisseaux froment aux chapelains desservant les fondations de Kerprast et de la Villegeffroy, plus les réparations locatives.

1670 (m. 856). — Procès devant la cour de Chatelaudren, relatif au payement d'une rente à la Villegeffroy, entre Marguerite Visdelou curatrice de Julienne Botterel d'une part, et écuyer Alain du Ponthou et demoiselle Lesné sa compagne, s^r et d^e de Kermarec, Helène Lesné, d'autre part.

Lesdites Lesné, sont enfants de n. h. Guillaume Lesné et Claude Boissart, elle même, fille de Jacques Boissart s^r de Tanouet (par. de Plouvara).

1671 et 1672 (m. 857). — Poursuite devant les cours de Plélou et de Chatelaudren, contre Jean Le Tirant qui n'acquitte pas ses redevances envers la Villegeffroy.

Pierre de la Goublaye se porte caution de Marguerite Visdelou d^e de la Villegeffroy.

1674 à 1681 (m. 858-865). — Aveux rendus à Marguerite Visdelou, douairière de la Villegeffroy, pour différentes tenues sises en Tremeloir et Plouagat.

12 Août 1676 (m. 866). — Procès-verbaux de bannies faites à Plourivo et relatives à des acquets de terres sous les fiefs de Plourivo, Yvias et Laniguet ; lesquels acquets ont été consentis par écuyer Josias le Goagueller s^r de Launay, prêtre, à Marguerite Visdelou d^e de la Villegeffroy, agissant tant pour elle, que pour Charles d'Acigné, chevalier, s^{gr} de Carnavalet, père et garde naturel des enfants de son marirge avec feue Anne Botrel.

17 Juillet 1677 (m. 867). — Procompte touchant une rente foncière, due à la Villegeffroy.

30 Juillet 1680 (m. 868). — Inventaire estimatif de la seigneurie de la Villegeffroy avec ses appartenances et dépendances (y compris le lieu noble du Rosic), fait aux fins des jugements et arrêts de la cour de Plelo.

Marguerite Visdelou d^e de la Villegeffroy est demanderesse, contre n. h. Pierre Pommeret et sa compagne, s^r et d^e des Hais, demoiselle Christine Bajot d^e de Labraham et n. h. Olivier Damar s^r des Freches.

L'inventaire comporte le manoir noble et ses batiments, la retenue et la métairie de la Porte, la metairie de Mourvel, le lieu noble de la Villegerfault (proche Plélo), le moulin de la Villegeffroy, des tenues et convenants situés en Plelo, Plouagat, Tregommeur, Pleguien, Etables, Pordiq (lieu noble du Rosic), Plerin, Cesson-lez-St-Brieuc, Finiac. Le tout montant en revenus à 4326 livres.

1684 (m. 869). — Aveu pour un convenant à Botendiec, en Plelo, rendu à Hyacinthe de St-Pern.

1694 (m. 870). — Bannies faites à la requête de Mre Hillarion de Forsanz, chevalier, s^{gr} du Houx (d^t au Houx, par. de Talansac, ev. S.-M.), — tuteur des enfants mineurs de Hyacinthe de St-Pern, chevalier, s^{gr} du Ligouyer et de Sainte Botherel de Quintin, — pour l'adjudication à ferme des biens héritels, provenant de la succession de ladite Sainte Botherel.

Ces biens sont à savoir : la seigneurie de la Villegeffroy (comportant les metairies de la Porte, de Kerprat, St-Qué, Mourvel, des rentes censives et convenantières) et celle de Kerscouadec.

1696 à 1706 (m. 871). — Extrait du livre des recettes de Jacques Corbel, fermier de la terre de la Villegeffroy, commencé à la St-Michel 1696 et finissant à pareille époque 1706.

1697 (m. 872). — Jacques Corbel, fermier général de la Villegeffroy, en appelle à la cour de Plelou, contre Yves Deslandes s^r dudit lieu, qui lui conteste certains droits dans la jouissance de ladite seigneurie.

26 Février 1703 (m. 873). — Défense fournie devant la juridiction de Plélo, par Guillaume le Febvre s^r de Ruzay, tuteur honoraire des enfants mineurs de Hyacinthe de St-Pern, contre n. h. Guillaume Cam s^r de Tromorvan, qui prétend à certains droits sur la dîme de Botendiec, en Plelo.

1706 à 1715 (m. 874-880). — Baux (de métairies, moulins et une dîme) consentis par Bertrand de St-Pern, chef de n. et d'a. chevalier, s^{gr} de Ligouyer et de la Villegeffroy, fils aîné de feus Hyacinthe de St-Pern et de Julienne-Sainte Botherel de Quintin.

22 Octobre 1712 (m. 881). — Aveu d'un convenant, proche le bourg de Plelo, rendu à Bertrand de St-Pern, s^{gr} de St-Pern, la Villegeffroy, Kerprat, Kerscouadec, Perran, le Quenquizou, le Pebel, la Villechevalier.

1724 (m. 882). — Bail à convenant consenti par Vincent-Judes de St-Pern, chevalier, s^{gr} de Champalaune, capitaine au régiment du roi infanterie, agissant pour son frère de Ligouyer.

1725 (m. 883). — Assignation de Barthelemy-Marie de Bonnefons « conseiller secretaire du roi maison couronne de France et de ses finances receveur général », à Vincent-Judes de St-Pern, chevalier, s^{gr} de Champalaune, — curateur des mineurs de Pierre de St-Pern de Ligouyer son frere, — pour acquitter le rachat de certains biens relevant du roi (moulins de Gouëllo ou du Seigneur) dû depuis dix ans, époque du décès du s^{gr} de Ligouyer.

1725 (m. 884). — Etat des « restaux » de la seigneurie de la Villegeffroy.

Francoise-Emilie de Derval veuve de Pierre-Mathurin de S-Pern, tutrice de ses enfants, subroge le s^r Querangal en faveur de la somme de 2550 livres, à recevoir tous lesdits restaux.

3 Janvier 1725 (m. 885). — Quittance de la fabrique de N.-D. du Tertre et de St-Magloire, pour un boisseau froment fourni par M. de Ligouyer.

Signé : de Kerderio.

1736 (m. 886). — Procédure pour obtenir le payement d'une rente convenantière.

N. h. Maurice Querangal s^r de la Ville Hery, fermier général de la s^{gie} de la Villegeffroy, contre écuyer Louis Bernard s^r de Kerivot.

22 Juin 1736 (m. 887). — « Apprécis » des grains pour les années 1728 à 1734.

Le boisseau de froment oscille entre 4^l 15 et 3^l 7.

Vers 1740 (m. 888). — Etat du rôle de la Villegeffroy et des différents revenus qu'il porte.

Rentes en argent	3764^l 4^s 10^d
Froment mesure Goëllo (3^l le boisseau)..	819^l 10^s
Froment m. St-Brieuc (2^l le b.)..........	68^l
Seigle m. Goëllo, (1^l 10 le b.)............	63^l
Seigle m. St-Brieuc (1^l le b.)	160^l
Avoine (15^s le b.).....................	121^l 10^s
Chapons (à 15^s)	16^l 10^s
10 corvées (à 6^s).....................	3
24 poulets (à 3^s).....................	3 12^s
	5019^t 06^s 10^d

Vers 1745 (m. 889). — Aveu des seigneuries de la Villegeffroy et de Kerprat en Plelo, rendu à h^t et p^t s^{gr} Emmanuel-Armand du Plessis Richelieu, duc d'Aiguillon, — pair de France, c^{te} d'Agenois, Condemois et de Plelo, Baron de Pordic et a. l., chevalier des o. r., lieutenant g^{nl} de ses armées, mari et procureur de Louise-Félicité de Bréhan, propriétaire du comté de Plelo et de la chatellenie de Tresseignaux, — par René-Jean Bonin, chevalier, s^{gr} c^{te} de la Villebouquais et Tregranteur, con^{er} au P^t, mari de Gilette-Emilie de St-Pern et par Jeanne-Marie de St-Pern v^{ve} de Jean-B.-Claude Marie du Plessis de Grénédan, s^{gr} c^{te} de Grénédan, con^{er} au P^t ; lesdites Gilette-Emilie et Jeanne-Marie de St-Pern, propriétaires indivises de la Villegeffroy, Kerprat, La Villechevalier, Kerouzou et le Pebel.

Suit la declaration détaillée des terres de la Villegeffroy et de Kerprat relevant noblement, prochement et sans rachat du C^{té} de Plelo et de la Chatellenie de Tressignaux. (La Villegeffroy : chateau et dépendances, métairies de la Villegeffroy et de Mourvel, moulin, 26 convenants, 7 tenues. Kerprat : ancien manoir et dépendances, métairie du nom, moulin, grands convenants nobles des Fontaines, de Lanigot et de St-Quay (anciennes métairies), 13 autres convenants et une tenue).

1759 (m. 890-900). — Aveux rendus à Mre Jean-René Bonin de la Villebouquais et Anne-Jeanne-Marie de St-Pern, v^ve du Plessis de Grénédan, pour différents héritages roturiers en Plouagat, sous la Villegeffroy, Kerprast, ou les fiefs de la Villechevalier, Kerouzou, le Pebel.

Le 19 Septembre aveu est rendu par Charles-Marie-Joseph le Brun, chev., s^gr du Lojou et Anne-Marie-Louise de Keroignant son épouse (d^t a Guingamp) pour les biens advenus à ladite dame de la succession de n. h. Louis Binet s^r de la Villéon, son oncle maternel, lui-même frère de Marie Binet, épouse de Gilles de Keroignant chevalier s^gr de Keroignant, père et mère de Marie-Louise. Ont signé : Joseph Le Brun du Lojou, Marie-Louise de Keronyant (sic) du Lojou, de Launay de Kercadoret sénéchal de Guingamp.

Le 20 Novembre aveu est rendu par n. h. René le Maigre s^r Dumourier exempt de la marechaussée (d^t à St-Brieuc), pour ce qui lui est advenu de la succession de Louis Le Maigre s^r de Gueslan son père.

Vers 1760 (m. 901). — Inventaire estimatif de la seigneurie de la Villegeffroy avec ses dépendances, la terre de Kerprat, les fiefs du Pebel, la Villechevalier et Kerouzou, le tout relevant du Comté de Plelo, avec ou sans rachat.

Pour le détail, se reporter à notre étude : « *Les Boterel de la Villegeffroy* » (Bulletin de la Société d'Emulation des Côtes-du-Nord. 1908) dans laquelle nous avons produit cet inventaire. On y voit les revenus (argent et nature) et les charges de ladite seigneurie qui s'étend aux paroisses de Plelo, de Tresseignaux (deux rentes relevant du fief de Tresseignaux), de Goudelin, de Tregommeur, de Plourhan, de Plouagat, trêve de Bringolo.

1765 à 1768 (m. 902). — Compte en charge et décharge fourni par M^r Le Normant, s^r de Kergrist, à Mesdames de la Villebouquais et de Grénédan, de l'administration qu'il a de leurs terres de la Villegeffroy, Kerprat et dépendances.

1772 (m. 903). — Correspondance concernant la gestion de la Villegeffroy, adressée par Mr Desmadrais le Clerc, à M^r le Cte de la Villebouquais, à Tregranteur.

On tire de cette correspondance les renseignements suivants. Commission de la Villegeffroy :

Métairie principale	500 livres (1).
Le moulin du Seigneur	600 livres, pour 350 l. de location.
Le moulin de la Villegeffroy	600 livres.
La metairie de Kerprat	300 l., pour 600 l. de location.
La metairie de Mourvel	300 l., pour 350 l. de location.

(1) En 1706, la location de cette metairie était de 750 livres, plus 150 l. de commission ; à la même date, le moulin de la Villegeffroy payait annuellement 375 livres, plus, 30 l. de commission à l'ouverture du bail ; Mourvel, payait 200 liv. annuellement. En 1680, la métairie principale était estimée 627 livres de revenus ; Mourvel 197 l. ; le moulin de la Villegeffroy 315 livres. — Le vingtième se regle comme il suit en 1780 :

Plelo	370 livres
Goudelin	1^l 4^s
Tregomeur	2^l 4^s
Tressignaux	10^s
	373^l 18^s

Les impositions augmentent chaque année.

En 1781, la partie en Plelo est imposée de 380 livres ; en 1782 de 410 livres ; en 1783 de 508 livres.

1780 (m. 904). — Correspondance et rapports de gestion, concernant la Villegeffroy, entre m^{re} Thierry de Kergus (habitant au château de Bocozel par. du Haut-Corlay) fermier de la dite terre, et la comtesse du Plessis de Grénédan (d^t rue de Montfort, à Rennes).

La ferme de Thierry de Kergus commencée le 29 Sept. 1777, durait encore en 1782 et suivait celle du s^r de Kergrist. La terre de la Villegeffroy monte en 1779 à 5750 livres de revenus.

Sans date (m. 905). — Réponses de Mesdames de la Villebouquais et du Plessis, au mémoire que Mgr le duc d'Aiguillon leur a fait remettre, pour la réformation de l'aveu des terres de la Villegeffroy et Kerprat.

KERPRAT

Seigneurie (paroisse de Plelo, ev. St-Brieuc) relevant de la Roche-Suhart.

---

8 Fevrier 1471 (m. 906). — Echange de terres, entre Geffroy Henry s^{gr} de Kerprast et Clement Paluel.

Signé : de Rosmar et Jehan pass.

1474 et 1476 (m. 907-908). — Acquisitions faites par Geffroy Henry s^{gr} de Kerprast, de deux pièces de terre en Plelou, et d'un « hostel » même paroisse, aux mettes de Kerguehen et en la dîmerie de Tregenen.

Signé : Jehan Gelin et Colin passe.

15 Avril 1501 (m. 909). — Reconnaissance d'une rente annuelle s'élevant à deux reix froment, due par Jehan du Boisboixel à François Henry s^{gr} de Kerprat, sur des héritages dans la paroisse de Pommerit.

Ces héritages viennent audit s^{gr} de Kerprat de Pierre Cousson s^{gr} de Keradrux. Signé : du Boisboixel et Coucy, pass.

5 Décembre 1501 (910). — Vente d'une terre au Grand Clos de Kerguehen, consentie par Pierre Halenault s^{gr} de la Ville-Andoulet, à F^{cois} Henry s^{gr} de Kerprast.

Ont signé : Cousson et Durasstay pass.

1er Mars 1516 (m. 911). — Transaction passée entre François Henry s^{gr} de Kerprat et Selver Henry son frère puiné, relative au partage des biens de feus Geffroy Henry et Jeanne de Quelen, en leur temps s^{gr} et d^e de Kerprat, père et mère des dits Henry, et aussi des biens d'Alix de Rosmar leur ayeule.

Fait à Kerprat et ont signé : Berthellot et Ruallan pass.

4 Aout 1522 (m. 912). — Jacques Boterel ec. s^{gr} de la Villegeffroy et Francois Henry ec. s^{gr} de Kerprast, échangent entre eux deux pièces de terre en Plelou.

20 Fevrier 1531 (m. 913). — Contrat d'acquet, consenti par François Henry sr de Kerprast, en faveur d'honorable et discret Guillaume Faingot, chanoine de la cathédrale de St-Brieuc, touchant une terre située paroisse de Ploufragan.

Fait à St-Brieuc, en la maison de François Gicquel sr de Bransepmanac. Ont signé : Gicquel et Louvel pass.

3 Janvier 1541 (m. 914). — Echange de terres en Plelou, entre nobles gens François Henry sr de Kerprast et François le Page sr de la Ville-Ernon.

Ont signé : Jac Botrel et De Mordelles, pass.

3 Avril 1547 (m. 915). — Devant la cour de la Roche-Suhart, n. ec. François Henry sgr de Kerprast et du Grand-Pré (dt au manoir de Kerprast), rend aveu à hte et pte duchesse d'Estampes, ctesse de Penthièvre, de de la Roche-Suhart, pour les terres de Kerprast et du Grand-Pré qui lui sont échues après partage avec Geffroy Henry, son frère.

Kerprast comporte un manoir avec dépendances, chapelle, deux métairies (de Kerprast et des Fontaines), un moulin (dit : de Kerprast, du Seigneur, ou de Gouellou) auquel sont astreints les métayers et grand nombre de sujets. Les vassaux sont tenus à la dîme (36e gerbe) et le seigneur doit 30 boisseaux de rente à la Roche-Suhart.

Le Grand-Pré, terre noble, en Plérin, relève également de la Roche-Suhart, et doit à cette seigneurie 20 boisseaux froment de rente.

Cet aveu est formulé sur un parchemin, long de 4 mètres 20, large de 30 centimètres, badigeonné de brun.

22 Avril 1547 (m. 916). — Liste des vassaux et « détreignables » du moulin de Gouellou, dépendant de Kerprast, figurant dans un aveu du même jour.

Parmi ces « mouteaux » figurent : Pierre Le Coen, métayer de Beaucours ; Fçois Le Page, sr de la Ville Urvoit ; Mr de Beauchamp et ses métayers ; Jean Thomas de la Villecour... etc., en tout cinquante noms. A cette liste est jointe une lettre adressée à Mr de Kerangal (de Chatelaudren) pour démontrer à celui-ci que ses auteurs sont bien au nombre des détreignables dudit moulin et qu'il n'a point à se soustraire au devoir de suite.

8 Aout 1549 (m. 917). — Bail à titre de domaine congéable de maison et terres relevant de Kerprast, consenti par n. ec. François Henry.

Signé : de Boisgelin et F. Le Boyer pass.

11 Avril 1559 (m. 918). — Nobles gens Francois Henry et Anne Toupin, sa femme, s#### et d#### de Kerprast et Grand-Pré, par acte passé devant la cour de la Roche-Suhart, se font donation mutuelle de tous leurs biens au dernier survivant, à charge pour ce dernier de faire dire deux messes à l'intention du « predécedé », ainsi que de leurs parents et amis défunts, en outre, de faire celébrer des obsèques « honnestes, ainsi que à leur estat appartient ».

Fait en la maison du Grand-Pré. Ont signé : Francois Henry, Olivier de Plusquellec s#### de Trogandy ; Olivier Trehen et Bertrand Quemar notaires.

20 Aout 1561 (m. 919). — Aveu des terres et seigneuries de Kerprast et du Grand-Pré, rendu au duc d'Estampes, c#### de Penthièvre et de Plelo, comme seigneur de la Roche-Suhart, par Francois Toupin, s#### de Kerprat et du Grand-Pré.

Fait à Plouvara. Ont signé : Toupin ; Jac Botherel pass.

22 Juillet 1562 (m. 920). — Abandon à n. h. François Toupin d'une tenue relevant de Kerprast.

Ont signé : J. Le Gall ; Berthellot, Jac Botrel et Henry Le Boyer pass.

8 Mai 1572 (m. 921). — Sentence du présidial de Rennes, relative à l'hommage fait au roi par Francois Touppin des héritages qui lui sont échus de la succession collatérale de François Henry, en son vivant s#### de Kerprat.

Ces héritages tenus prochement du roi, avec rachat, montent à cent livres de rente et sont constitués par le moulin de S####-Quay, la dîme de Tregonnan et terres diverses ; le tout en Plelo.

17 Mai 1572 (m. 922). — Aveu rendu à Magdelaine de Luxembourg d#### de Royan et de Plelou, par ec. F#### Toupin (d#### au manoir de la Ville-Bougault près S####-Brieuc), à cause de sa seigneurie de Kerprat.

1575 à 1597 (m. 923-929). — Baux à titre de domaines congéables sous l'usement de Goëllou, de terres en Plelou, consentis par ec. Francois Touppin s#### de Kerprast et de la Ville-Bougault.

Ont signé : Jean Le Gal, Mordellet, Le Bigot, Courson, Mordellet notaires.

18 Déc. 1666 (m. 930). — Opposition aux saisies faites sur les fruits et meubles de Jeanne Hellart, qui n'a point acquitté ses rentes vis-à-vis de Marguerite Visdelou, curatrice de Julienne Boterel d° de Kerprat.

5 Avril 1668 (m. 931). — Transaction entre revérend Yves-Vincent Royer, sous-prieur de l'abbaye de Beauport et Marguerite Visdelou, curatrice de Julienne Boterel, (sur exécution de la sentence contradictoire rendue au présidial de Rennes, le 27 Juin 1667).

Marguerite Visdelou consent à laisser les religieux de Beauport lever la dîme à la 36ᵉ gerbe sur les terres dépendant de Kerprat, aux dîmeries de Trégonnan.
Ratification de l'acte est faite par les autres religieux de Beauport : Paul Dinommais, sous-périeur, Georges Mahé, Jean Marchion, F°ⁱˢ Mahé, Yves de Parcevaux, Mahaux Prodhomme, Joseph Cauret, Louis Le Guenel, Guillaume Guillou, Yves Taillart, Jean Guérin.

15 Sept. 1680 (m. 932). — Condamnation de Jean le Cocqu, laboureur au village de Sᵗ-Qué, et Celestin Corbel métayer de Kerprast, à payer au recteur de Plelou, ses droits de dîme à la onzième gerbe, sur des terres nouvellement défrichées.

Pour Kerprat se reporter à la Villegeffroy (années 1675, 1750, 1759, 1760) et à Kerscoadec (année 1628).

FIEFS DE LA VILLECHEVALIER, DU PELLEN AU PEBEL ET DE KEROUZOU.
LIEU NOBLE DE KERVIZIO (Comté de Goëllo).

La Villechevalier (Paroisses de Plelo, év. de Sᵗ-Brieuc, de Plouagat et de Bringolo, év. de Tréguier).

1567 à 1571 (m. 933-936). — Ventes de terres en la dîmerie de Botendiec, paroisse de Plouagat, consenties à Peronnelle le Cozic, dame de la Villechevalier.

N. h. Pierre Regnault figure deux fois comme procureur de ladite dame. Ont signé : de Mordelles, Jérôme Berthelot, du Boisgelin, notaires de Chatelaudren ; de Quebziac, Perret, Guy Le Long.

23 Juillet 1618 (m. 937). — Bail à féage d'un « traict » de dîme, de la Villechevalier, autrefois dépendant de la seigneurie de la Villegeffroy, consenti par Yves Cam s^r de Susunyon, demeurant en sa maison de Susunyon, par. de Plelou, à Guillaume Mordellet.

29 Juillet 1643 (m. 938). — Aveu des tenues et fiefs du Pebel, de Kervisiou, de la Villechevalier, sis en la trêve de Bringolo, rendu à Mre Louis de Bretagne, baron d'Avaugour, c^{te} des Vertus et de Goëlo, con^{er} du roi en ses conseils d'Etat et privé, capitaine de cent hommes d'armes, lieutenant pour le roi aux evêchés de Rennes, Vannes, Dol, St-Malo, gouverneur de Rennes, par Philippe Boterel s^{gr} de la Villegeffroy, Plouagat, Kerscouadec et a. l., faisant sa demeure ordinaire au manoir de la Villegeffroy, héritier de Toussaint Boterel, son père.

Les tenues du Pebel, de Kerviziou, du fief de la Villechevalier, qui relèvent du baron d'Avaugour, en sa juridiction de Chastelaudren, doivent chefrentes, cens, amendes et prises de brevets. Un cours de dîme, à la 12e gerbe, s'étend aux tenues et fiefs qui précèdent, les deux tiers en reviennent au s^{gr} de la Villegeffroy, l'autre tiers à l'église. A la suite sont les déclarations de diverses maisons à Châtelaudren ; l'une porte le « privilège, en cas de défaut de payement (de la rente) à chaque terme de janvier, d'abattre la porte dudit logis o 60 monnayes d'amende. »

« Plus declare (ledit Boterel) que dedans l'église de N. D. de Chatelaudren lui apppartient une chapelle, où à present est l'autel du Rosaire, nommée la chapelle Ste-Marguerite, dans laquelle au coin de ladite eglise et costé de l'évangile dudit autel et vis à vis de la porte de la trésorerie d'icelle église lui appartient un banc et escabeau garny avec les pierres tombales dessous icelluy, le tout armoyé de ses armes, et autre tombe sous le marchepied dudit autel du Rozaire armoyé d'un chef endenté, et dans la vitre de ladite église qui est au-dessus de l'escabeau de la Villernault au plus haut et eminent lieu et panneaux d'icelle fors les armes dudit seigneur d'Avaugour, lui appartient deux écussons, l'un portant une croix pattée et l'autre un chef de gueule endenté. »

Fait à la Villegeffroy. Signé : Philippe Boterel ; J. Gaillard et Guy Gourion, notaires de Goëllo.

1680-1681 (m. 939-944). — Aveux fournis à n. et p^{te} Marguerite Visdelou d^e de la Villegeffroy, Kerscouadec, Quenquisiou, Perran, Kerbelven, Kerouzou, Kerprast, Lanrivault et a. l., tutrice de

Julienne-Sainte Boterel, sa petite-fille, unique héritière desdits lieux, pour différents héritages sous les fiefs de la Villechevalier, le Pebel et Kerouzou.

En 1681, n. h. Jan-Claude Binet s^r de la Villeléon rend aveu pour des terres qui lui sont échues de la succession de n. h. Jan Binet s^r de Kerlan, son père ; 1680, François Rolland prêtre, pour des terres faisant partie de son titre de « prebtrier, » advenues de ses auteurs.

23 janvier 1739 (m. 945). — Vente faite par F^{cois} Loriaut et Catherine Léart, à noble m^{re} Louis le Maigre s^r de Gueslan, alloué de Chatelaudren et Catherine Le Maignan, sa femme, d'une maison sise au village de la Villeneuve-Perret en Plouagat et de différentes terres, même paroisse, relevant de la Villechevalier ou du C^{té} de Goëllo.

3 Février 1739 (m. 946). — Action intentée par René-Célestin-Bertrand de St-Pern, chev., s^{gr} de Ligouyer et des juridictions de la Villechevalier, Kerouzo, le Pelen, autorisé par Bonaventure-Hillarion de St-Pern Brondineuf, contre n. h. Claude Jourand s^{gr} de Kermodest.

19 Novembre 1753 (m. 947). — Subrogation consentie par Catherine Pontduret à Guillaume Le Duc en tous les droits qu'elle possède sur une terre à Botendiec, sous le fief de la Villechevalier.

22 Avril 1759 (m. 948). — Bannies faites à l'issue des messes de Plouagat et Bringolo, comme avertissement aux tenanciers de la Villechevallier, Kerouzou, le Pellen, qu'ils ont à fournir aveux.

Fait par Querengal, s^r de la Ville Hery.

25 Aout 1759 (m. 949). — Exploit fourni par René-Jean Bonin, Cte de la Villebouquais, à Jean Nicolas tenancier de la Villechevalier, afin que celui-ci rende aveu, acquitte lods et ventes, faute de quoi, saisie féodale sera prononcée.

Se reporter pour la Villechevalier, à la s^{gie} de la Villegeffroy (années 1680-1760-1759), et à Plouagat (années 1636 à 1658).

Le Pellen au Pebel (Paroisses de Plelo, év. de St-Brieuc, de Goudelin et Plouagat, év. de Tréguier).

2 Mars 1550 (m. 950). — Bail d'une tenue au village du Pébel, fief de ce nom, consenti par n. h. Guillaume Cozo s^r de Keryen à Yvon de Keranys et Catherine Hilary sa femme.

3 Juin 1556 (m. 951). — Aveu d'une tenue, dîmerie de Botendiec, rendu au sr de la Villegeffroy.

9 Fevrier 1558 (m. 952). — Aveu d'une tenue au Pebel, fourni par Yvon de Keradnis, — garde naturel de Geoffroy, Rolland, Guillaume, Guillemette, enfants de son mariage avec défunte Catherine Hillary, — à Jeanne Bottrel curatrice de Jan Bottrel son mari, sgr de la Villegeffroy.

Francois de Rosmar sgr de Lamervault, procurateur de la d{e} Bottrel.

5 Juin 1560 (m. 953). — Vente de deux pièces de terre en Plouagat, dîmerie de Botendiec et relevant du Pellen, consentie par Jehanne Boterel d{e} de la Villegeffroy.

Signé : n. h. Yvon du Boisgelin sr de Noemen.

7 Mars 1611 (m. 954). — Bail à convenant d'une tenue au Pebel, consenti par Toussaint Botterel sgr de la Villegeffroy.

10 Janv. 1628 (m. 955). — Aveu d'une tenue sous le fief du Pebel, rendu au sgr Villeneuve - Botterel, tuteur du sgr de la Villegeffroy, par Jeanne Pezron, demeurant au manoir de Toullegolou, par. de Plesidy-Kerpezre.

14 Janv. 1629 (m. 956). — Aveu pour une pièce, sous le Pebel, fourni par m{tre} François Pommeret sr de la Villeneuve, procureur d'office de la juridiction de Ploagat, la Villechevalier, la Villegeffroy.

5 Mai 1636 (m. 956). — Sentence de la juridiction du Pellen-au-Pebel et la Villechevalier, condamnant un tenancier à s'acquitter des chefrentes arriérées et d'une paire de gants, estimée trente sous.

1636 à 1653 (m. 957-967). — Aveux à Philippe Boterel, chev., sgr de la Villegeffroy, Kerscouadec, Plouagat, le Pellen-au-Pebel, pour différentes terres au fief du Pebel, dépendant de la Villegeffroy ou de Plouagat.

31 Juin.1639 (m. 968). — Sentence prononcée par la juridiction du Pebel, contre Yves Jossom sr de Quistillic, relative à une tenue au fief du Pebel.

N. h. Claude Jegou sr de Gouashamon intervient.

6 Janvier 1651 (m. 969). — Vente d'une maison au village du

Pebel, consentie par Marie Gellin d^e douairière de la Ville-Basse (par. de Pludual), résidant alors au manoir du Rim (par. de Tressigneau), à Jacques Vincent, de Plouagat.

Ont contresigné cette vente : ecuyer Jacques Rolland s^r du Tertre, fils et h^{tier} p^{al} de la douairière de la Ville Basse, d^t en sa maison noble, par. de Pludual, et ec. Regnault de Loan s^{gr} de Kerloan, époux de Marguerite Rolland, fille de ladite Gellin.

6 Novembre 1660 (m. 970). — Bail à convenant de maison et terres au Pebel, consenti par Philippe Boterel.

Ont signé pour les preneurs : Yves de Keranguen s^r de Bellair et n. h. Jean Jannequin s^r de la Villeglas.

1680 à 1682 (m. 971-986). — Aveux fournis à Marguerite Visdelou douairière de la Villegeffroy, tutrice de Julienne-Sainte Botrel, pour différentes terres sous le Pebel, paroisse de Goudelin.

Parmi ces aveux, l'un est fourni par ec. Bertrand le Brun s^r de Kerlaino, sénéchal, g^{neur} de Guingamp, pour le Parc Briffon qu'il tient de son père Jacques Le Brun s^{gr} de Kerprat ; l'autre par Guillaume le Bataer, d^t au lieu noble de Tregan, par. de Plelou.

Certaines tenues doivent de chefrente une paire de gants, ou une demi paire.

3 Mars 1681 (m. 987). — Enquête faite en la juridiction du Pebel, pour le sieur de Kerlean de Beaumanoir, contre Jacques le Soleur.

1685 à 1706 (m. 988-992). — Contrats d'acquets, par n. h. Yves Deslandes s^r dudit lieu, de terres au village du Pebel, par. de Goudelin et de Plouagat, et de la maison principale du lieu du Pebel.

L'une de ces terres est acquise de Hièrosme Le Brun s^{gr} de Trohadion, con^{er} du roi et maître des requêtes à Nantes, d^t ordinairement à Guingamp ; une autre dépend de la succession d'Yves Jossom s^r de Quistilly, et anciennement acquise d'Yves Robert s^{gr} du Rocher, procureur du roi à St-Brieuc. Les chefrentes (1/4, 4/5, 1/36 boisseau froment, ou une 1/2 paire de gants) sont dues au Pebel ou au fief de Kerdaniel.

21 Aout 1688 (m. 993-994). — Assignations de Joseph-Hyacinthe de St-Pern et sa femme, à ecuyer Bertrand le Brun s^{gr} de Kerlaino, sénéchal et gouverneur de Guingamp (fils de…. le Brun s^{gr} de Kerprast) et à ec. Hièrosme le Brun s^{gr} de Trohadion, con^{er} du roi, et maitre des Comptes de Nantes, pour comparaitre en la juridiction du Pelen, la Villechevalier et Kerouzou, s'exerçant chaque huitaine en l'auditoire de Chatelaudren.

Les lods et ventes sur certains acquets sont réclamés au s^{gr} de Trohadion.

5 Aout 1691 (m. 995). — Contrat d'acquet d'une rente convenantière, sise au village du Pebel en Plouagat, consenti par Jacques de Quelen, chef de n. et d'a., et Claude Jossom, sa f^e, s^{gr} et d^e de Quelen (d^t au manoir noble de la Villechevalier en Plouagat) à n. h. Yves Deslandes s^{gr} dudit lieu.

La même rente est revendue le 11 Avril 1755 par n. h. Jourand de Kermodest à n. h. Maurice Querangal s^{gr} de la Villehery.

6 Mars 1692 (m. 996). — Aveu d'héritages au village du Pebel, en Goudelin, rendu à Hyacinthe de St-Pern et Julienne-Sainte Boterel, s^r et d^e de Ligouyer, Champalaune, la Villegeffroy, Kerprat, Kerscouadec, Lanrivault, le Pellen, la Villechevalier, Kerouzou, Kervisio, demeurant au chateau de Ligouyer, par. de St-Pern.

19 Avril 1695 (m. 997). — Inventaire des biens meubles appartenant aux enfants mineurs de Jean Vincent, du village du Pebel.

1724 et 1743 (m. 998-999). — Ventes de terres au village du Pebel, sous le fief du même nom.

19 Decembre 1733 (m. 1000). — Aveu d'une terre au Pebel, trêve de Bringolo, rendu aux enfants mineurs de Mr de Ligouyer, par Suzanne Guillou d^e de la Villeauroux, autorisée de n. h. Pierre James s^r de la Villeauroux, son mari, bourgeois de St-Brieuc.

17 Octobre 1734 (m. 1001). — Réformation de l'aveu d'une tenue sous le Pebel, fourni le 27 Aout à Vincent-Judes de St-Pern, curateur de Mrs de Ligouyer.

19 Janvier 1739 (m. 1002). — Assignation de Bertrand de St-Pern (autorisé de Bonaventure-Hillarion de St-Pern) à n. h. Claude Jourand s^r de Quermodest d'avoir à fournir aveu pour ses biens relevant du Pebel, la Villechevalier et Kerouzo,

Aveu rendu par ledit s^{gr} de Quermodest, le 5 octobre.

1740 et 1742 (m. 1003-1004). — Aveux de terres au village du Pebel, rendus à h¹ et p¹ s⁸ʳ Mʳᵉ René-Celestin-Bertrand de Sᵗ-Pern, chef de n. et d'a., chev. sᵘʳ cᵗᵉ de Ligouyer, la Ville-Ernoul, la Ville-Gilouart, Champalaune, Couellan, Sᵗ-Jouan, Baune, La Chapelle-Blanche, Merdrignac, Branxien, Lanrelas, Saint-Launeu, La Hardouinais, le Querou, Rongeul, le Veaublanc, la Villegeffroy, le Pellen-au-Pebel, la Villechevalier, Kerouzo et a. l. demeurant au chateau de Coëlan, par. de Guité, ev. de Sᵗ-Malo.

8 Octobre 1743 (m. 1005). — Vente faite par Yves Rolland et Jeanne le Gall, n. h. Maurice Querangal sʳ des Perieres et Perinne Hamon, son epouse, d'une terre sur le Pebel.

22 Février 1744 (m. 1006). — Sentence prononcée par la juridiction du Pellen-au-Pebel, contre Jourand de Kermodest qui ne s'est pas acquitté de la paire de gants blancs de chefrente, qu'il doit au Pebel à cause de certains héritages qui lui sont advenus de Claude Deslandes dᵉ de Kermodest.

Ledit Jourand est condamné à payer 29 levées de gants (arriérés) à raison de 15 sols la paire, plus une amende de 15 sols.

1747 et 1748 (m. 1007-1009). — Acquisitions sous le Pebel faites par n. h. Maurice Querengal, sʳ de la Villehery, à n. h. Claude Jourand et Antoinette Lesné sʳ et dᵉ de Kermodest et à n. h. Pierre Le Goff et Louise Haugommar son épouse.

1759 (m. 1010-1011). — Aveux rendus à René-Jean Bonin, chev., Cᵗᵉ de la Villebouquais et Marie de Sᵗ-Pern Vᵛᵉ du Plessis.

1760 (m. 1012). — Etat de ce qui compose la métairie du Pebel appartenant à Claude Jourand sʳ de Kermodest.

16 Septembre 1760 (m. 1013). — Exploit signifié à n. h. Claude Jourand sʳ de Kermodest, qui ne veut consentir à une réformation d'aveu, après impunissement, ni à payer les frais de justice.

Les requerants, René-Jean Bonin et Marie de Sᵗ-Pern, ont donné ordre au sʳ Querengal, leur receveur gᵃˡ, de faire procéder à une vente mobilière.

22 Mars 1762 (m. 1014). — Sentence, à la requête de René-Jean Bonin et de la Cᵗᵉˢˢᵉ du Plessis, contre Jan Galloet, tenancier du lieu et métairie du Pebel, lequel s'est refusé à prendre le brevet de ladite tenue.

25 Sept. 1764 (m. 1015). — Vente du lieu et de la métairie du Pebel, consentie à m^re Jean-Claude-Louis de Quelen, chef de n. et d'a. comte de Quelen, chev. de St-Louis et de St-Lazare, capitaine des vaisseaux du roi, demeurant en son chateau de la Villechevalier (par. de Plouagat), par Antoinette Lainé d^e de Kermodest v^ve de n. h. Claude Jourand, n. g. Ph. Jourand s^r Deslandes et Catherine Monjarret, son épouse, Félix Jourand s^r de Villernaut et Radegonde Jourand son épouse, Christophe Jourand s^r de Pradigo (lesdits s^rs Deslandes, Villernaut et Pradigo seuls héritiers de feu noble Guillaume Jourand fils unique de Claude).

Le lieu du Pebel comporte des logements et 2084 cordes de terres sises en Bringolo et Plouagat, relevant de Goëlo sous la mouvance de Kerdaniel ou du Pebel.

25 Novembre 1765 (m. 1016). — Mre Jean-Louis de Quelen, chev., s^gr c^te dudit lieu, acquiert une rente convenantière de 31 livres sur maison et terres sous le fief du Pebel.

Ont signé : ec. Toussaint de Bourblanc ; Quelen ; Demallain et Geoffroy notaires.

Pour le Pebel se reporter aux seigneuries de la Villegeffroy (années 1759 et 1760), de Plouagat (1636-1658), de la Villechevalier (1643, 1680-1).

Lieu noble de Kervisio (Par. de Goudelin, év. de Tréguier).

18 Juin 1573 (m. 1017). — Contrat de vente des lieu et maison nobles de Kerviziou avec dépendances, par. de Goudelin, sous les fiefs de Kergeffroy et du Pellen, arrière fief de Botendiec, consenti, moyennant 1620 livres, par n. h. Pierre Gelin s^r de Kervisiou à Jean Jossom ec. s^r de Quistillic, d^t à Pratcolin, par. de Kerity.

Copie faite en 1624 pour Etienne Boterel s^gr de la Villeneuve, curateur des mineurs la Villegeffroy, sur l'original aux mains de n. h. Pierre Lostic s^r du Clos, curateur des mineurs de feu Jacques Jossom.

29 Aout 1644 et 5 Octobre 1656 (m. 1018). — Aveux rendus à Philippe Botterel, comme s^gr du Pellen au Pebel, par écuyer Yves Jossom s^r de Quistillic, d^t en son manoir de Kervisiou, pour ledit manoir et lieu noble de Kervisiou-Gellin.

Les terres de Kervisiou doivent 40 boisseaux froment à la s^gie de Keryonez-Marec et 7 boisseaux à la fabrique de Bringolo, trève de Goudelin, Le manoir comporte les logis ordinaires, pigeonnier, bois, prééminences d'église, droits honorifiques.

22 Mars 1670 (m. 1019). — Déclaration de Kervisiou-Gelin fournie par ec. Louis Nouel s^r Deslandes, curateur des enfants mineurs d'Yves Jossom et d'Helène de Kergrist (d^t ledit Deslandes, en son manoir de la Villehulin, en Pordic), à Marguerite Visdelou, douairière de la Villegeffroy, tutrice de Julienne-Sainte Boterel, sa petite fille (née de Claude Boterel et de Louise Le Noir).

Pour Kervisio, voir la s^{gie} de la Villechevalier (année 1643).

Kerouzo (Par. de Plouagat, év. de Tréguier).

3 Novembre 1478 (m. 1020). — Aveu rendu à n. h. Nicolas Boterel s^{gr} de la Villegeffroy pour une tenue sous le fief de Kerouzou, par. de Plouagat.

La rente de cette tenue doit être payée au manoir de la Villechevalier. Fait et signé au manoir de la Villechevalier.

22 Mars 1688 (m. 1021). — Marie-Anne le Cheny d^e de Kerouzou, fille de n. h...... le Cheny s^r de la Noë et Françoise Rouxel, demande et requiert d'être licencié de tutelle.

Fait après déliberation des parents : n. et discret m^{ire} Pierre le Cheny, s^r de Kerliniou son frère aîné ; n. h. Philippe le Cheny s^r de Pennenrun aussi son frère ; ec. Gilles Le Corgne s^r de la Ville-Corhen époux de Claude le Cheny, sœur des précédents ; Raoul le Henauff s^r de la Grange, Yves.......... s^r de Kerbescondy, et Nayl, s^r de Lezanan, parents de l'estoc paternel.

20 Janvier 1737 (m. 1022). — Vente du lieu de Kerouzo et dépendances, consentie par ec. Pierre-Marie Lesné s^r de Linadec, n. h. Claude Jourand et Antoinette Lesné son épouse s^r et d^e de Kermodest à Jean Le Goff et Guillemette Gaultier.

Ces biens se divisent ainsi : 1200 livres sous Chatelaudren, 800 livres sous le Pebel. Ils sont advenus aux vendeurs de la succession de n. h. Philippe le Cheny, s^r de Pennanrun.

27 Decembre 1767 (m. 1023). — Vente du lieu et metairie de Kerouzo, le tout situé aux villages de Kerouzo et de Queshemé, par. de Plouagat, relevant à titre roturier des s^gies du Pellen, la Villechevalier et Kerouzo, consentie par ec. Marin-Alexis Dherbelin de Rubercy et Perine le Goff sa f^e, à n. h. François-Marie Delpeuch s^r de Lanoë, sénéchal de la juridiction de Chemillé et Kermartin.

Pour Kerouzo se reporter aux s^gies de la Villechevalier (années 1680-1681) et de la Villegeffroy (années 1759 et 1760).

PLOUAGAT

Seigneurie (paroisse de ce nom, ev. de Treguier), relevant du roi.

3 Novembre 1470 (m. 1024). — Jugement prononcé aux plaids généraux de Goëllou, contre Guillaume de Perien s^gr dudit lieu, dont le sergent, Richard Botrel, est accusé d'avoir « boutté » violemment Geoffroy Botrel sergent de Plouagat, pour « escouer par forces » les gages de celui-ci.

21 Mars 1474 (m. 1025). — Aveu rendu à Nicolas Botterel s^gr de la Villegeffroy, pour un clos aux mettes de Botendiec.

1503-4-5 (m. 1026). — Cahier des comptes du receveur du rôle de Plouagat.

9 Fevrier 1505 (m. 1027). — N. ecuyer Pierre Boterel, s^gr de la Villegeffroy, échange une maison contre une autre à Richard de Kerhanys.

Signé : Gloux et de Botmilliau, notaires.

23 Juillet 1505 (m. 1028). — Procès-verbal des écussons, titres, tombes et escabeaux, existant dans l'église de Plouagat, fait en présence de Pierre Le May, lieutenant de la cour de Guingamp, Robert Gilbert et Pierre Boterel, témoins, et à raison du procès en cours entre Charles Hingant ec. s^r du Hac, tuteur de Raoul Hingant s^r de Creheren, son fils, et Jacques de Rosmar ec. s^r de Kerdaniel.

Constatation est faite d'un grand nombre d'écussons à l'intérieur et à l'extérieur, les uns effacés, les autres nouvellement apposés, comme les deux qui apparaissent en haut de la maitresse vitre, dont le blason est à savoir : « L'un d'or a un chef de gueules endanté ; et l'autre, my partie de pareil blason, my partie de gueules à une fasse d'argent et trois feuilles aussy d'argent », ce dernier est de Eder de la Haie. Ailleurs se voit une lisière armoriée « d'argent à un chef de gueules endanté my partie de gueules à une croix d'argent empasté. »

Au devant du grand autel apparaissent deux tombes et au-dessous de la marche du chœur une troisième portant les mêmes écussons qu'en haut de la maitresse vitre. Devant l'autel du côté de l'épitre se trouvent cinq tombes avec pierres tombales écussonnées aux armes du s^r de Kerdaniel et de ses alliances.

3 Decembre 1526 et 3 Août 1535 (m. 1029-1030). — Baux à convenants, sous l'usement de Goëllou, consentis par François Boterel, écuyer, et Kertherine le Borgne sa f^e, s^r et d^e de la Ville Audon.

L'un est en faveur de Nicolas de la Mare, l'autre de Christophe Gaudin.

16 Septembre 1538 (m. 1031). — Main-levée de la s^{gie} de Plouagat donnée à Mre René de Tournemine s^{gr} de la Guerche et F^{coise} Hingant son epouse, héritière de ladite s^{gie} de Plouagat.

Le roi avait fait saisir les baronnies d'Avaugour et de Goëlo, les s^{gies} de Lanvollon, Penroz et Chastelaudren, Chateaulin sur Trieu, la Roche-Derrien et Breha, pour les réunir à son domaine.

2 Janvier 1540 (m. 1032). — René de Tournemine et F^{coise} Hingant s^{gr} et d^e de la Guerche, sont mis en possession des terres de Plouagat, par sentence de la cour de Chastelaudren prononcée en présence de F^{cois} de Rosmar procureur.

Sentence conclusive d'un procès entre Jehan du Hac, procureur g^{nl} pour le duc de Bretagne et René de Quellain procureur de Goëllo et du s^r de la Guerche.

2 Mai 1540 (m. 1033). — Aveu rendu au roi, en sa chambre des comptes de Bretagne, par n. et p^l René Tournemine et F^{coise} Hingant sa f^e s^{gr} et d^e de Jasson, Courpillon, Plouagat et a. l. de différents héritages sis aux paroisses de Plovara et Ploagat.

1557 (m. 1034-1036). — Aveux pour différentes tenues sous

Plouagat, rendus à h^t et p^t Jan de Bretagne, duc d'Estampes, Cte de Penthièvre, g^neur de Bretagne, s^gr de la terre et du fief de Plouagat.

Ont signé : Guy de Rosmar et Marec, notaires à Plouagat. L'un de ces aveux est rendu par n. g. F^cois de Launay s^gr dudit lieu et Vivienne Connen sa f^e, s^r et d^e de Beauregard.

20 Octobre 1557 (m. 1037). — Prise de possession par Jan de Bretagne, de la terre et seigneurie de Plouagat, cedée, suivant accord du 23 Aout 1557, par n. et p^t René de Tournemine, s^r du Hac.

La prise de possession a lieu au bourg de Plouagat, siège ordinaire de la cour de cette juridiction, en présence de F^cois de Rosmar ec. s^r de la Ville Ernault sénéchal, Guillaume Robert greffier, Vincent Marec et Henry le Loyer notaires. N. h. René de Boschat s^r de St-Cloyer, Hervé Bouillac s^r de la Villeglé et Regne de Brichard s^r de St-Eloy, agissent pour le duc d'Etampes ; n. h. F^cois du Gué, s^r de Mejusseaume agit pour René de Tournemine.

1559 à 1563 (m. 1038-1041). — Baux à titre de convenants et domaines congéables, sous l'usement de Goëllou, de maison et terres sous Plouagat, consentis par Jehanne Boterel d^e de la Villegeffroy et de la Ville Audon, curatrice de Jehan Boterel son mari (d^t à la Villegeffroy).

Parmi les signataires : Alain de Rosmar s^r du Vieux-Chatel et Berthelo, notaires de Plouagat ; n. h. Jacques Gellin ec. s^r de Tremergat ; F^cois de Rosmar s^r de la Ville Ernault. N. h. Pierre Regnault donne une ratification en 1572.

25 Janvier 1563 (m. 1042). — Aveu rendu à Jehanne Boterel curatrice de Jehan Boterel d'une tenue sous Plouagat.

16 Novembre 1572 (m. 1043). — Declaration et dénombrement des fiefs, rentes, devoirs et revenus de la seigneurie de Plouagat, fournis au roi devant la juridiction de St-Brieuc, par Jeanne Botherel douairière de la Villegeffroy, au nom de Francois Botherel, son fils s^r de la Villegeffroy et de Plouagat ; ladite declaration faite à cause du rachat dû à S. M. par suite des decès de n. h. Jan Botherel et de Peronnelle le Cozic d^e de la Villechevalier, père et grand-mère paternelle de Francois Botherel.

La seigneurie posséde haute, moyenne et basse justice, suites de cour et moulin (Moulin Neuf). Ont signé : F^cois Le Parisy pour la douairière ;

Perel et Hillary notaires. Copie fournie à Guy de Rosmar ec. s^r de Querdaniel en 1584.

3 Novembre 1579 (m. 1044). — Bail à convenant consenti par ec. F^{cois} Boterel s^{gr} de la Villegeffroy et de Plouagat.

1580 (m. 1045-1047). — Aveux de différentes tenues sous Plouagat, rendus à n. Francoys Botterel.

3 Juin 1596 (m. 1048). — Vente consentie par Morvan le Lay à Vincent de la Mare, d'un pré à Kerbarbo, sous le fief de Plouagat.

11 Aout 1606 (m. 1049). — Vente de deux pièces de terre, en la dîmerie de Kerouzien, et sous le fief de Plouagat, consentie à Pierre du Boisberthelot par Maudes de la Mare agissant au nom de Maury de la Mare et Rolland de la Mare, enfants nés de son mariage avec Jeanne Menguy.

Ont signé : Guyon Nouel, Yves Nouel, le Clerc, notaires.

30 Octobre 1610 (m. 1050). — Bail à convenant consenti par n. et p^t Toussaint Boterel s^{gr} de la Villegeffroy, Kerprast, Ploagat, la Villechevalier, à F^{cois} Le Cam, d'une maison et de terres sous le fief de Plouagat.

N. h. Pierre de Kerverder s^r de Beauregard a signé pour le preneur.

20 Novembre 1614 (m. 1051). — Declaration fournie au roi par François du Halgoët s^r de Kerbeluen, curateur de Philippe Boterel, de la s^{ie} de Plouagat, provenant de la succession de Toussaint Boterel, père de Philippe ; ainsi que d'un moulin (de St-Quay) et de terres, provenant de la succession de Jeanne Toupin d^e de Kerprat, grand mère paternelle, dudit Philippe Boterel.

La seig^{le} de Plouagat comporte « terres, rentes, chefrentes, mangers, moulins avec distroits, suite et moulte sur les estagers, prééminences et tous droits de supériorité en l'église de Plouagat et autres chapelles de la paroisse, juridiction haute, moyenne et basse avec sénéchal, lieutenant, procureurs, greffiers ».

Ont signé : F. du Hallegouet ; Guito et René le Gal notaires.

16 Nov. 1621 (m. 1052). — Aveu rendu à Estienne Botherel ec. s^r de la Villeneuffve, tuteur de Philippe Botterel s^{gr} de la Villegeffroy, pour une tenue sous Plouagat.

4 Février 1622 (m. 1053). — Bail à domaine congéable d'une terre sous le fief de Plouagat, consenti par Etienne Boterel tuteur de Philippe Boterel.

7 Octobre 1622 (m. 1053). — Vente d'une terre sous le fief de Ploagat, consentie par Jacques Maheallin, demeurant au manoir de la Villechevalier, en Botquehon, à Noël Bouric.

Ont signé : ec. F^{cois} Guezenec s^r de Kergoet et Guy Millon.

7 Aout 1628 (m. 1054). — Transaction sur procès, entre écuyer Etienne Boterel, curateur des mineurs de la Villegeffroy, et Fouquet Jegou, relativement au payement d'une chefrente, due au fief de Keramon, dépendant de Plouagat.

1635 (m. 1055). — Demande d'exécution de sentence contre deux tenanciers.

1635 à 1662 (m. 1056-1076). — Aveux, ventes et transactions de terres sous les fiefs de Plouagat, la Villechevalier, le Pellen au Pebel, la Villegeffroy, où intervient Philippe Boterel chev. s^{gr} desdits fiefs, de Kerscouadec, de Kerbeluen, Lanrivault, Kerprat, le Quenquisou, Mourvel.

Parmi les personnes qui figurent dans ces actes on relève : Marguerite de Keranic v^{ve} de F^{cois} Jarnon, pour laquelle signe n. Jacques Taillart s^r de Rubernard (1649), — dom Rolland le Bourraud, lequel signé pour son fils (1649), — ec. Charles Perret s^r de Lesmellec, fils aîné de défunt Nicolas Perret s^r de Kerjan, d^t en sa maison noble de Desboulour (par. de Landec) et mari de Claude Gellain (1652), — ec. Rolland Perret s^r de Kerjan (1650), — Toussaint Hermouin, fils aîné de Jan Hermouin et de Catherine de la Lande (1649), — Alain du Boisberthellot s^r de Costang, procureur fiscal de Plouagat, — ec. F^{cois} Chaton s^r de la Touche d^t en sa maison de Kerynoat, par. de Plesidy (1636), — n. Alain Lostic s^r de Mare (1636), — Claude Hermoing v^{ve} d'Alain du Boisberthellot s^r de Costang (1652), — P. de Parisy notaire, et Yves Cam s^r de Kerouzien (1637), — n. Alain Cam s^r de Kerhor et ecuyer Pierre le Page s^{gr} de Kerguinerien (1650), — n. Georges Deslandes s^r du Grand-Pré.

8 Avril 1649 (m. 1077). — Bannie faite par les juges de Plouagat, de la saisie au profit de Philippe Boterel, des héritages d'un tenancier qui n'a pas fourni de declaration.

18 Aout 1658 (m. 1078). — Contrat d'échange consenti entre tres h^t et p^t prince Louis de Bretagne, baron d'Avaugour, premier baron de Bretagne, Cte des Vertus et de Gouellou, s^{gr} de Clisson, Chantossé, etc. d'une part, et Philippe Boterel, chevalier, Marguerite Visdelou, sa compagne, s^{gr} et d^e de la Villegeffroy, d'autre part. Ceux-ci agissant tant pour eux, que pour leurs enfants, Claude, René, Philippe et Georges Botrel, pour Jean Le Gonidec s^r de Kerbizien, et autres serviteurs domestiques, abandonnent la s^{gie} de Plouagat « avec toutes rentes, chefrentes et le fief comme il se comporte suivant les aveux rendus par les s^{grs} de la Villegeffroy Tournemine et aultres leurs auteurs », moins cependant les fiefs et s^{gies} du Pebel, la Villechevalier et Kerouzou relevant de Chatelaudren et situés paroisse de Plouagat, contre différents héritages nobles de valeur égale en la dîmerie de Botendiec ou en d'autres lieux par. de Plouagat, appartenant au s^{gr} d'Avaugour, à la guise du s^{gr} de la Villegeffroy.

Le s^{gr} de la Villegeffroy malgré la perte de ses droits de supériorité conservera ses armes dans l'église de Plouagat et dans la chapelle St-Gilles proche Chatelaudren, et ses tombes dans la chapelle Ste-Marguerite de N.-D. du Tertre. Quant aux banc et escabeau qui sont dans la même chapelle, Philippe Boterel devra en justifier la possession, s'il veut les conserver.

Le s^{gr} d'Avaugour reconnaît qu'outre la cession ci-dessus il a reçu pour frais, dommages et intérêts et autres prétentions, la somme de trois mille livres, payées en pistoles pièces de 60 sols.

Fait et signé à Chatelaudren ; le s^{gr} d'Avaugour faisant domicile chez noble Jan Pelicot s^r de Corsero procureur. Signé : Louis de Bretagne, Botterel, Marguerite Visdelou.

D'après une note postérieure à cet acte, les articles conditionnels du contrat n'auraient pas été entièrement exécutés de la part du baron d'Avaugour.

1660 (m. 1079). — Inventaire de productions pour ec. Philippe Botterel, demandeur, contre Louis de Bretagne s^{gr} d'Avaugour et Estienne Botterel s^{gr} de Beauvoir.

20 Avril 1662 (m. 1080). — Transaction entre les s^{grs} de la Villegeffroy et de Prevehar.

3 Janv. 1671 (m. 1081). — Bail à titre de domaine congéable d'une tenue à Botendiec, consenti par Marguerite Visdelou, tutrice de Julienne-Sainte Boterel sa petite fille, d^t au manoir noble de la Villegeffroy.

31 Decembre 1676 (m. 1082). — Requête fournie aux juges de Plouagat, par Marguerite Visdelou, contre certains tenanciers qui ne paient pas leurs rentes.

5 Aout 1728 (m. 1083). — Aveu rendu à Francoise-Angélique-Emilie de Derval d^e Ctesse de Ligouyer, curatrice de ses enfants propriétaires de la Villegeffroy, La Villechevalier et autres lieux ordinaires, par n. h. Louis Binet s^{gr} de la Villeléon, avocat au Parlement, d^t à Guingamp, pour deux pièces à la Villeneuve-Perret, qui lui sont advenues de n. h. Claude Binet, son père.

KERSCOUADEC

Seigneurie, paroisse de Plounevez-Quintin, eveché de Quimper. — Le Quenquisou et Lanrivault, même paroisse.

1602 (m. 1084). — Aveu et dénombrement des seigneuries de Kerprat (par. de Plelo), de Keranscouedec et de Quenquisou (par. de Plounevez-Quintin), fournis à n. h. Jacques Jicquel s^r de Lermor, par Yves de Kerléau, curateur de n. g. Toussaint Botrel s^r de la Villegeffroy, d'Anne, et Claude Botrel, enfants et héritiers de Jeanne Toupin, en son vivant propriétaire desdites terres.

Kerprat est constitué comme il est dit dans les autres aveux de ladite seigneurie. Les rentes qui se lèvent principalement en Plelo, aussi en Plouagat, Plerin, Tressigneau et Plouvara, montent à 394 boisseaux froment, mesure de Goëllo, et 2 justes froment, mesure de St-Brieuc.

Keranscouedec, ou Kerscouadec, comporte : manoir, bois, étangs, moulins, dimes et rentes. Les dimes au nombre de dix sont aux paroisses de Plounevez-Quintin, Plouguernevez, Ste-Trefinn. Les rentes qui se lèvent en Plounevez-Quintin, Rostrenen, Plouguernevez, montent à 11 livres 567 sols 43 deniers, 17 poules, 5 corvées, 15 1/2 regnes avoine grosse mesure Rostrenen, 5 sommes avoine, et 1 pezellen seigle. Sous la dépendance de cette seigneurie se trouvent les manoirs de Quenechquivilly et de Landren, situés en Plounevez-Quintin.

Le Quenquisou comporte : manoir et dépendances, avec un grand nombre de rentes à St-Evenan, Luenech Ronach, Rostrenen, Bothoha, Plounevez-Quintin, Kerordren, Plouguernevez, Glomel, qui montent à 12 livres 2297 sols 125 deniers, 44 poules, 5 chapons, 9 regnes d'avoine grosse mesure Rostrenen, 121 pecellen avoine grosse m. Quintin ou Rostrenen, 1 pecellen seigle, 1 collenen avoine, 1 collenen seigle, 3 sommes avoine et 1 somme seigle.

10 Novembre 1611 (m. 1085). — Toussaint Boterel, s^{gr} de la Villegeffroy, faisant sa continuelle demeure au manoir de Kerscouadec par. de Plounevez, vend à ec. F^{cois} le Long s^r de Beaupré, résidant au manoir du Coffecterion (par. de Botoha) une rente censive de six livres sur le gage d'une maison de Chatelaudren, dite, la maison de Kermoustoir, autrefois possedée sous les défunts s^r et d^e de la Villaudon.

22 Juin 1635 (m. 1086). — Contrat de constitution d'une rente assise sur les terres de Philippe Boterel (spécialement ses maisons et terres de Kerscouadec et Peran), consenti par Nicolas le Clerc s^r de la Grange, con^{er} du roi, sénéchal de St-Brieuc.

19 Mars 1637 (m. 1087). — Bail à moitié fruits, de la métairie du lieu noble de Lanrivault avec ses dépendances, par. de Plounevez-Quintin, consenti par ec. Etienne Boterel s^r de Beauvoir et de Lanrivault (d^t à Beauvoir, par. de Plourhan), en son nom et comme garde naturel des enfants de son mariage avec Claude (ou Claire) Boterel, sa compagne.

Pour Kerscouadec, voir la Villegeffroy (année 1694).

———————————*———————————

KERBELUEN

Seigneurie, (par. de Penvenan, ev. de Treguier), relevant de Troguindy.

1554 (m. 1088). — Vente d'une terre relevant d'Olivier du Halegoët s^r de Kerbeuluen.

9 Janvier 1560 (m. 1089). — Baillée d'un convenant, par. de Ploegresguant, consentie par Olivier du Halegoët s^r de Kerbeuluen, demeurant à Lantreguier.

Ont signé : Halegoet (Olivier) ; Halegoet (Antoine) s^r de Guermel ; le Bozec.

23 Decembre 1564 (m. 1090). — Baillée d'un convenant, par. de Ploeguiel, joignant le lieu noble de Kerousy, consentie par Olivier du Halegoet s^r de Kerbeluen.

3 Avril 1565 (m. 1091). — Contrat d'acquet d'une terre, sous le fief de Kerousy, en faveur d'Olivier du Halgoet s^r de Kerbeluen, d^t à Kerbeluen.

Ont signé : Olivier de Kermel et Gilles de Launay notaires.

11 Sept. 1567 (m. 1092). — Baillée d'un convenant, par. de Penguenan, consenti par n. ec. Olivier du Hallegoet.

Fait par les notaires de la cour de Troguindy ; signé, de Chapponier et Kermel notaires.

4 Juillet 1587 (m. 1093). — Transaction relative au payement d'une tenue en Ploegresguant, entre Anne le Mouden et Jean Henry d'une part, et écuyer Olivier du Hallegoet s^r de Kerbeuluen, fils ainé, principal et noble d'autre Olivier, d'autre part.

20 Mai 1622 (m. 1094). — Prisage et apprécis de Kerbeluen, faits pour servir à l'établissement du rachat dû à n. h. Yves le Du s^r de Kerbihan et Vincent Riou s^r de Kermaret, receveurs de Tranguindy, par Francoise Eaoul, douairière de Kerbeluen, en son nom et comme curatrice de Francoise du Hallegouet sa fille et par suite des decès de F^{cois} du Hallegouet, s^r de Kerbeluen, époux de F^{coise} Eaoul et de Philippe du Hallegouet s^r du Cozkeriou, chanoine et trésorier de la cathèdrale de Treguier.

Le prisage (fait en présence du s^r de Kerbihan) revèle sept convenants en Penguenan (Penvenan) aux fiefs de Coatelazran, Tranguindy, Kergresq, Kerouen. Ces convenants rapportent 187 livres 15 sols de rente.

Ledit prisage mentionne également le lieu noble de Pourianen, en partie au fief de Tronguindy, qui rapporte 84 livres 5 sols tournois.

5 Novembre 1633 (m. 1095). — Yvon le Polozec et Aliette Jacquin, font l'acquisition d'un convenant appelé « Castel an Gal Bihan », relevant de Kerbeluen.

10 Septembre 1660 (m. 1096). — Procompte et apurement final de certaines rentes dues sur la maison et les terres de Kerbeluen, par Philippe Boterel s^{gr} de la Villegeffroy et n. h. Mathurin le Mouten s^r Deslandes.

Ledit sr Deslandes, fils et h{lier} de F{coise} Hulin, en son vivant d{e} de Keraniou, h{lière} elle-même de Jacquette Michel, sa mère et de n. F{cois} Michel sr de Kermorvan.

4 Juin 1671 (m. 1097). — Aveu rendu par Marguerite Visdelou, au nom de sa petite fille Julienne Boterel, à m{re} Marc de Clisson, chevalier, sgr de Keraliou, Lezernant et a. l., pour différents héritages, sis en la par. de Plougrescant, et sous les fiefs de Keraliou et Lezernant, échus à ladite Julienne Boterel, de la succession de F{coise} du Halgouet, son aïeule.

19 Juin 1675 (m. 1098). — Bannies de la mise à ferme par adjudication, des immeubles échus à Julienne Boterel, tant de la succession de Claude Boterel son père, et de F{coise} du Halgouet, son aieule paternelle, que de la succession collatérale de Jeanne Boterel, d{e} de Kerprat, sa tante.

Ces biens consistent dans les terres de la Villegeffroy, de Kerprat et Kerbeluen. De Kerbeluen « il appartient à ladite demoiselle les deux tiers des deux tiers et la sixieme part par succession collatérale de Jeanne Boterel d{e} de Kerprat, sœur de son aieul paternel. » Le manoir, les métairies de la Porte et du Bout de la Rabine, le moulin du lieu, le convenant noble de Cosqueriou et six autres convenants, composent la s{gie} de Kerbeluen.

Pour Kerbeluen, se reporter à la Villegeffroy (1675).

MÉTAIRIES NOBLES DE LA VILLE-AVENANT

(Par. de Caulnes, ev. de St-Malo),

ET DE FESNE

(Par. de Medréac, ev. de St-Malo).

28 Avril 1731 (m. 1099). — Bail de la métairie de la Ville-Avenant, consenti par m{re} Vincent-Judes de St-Pern, chevalier, sgr de Champalaune, capitaine au régiment du Roy-Infanterie, comme bienveillant des enfants mineurs de feus Mr et Me de Ligouyer.

2 Mai 1733 (m. 1100). — Inventaire des meubles se trouvant à la métairie de la Ville-Avenant et ensouchement de ladite métairie.

Fait en présence de Vincent-Judes de St-Pern.

20 Novembre 1738 (m. 1101). — Procompte et « attournance » consentis par les fermiers de la métairie noble de la Ville-Avenant, à Bonavénture-Hillarion de St-Pern-Ligouyer, chevalier, s^{gr} de St-Pern, d^t en son chateau de Brondineuf, par. de Sévignac, ev. de St-Malo.

1740 et 1748 (m. 1102-1103). — Baux de la métairie n. de la Ville-Avenant, consentis par m^{re} René-Celestin-Bertrand de St-Pern, chev. Cte de Ligouyer, d^t en son chateau de Couëllan.

4 Mars 1751 (m. 1104). — Ferme de la Ville-Avenant, consentie par m^{re} Jean-B.-Claude-Marie du Plessix de Grénédan, con^{er} au P^{ent} de Bret., faisant tant pour lui, que pour René-Jean Bonin de la Villebouquais, con^{er} audit P^{ent}.

Acte par lequel Mr de Ligouyer reconnaît avoir reçu de Mrs du Plessis et de la Villebouquais, les arrierés des fermages, et subroge ceux-ci à ses droits pour recourir contre les fermiers.

20 Octobre 1756 (m. 1105). — Bail de la métairie, consenti par René-Jean Bonin Cte de la Villebouquais.

24 Novembre 1773 (m. 1106). — Bail, consenti par Anne-Jeanne-Marie de St-Pern, v^{ve} de Jean-B. du Plessis de Grénédan, agissant tant pour elle, que pour Francoise-Gilette-Emilie de St-Pern, sa sœur Vve de René-Jean Bonin.

14 Juin 1783 (m. 1107). — Procuration donnée par Anne de St-Pern à Marie-Philippe de l'Ollivier, d^e Ctesse du Bois de la Roche, s^{gr} de Lochrist, Bovrel et a. l., sa belle-sœur, épouse de René-Célestin-Bertrand de St-Pern, M^{quis} de St-Pern, pour affermer aux meilleures conditions les métairies de la Ville-Avenant et de L'Ecolay.

Bail consenti le 23 juin, par Marie-Philippe de l'Ollivier.

S. D. (m. 1108). — Notes relatives à l'exploitation de la métairie de la Ville-Avenant, écrites par Gillette-Emilie de St-Pern.

2 Aout 1735 (m. 1109). — Bail de la métairie n. de Fesne, consenti par Julien-René Beschu s^r des Hayes, avocat au P^{ent}, agissant pour M. de Champalaune, tuteur de MM. de Ligouyer et de St-Pern-Brondineuf.

Procès-verbal de la métairie.

2 Aout 1744 (m. 1110). — Bail de la métairie noble de Fesne, paroisse de Medréac, consenti par René-Célestin-Bertrand de St-Pern, chev. s^{gr} Cte de Ligouyer.

1738 à 1788 (m. 1111). — Etat des paiements de la métairie de Feyne, avec les quittances et les noms des signataires.

3 Juin 1763. 20 Sept. 1771 (m. 1112). — Fermes de la métairie de Fesne consenties par Anne-J.-Marie de St-Pern d^e du Plessis de Grénedan et Gilette-Emilie de St-Pern d^e Bonin de la Villebouquais.

27 Fevrier 1790 (m. 1113). — Ferme, consentie par m^{re} Bertrand-J.-M. Bonin.

5 Pluviose an V au 28 Floréal an VIII (m. 1114). — Quittances des fermages de la métairie de Fesne qui fut séquestrée comme bien de parents emigrés.

III. — TITRES VENUS DE LA FAMILLE VISDELOU

PONTCALLEC

Seigneurie, avec titre de Marquisat, paroisse de Berné, ev. de Vannes relevant du roi.

17 Novembre 1644 (m. 1115). — Transaction sur partage des successions de Charles de Guer, chevalier, s^{gr} de Pontcallec et de la Porte-Neuve, et de Marie Papin son épouse (décédée le 9 Mars de la même année), consentie entre les héritiers naturels.

Les enfants issus de Charles de Guer et de Marie Papin sont : Ollivier, fils aîné, chevalier, s^r de la Porte Neuve et Pontcallec, — Jeanne, épouse de Claude Visdelou s^{gr} de la Goublays, président en la chambre des Enquêtes du Parlement de Bretagne, — Marie, épouse de François Sallou, s^r de Toulgoët, — Suzanne, dame de Rusteffan, — Anne, épouse de Hiérosme de Boderu s^{gr} de Kerdreo, — Mauricette, épouse de Jean Ruzic, chevalier, s^{gr} de Kerdolas. Lesdits Ollivier, Jeanne et Mauricette ont prédécédé leur mère.

Jeanne de Kermeno est curatrice de son fils Alain de Guer. Cet accord a été convenu afin d'éviter le démembrement de la terre de Pontcallec et consenti de l'avis de Louis de Kerally s^{gr} du Fos, con^{er} au P^t. Fait à Pontcallec.

S. D. (m. 1116). — Etat de la terre et marquisat de Pontcallec.

La terre de Pontcallec consiste dans « le chateau principal, les jardins, vergers, pourpris, avenues, rabines, bois de décoration », une forêt considérable en bois taillis, dont la coupe de neuf ans en neuf ans donne environ 4000 livres.

Le neuvième de la forêt donne............	444^l 8^s 10^d
L'office de sénéchal est affermé par an.....	450^l
L'office d'alloué, par an	150^l
Les greffes, par an	900^l
Huit moulins et 5 métairies, par an	5058^l
	7002^l 8^s 10^d

Lesquelles choses ci-dessus représentent 4050 livres de commissions. Les rentes en argent, blés, chapons, canards, moutons, chevreaux, beurre, poivre, œufs, paires de gants, sur cent cinquante neuf domaines congéables, s'élèvent à 10.356 livres. Lesquels domaines représentent de commissions et baillées, 4.000 livres. Les corvées s'élèvent à 508 livres. Les greffes et charges à 1500 livres (non comprises les charges de procureurs, soit : 4 à 500 livres).

« Le fief est plus difficile à estimer. Ce qu'on sait, c'est que les paroisses de Berné, Cleguer, Bubry, Inguiniel, et la trève de Calan, en relèvent entièrement, ainsi que la moitié de Plouay et de St-Caradec Hennebont, et qu'il s'étend en partie aux paroisses de Couedan, Lanvaudan, Quistinic et quelques autres. » Tout ce fief relève en rechât. »

Aux revenus qui précèdent il conviendrait d'ajouter le casuel « très considérable. »

1650 à 1752 (m. 1117). — Liasse concernant le procès engagé devant le présidial de Vannes par Helène Visdelou d^e de la Villebouquais, contre Alain de Guer M^{quis} de Pontcallec et les créanciers de celui-ci.

Helène Visdelou fait valoir ses droits — par représentation de Jeanne de Guer d^e de la Goublaye sa mère — aux successions de Charles de Guer et de Marie Papin. Par suite de contrats particuliers, elle possède en outre différentes créances sur les biens de Pontcallec. Elle défend ses droits contre les autres créanciers et fait avec ceux-ci opposition à la succession d'Ollivier de Guer, père d'Allain. Saisie de Pontcallec et de la Porte-Neuve ayant été prononcée, opposition est faite à cette saisie par différents créanciers, parmi lesquels figurent par ancienneté de droits : 1°) L'Abbesse de la Joie, pour une rente de 140 livres sur la terre de Pontcallec (avec amende de 5 livres pour chaque jour de retard) donnée à l'abbaye par Arthur de Bretagne, l'année 1310. — 2°) L'Hopital de Pontscorff, dépendant de la commanderie de Paraclet qui possède sur Pontcallec un crédit remontant au 30 janvier 1632. — 3°) Mr de Kerabry, pour un constitut. — 4°) Les religieuses Carmes de Bondon à raison d'une fondation faite par le père de Marie Papin, l'année 1632. — 5°) Mr de Brignac. — 6°) M. le Prince d'Aremberg et le Marquis de Piré (lequel a épousé Louise-Emilie de Videlou). Autres créanciers : Madame de Loyon, Madame de Bodrie, Monsieur de Penulne.

Alain de Guer M^{quis} de Pontcalec a comme épouse Francoise de Lannion.

1678 (m. 1118). — Lettres relatives aux affaires de Pontcallec, adressées à Madame de la Villebouquais, en sa maison de Tregranteur, par le M^{quis} de Pontcallec et le duc de Chaulne.

LE GLAYOLAY

Seigneurie, trêve de Gausson, paroisse de Plœuc, ev. St-Brieuc, relevant de Moncontour.

---

20 Avril 1429 (m. 1119). — Accord entre Michel Guillart et Allain Ducran, touchant une moitié du moulin de la Chapelle-Avenel, dépendant du Glayolay.

Ont signé : Eonnet Guillard, Gilles Berruyer, Guillemette Ducran.

1er Decembre 1463 (m. 1120). — Transaction intervenue entre Michel Guillard — héritier p^{al} et noble d'Eonnet Guillard — et Alain Ducran ; relative au moulin de la Chapelle et au droit de mouture.

16 Juin 1497 (m. 1121). — Aveu rendu à noble écuyer Henry Guillart s^{gr} du Glayollay, par Guyon Delaunay, s^{gr} de Brangoullo, pour différents héritages relevant du Glayollay et qui lui sont advenus après le decès de Charles Delaunay, son père, dont il est l'héritier p^{al} et noble.

1501 à 1510 (m. 1122-1126). — Aveux rendus à n. h. Henry Guillart s^{gr} du Glayollay — fils ainé et principal héritier de feu n. Hervé Guillard — pour différentes tenues en Gausson.

17 Decemb. 1510 (m. 1127). — Acquisition faite par Henri Guillart, s^{gr} du Glayolay, aux enfants de Guillaume de la Motte, du manoir et domaine de Hauteville, paroisse de Ploegounas (Plouguenast).

1543 (m. 1128). — Jehan Quillart ecuyer, s^r du Glayollay, vend à Pierre Grosset, une terre près le moulin de la Chapelle-Avenel.

2 Mai 1550 (m. 1129). — Partage relevant du Glayolay, de la succession de Jean le Cores et Marie Mercier.

3 Avril 1551 (m. 1130). — Déclaration du Glayollay et ses dépendances, faite par Ysabeau Tournegoët, douairière du Glajollay, tutrice de Regne Guillart ec., — fils de son mariage avec Jehan Guillart — à Jehan duc d'Etampes, Cte de Penthièvre, Bon de Laigle.

La déclaration porte sur la terre et métairie du Glayollay (40 journaux) avec le moulin de la Chapelle-Avenel, en Gausson, — sur les maisons, métairies, domaines de la Villeguieury, en Plougounas (15 journaux), avec un moulin, — la métairie de la Haute-Ville en Plougounas (11 journaux), — plusieurs rentes montant à 253 sols, 34 deniers, 11 corvées, 7 poules. Les charges annuelles se détaillent ainsi : Une perée de seigle à la s^{gie} de Bossiguel ; 30 sous au sieur de la Ville-Rio ; 15 sous, plus le salaire de quatre messes, à la fabrique de Plougounas pour l'enfeu du Glajollay ; 11 sous 8 deniers au sieur de la Touche-Kermeur ; 20 sous au sieur de la Ville-Cordel.

25 Novembre 1555 (m. 1131). — Aveu de la tenue de Coussedeuc, dépendant de la seigneurie de Vauclerc, rendu par Mathurin Denis s^r du Tertre.

21 Décembre 1565 (m. 1132). — Vente d'une maison consentie par Gilles Guillard s^r du Glajollay, à Jehan de Vaulx, de la paroisse de Plogonver.

7 Mai 1570 (m. 1133). — Sentence de la cour de Moncontour, à la requête de m^{re} le Champion s^r de Bellevue — agissant au nom de damoiselle Helaine de Launay, sa femme, héritière de Jean de Launay ec. s^r de Pierre-platte, son père — contre Jan Bouays et Marie de Girault sa f^e ; touchant le payement d'une rente.

11 Sept. 1576 (m. 1134). — Accord entre n. h. Guillaume Guillard s^r du Glayollay, d^t audit lieu, et Marie de Beauquaire, d^e de Martigues, duchesse douairière de Penthièvre, procuratrice des duc et duchesse de Mercœur ; relatif aux étagers de Moncontour.

Contrat héritel et perpétuel par lequel la dame de Martigues baille et transporte à titre de pur féage noble au s^{gr} du Glayollay, les devoirs des étagers de Gausson, qui relèvent d'elle, à cause de sa s^{gie} de Moncontour ; moyennant une perée de seigle par an, « à devoir de portage et rendition à grenier, » plus deux « begasses. »

N. g. Jacques de Carmené, procureur fiscal de ladite dame à Moncontour, Guillaume de Breuc s^r de Guilliers, Jacques de Lys s^r du Tertre, Jacques Lamballays s^r de la Saudraye, Pierre de Carmené s^r de la Ville-Amaury, seront chargés de l'exécution de ce contrat.

8 Octobre 1583 (m. 1135). — Déclaration du Glayolay fournie, devant les notaires de Penthièvre, par noble Amaury du Parc, douairière du Glayolay, — tutrice des enfants de son mariage avec

n. h. Guillaume Quillart, — à tres h^t et p^t Philippe-Emanuel de Lorraine et Marie de Luxembourg, son épouse, duc et duchesse de Mercœur et de Penthièvre.

La déclaration porte sur le manoir du Glayolay avec jardins et dépendances, — sur trois moulins à blés et à draps, dits les moulins de la Chapelle, — différentes tenues en Gausson, Plœuc, Langast, Plouguenas, Quessoy, le Henon, Bréhan.

La seigneurie possède moyenne et basse justice, prééminences d'églises à Gausson avec enfeu et escabeau.

10 Sept. 1590 (m. 1136). — Transaction à la suite d'une sentence du présidial de Rennes, entre ec. Ollivier Sauvaige s^r de la Villeneufve et du Glaiolet (d^t au Glaiolet), Sebastien Mouessan, Julien le Bras, etc... d'une part, et Jacques Gueheneuc s^r de Lanfosso (d^t en Plouguernau) d'autre part ; lequel vend audit s^r du Glaiolet un fief noble relevant de Lanfosso et situé paroisse de Plœuc.

16 Mars 1592 (m. 1137). — Aveu d'une terre, rendu à Ollivier Sauvaiget s^r de la Villeneufve et du Glajolet, mari de Marguerite Guillart, dame desdits lieux.

14 Janvier 1595 (m. 1138). — Vente de différentes terres sous le Glayolay, consentie par Gilles Rouillart à n. h. Jean Huet, fils ainé du s^r de Bouillon, demeurant au manoir de Lisle.

Quittance des lods et ventes donnée par Amaury Du Parc, tutrice des enfants nés de son mariage avec défunt Guillaume Guillart.

24 Aout 1597 (m. 1139). — Vente d'une pièce de terre, sise paroisse de Henon, faite par Marie Désirault, épouse autorisée de Jean Boya, à ec. Ollivier Sauvaiget, s^r de la Villeneufve et du Glaiollay, qui réside à Moncontour.

28 Novembre 1597 (m. 1140). — Echange entre écuyer Francois Guehenneuc s^r de la Ronxière (d^t au manoir de la Ronxière, par. de Plœuc), et Jan Roullé (de Gausson), de deux pièces de terre, dont l'une appelée le Champ du Cran, dépend de la s^{gie} du Cran, et l'autre, le champ du Chefneuf, de la s^{gie} du Glajollaye.

20 Février 1598 (m. 1141). — Action intentée devant la juridiction de Moncontour, par ec. Sauvage s^r de la Villeneufve, Lemenhy et du Glayollay, demandeur ; contre Rolland Orial, défendeur, qui doit une rente au Glayollay.

8 Aout 1598 (m. 1142). — Echange entre ec. Ollivier Sauvaget et Guillaume Despoullain.

Quittance pour les droits acquittés par Marguerite Guillard, veuve de défunt Ollivier Sauvaige s^r de la Villeneufve.

15… (m. 1143). — Ratification d'une vente, par Alliette Guillart, femme du s^r du Glayollay.

16 Novembre 1600 (m. 1144). — Rôle des rentes dues au Glayollay (échéances et noms des tenanciers).

Signé : Mathurin Berthelot, greffier du Glayollay.

1604 et 1606 (m. 1145). — Vente de pièces de terre, sises en la paroisse d'Andel, consentie à ecuyer François Lemetayer s^r de la Planche, demeurant par. d'Andel.

28 Juillet 1606 (m. 1146). — Adjudication de saisie, en faveur du procureur fiscal du Glayollet.

7 Aout 1616 (m. 1147). — Ferme du Glayollet, adjugée, pour 325 livres, à Rolland, par ec. Alain du Quelenec s^r de la Forte-Terre, procureur d'ec. Jan du Quelenec son frère, curateur de Bertrand Sauvaiget s^r du Glayollet et ses frères.

1622 à 1633 (m. 1148-1152). — Aveux rendus à ec. Bertrand Sauvaiget s^r du Glayollet, le Mennehy, le Grand Chemin (héritier d'ec. Ollivier Sauvaiget), pour différentes tenues en Gausson et relevant du Glajollet.

L'un de ces aveux, relatif à une tenue à la Chapelle en Gausson, est rendu par ec. Francois de Navarre s^r de la Gaubischeray.

1632 et 1647 (m. 1153-1154). — Ventes d'une maison et d'une terre, consenties par ec. Bertrand Sauvaiget et damoiselle Anne Le Mintier, sa compagne, s^r et d^e du Glayollay.

1632 (m. 1155). — Afféagement par Bertrand Sauvaiget, d'une tenue au Vaucorbin.

Ledit seigneur abandonne tous ses droits, contre un cens de 72 livres.

1649 (m. 1156). — Aveu de la tenue de Coussedeuc, fourni par Gillette Le Veneur d^e douairière de Rosquilly, propriétaire des

Salles, et de Coussedeuc (par le fait de l'héritage d'ec. Laurent Le Veneur, son père).

1650 (m. 1157). — Aveu de la tenue de Coussedeuc, fourni par Pierre le Maistre, mari de Mathurine Brichon.

18 Septembre 1650 (m. 1158). — Sentence prononcée à Moncontour, en faveur d'ec. Francois Le Metaer s^r de la Planche, et contre ec. Charles Rebours, qui ne s'est point acquitté d'une dîme.

4 Juin 1651 (m. 1159). — Aveu rendu par Jean Rebindaine, à écuyer Robert Gueheneuc s^r du Roy et de la Morinière, pour une terre dépendant de la s^{gie} de Saint-Elloy.

12 Janvier 1654 (m. 1160). — Procès-verbal de l'adjudication à ferme du Glayollet, en ce qui concerne la part échue à ec. Francois Le Metaer, après le lotissement du grand des biens fait par Anne Le Mintier, Vve de Bertrand Sauvaiget s^r du Glayollet.

1654 à 1676 (m. 1161-1173). — Aveux rendus à ec. Francois le Metaer s^r de la Planche, du Glayollay (héritier de Bertrand Sauvaiget), pour différentes tenues aux villages du Haut-Questel, la Porte-Prenehault, la Ville-Avenel, etc..., en la trêve de Gausson.

1654 à 1676 (m. 1174-1183). — Accords, transactions, et ventes, concernant le Glayolay, dont est propriétaire Francois le Metaer, résidant audit lieu.

L'un des aveux est signé : ec. Claude de Keroignan s^r Des Salles-Tresel.

3 Decembre 1655 (m. 1184). — Transaction et echange de terres, entre h^t et p^t Mre Mathurin de la Villéon, chevalier, s^{gr} du Boisfeillet, Quercarentel, Launaimur, Popeluen, le Cran, Lestrascouet, résidant en son château de Quercarentel, trêve de Gausson, et Mre Francois le Metaer s^r de la Planche, le Glayolay et a. l.

13 Decembre 1655 (m. 1185). — Enrégistrement du decès de Jean Royer, tenancier du Glayollet, dont témoignent Rolland Cadin s^r de Launay et Pierre Cadin.

12 Mars 1657 (m. 1186). — Assignation de la juridiction de Moncontour à Francois Le Metaer, relative au payement à n. h. Jan, Eudo s^r de Boisrieu, fermier général de Moncontour, d'une arriéré (9 ans) de rentes (une perée seigle et deux bécasses, par an) dues par le Glayollay à Moncontour.

5 Fevrier 1661 (m. 1187). — Vente d'une terre relevant du Glayolay, consentie par Anne de la Motte, v^{ve} de Pierre Dieulangar, et Jeanne de la Motte, épouse de Jacques Pommeray.

12 Juin 1663 (m. 1188). — Minu et aveu que fournit Francois le Metaer à la cour de Moncontour, pour les héritages dépendant de la succession de défunt ec. Gilles Gourlan s^r de Coussedeuc.

La déclaration porte sur la terre noble de Coussedeuc (par. de Hennon) réduite à une métairie qui joint les terres de la dame de Lisquilly.

2 Decembre 1663 (m. 1189). — Main-levée de la succession de vénérable et discret prêtre missire Pierre du Val.

1670 (m. 1190). — « Racquit » (retrait d'acquet) du moulin du Glajollet avec ses étagers, par Hellaine le Metaer, fille ainée de Francois le Metaer et de Louise Bonin.

1675-1676 (m. 1191). — Procès-verbaux de saisie et de mise en adjudication des biens immeubles d'ec. François le Mettaer s^r de la Planche et Marie Bonin, sa compagne, faites à requête d'Hélène Visdelou, veuve Bonin de la Villebouquais, et à défaut par lesdits s^r et d^e de la Planche de n'avoir pas acquitté une obligation de 1760 livres à la dame de la Villebouquais.

Ces biens (maison noble du Glajollay avec dépendances, fiefs, moulins et la métairie de Couchedeuc) sont adjugés à Helène Visdelou pour six mille livres.

Parmi les autres créanciers des s^r et d^e de la Planche figurent : Catherine de la Roue, supérieure des Ursulines de Josselin, et ec. Jacques Denis s^r de la Villegourhan.

17 Octobre 1676 (m. 1192). — Prise de possession par les notaires de Moncontour et au nom d'Helène Visdelou, de la s^{gie} du Glayollet.

Fait en présence des s^r et d^e de la Planche, et de Maurice Le Chapelier s^r Deschamps, avocat.

20 Octobre 1676 (m. 1193). — Acquisition faite par Helène Visdelou (pour 200 livres) de tous les meubles composant le mobilier du manoir du Glayollay, lesquels sont laissés en jouissance à Peronnelle le Metaer d^e du Glajollais, Claude le Metaer d^e du Vauvert, et Anne le Metaer d^e de Couchedeuc, sœurs germaines.

1er Aout 1690 (m. 1194). — Devant Pierre de Molinet, chevalier s^{gr} de Loisie, con^{er} du r., commissaire deputé par S. M. pour la réformation du Penthièvre et Pierre le Gaigneur ec. s^r de Tessé, procureur de ladite réformation, m^{tre} Charles Mahé, procureur d'Helène Visdelou, fait foi et hommage à très h^{te} et p^{te} princesse Marie-Anne de Bourbon, légitimée de France, duchesse de la Valière et de Penthièvre, pour la seigneurie du Glayollay, sise en Gausson et le Hennon.

4 Juillet 1691 (m. 1195). — Rôle rentier du Glayollay.

Il s'élève pour ce qui est situé en Gausson à 3 perées seigle, 2 perées 1/2 avoine grosse, un quart avoine menue, 8 livres 14 sols 6 deniers, 2 sous 6 deniers de cens, 23 livres tournois 8 deniers, 7 chapons, 5 poules, 6 corvées, 1 bécasse, 1 soule, 9 onzains, 13 sols et un chapon rente foncière.

Pour ce qui est situé en le Hennon il s'élève à 4 livres 6 sous 2 deniers, 15 sous 6 deniers tournois, 4 chapons. En tout, 37 tenues en Gausson et 4 dans le Hennon.

1691-1693 (m. 1196). — Procès relatif à deux étagers du Glayollay qui se refusent à suivre le moulin de la Chapelle-Avenel, dépendant de la seigneurie.

30 Novembre 1701 (m. 1197). — Moyens de blâme et d'impunissement fournis par n. h. Mathurin Plancher s^r de la Cantière, directeur de la réformation des domaines du Penthièvre, contre l'aveu rendu le 4 Juillet 1691, par Helène Visdelou d^e de la Villebouquet, pour la maison du Glayollet et ses dépendances, relevant prochement de la s^{gie} de Moncontour.

L'impunissement est relatif au degré de moyenne justice que s'attribue ladite dame, — à certaines usurpations de féages (comme l'attestent le minu fourni en 1551 par Isabeau de Tournegoët et un aveu du s^r du Halgoët pour la maison de Launay-Costic), — à certaines usurpations d'étages (pour le moulin de la Chapelle), — et à l'omission du rachat.

La dame doit être déboutée de la mouvance de certains héritages, du droit de soule qui n'est pas justifié, et en outre condamnée au retour des profits de fief usurpés depuis 1676.

5 Juillet 1705 (m. 1198). — Procès-verbal de la vente faite en la maison de Glayolet, des meubles et bestiaux appartenant aux demoiselles Perronnelle et Anne Le Metaer, à la requête d'Helène

Visdelou, pour obtenir le payement d'un arrièré de 2000 livres dues pour la jouissance du lieu du Glayolet.

La vente donne 561 livres.

5 Mai 1711 (m. 1199). — Déclaration faite par Alain Bonin, à n. h. Blaise Bonnescuelle s^r de la Fontaine, fermier général du Penthièvre, relative à la perception des droits de rachat sur les biens relevant de Moncontour dont il vient d'hériter après le decès d'Helène Visdelou.

Inventaire des pièces fournies pour servir d'appui à la déclaration.
Mémoire relatif à ce rachat.

1711 (m. 1200). — Extrait du rôle rentier du Glayollet.

20 Mai 1718 (m. 1201). — Mémoire des meubles meublants, appartenant à Melle de Vauvert, qui sont dans la maison du Glajollet.

4 Octobre 1718 (m. 1202). — Procès-verbal d'ensouchement, relatif à l'entrée en bail de la seigneurie du Glajollet, lequel a été passé entre Jacques-Allain Bonin de la Villebouquais et Bruno Robert.

Ont signé : Bruno Robert, Claude le Metaer, Hyacinthe le Champier.

23 Octobre 1719 (m. 1203). — Vente publique de meubles, faite au Glayollet, après le decès de Claude le Metaer, et à la requête de Jacques-Alain-René Bonin créancier de ladite demoiselle.

La vente monte à 590 livres.

21 Juin 1722 (m. 1204). — Declaration pour servir aux droits de rachat, faite par Jacques-Allain-René Bonin, à m^{re} Scot, fermier général du Penthièvre, et relative à tous les biens sous le fief de Moncontour que ledit Jacques-Allain-René vient de recueillir après le decès d'Allain-René, son père.

21 Mai 1731 (m. 1205). — Ferme du moulin de la Chapelle-Avenel, consenti par Mr de la Villebouquais.

1744 (m. 1206). — Rôle rentier du Glayollay, accompagné d'un apprécis des grains de la juridiction de Moncontour pour les années de 1735 à 1744.

Le rôle comporte 55 tenues, dont deux sont quittes de rentes. Il rapporte : 730 sous 85 deniers — 9 onzains — 2 boisseaux seigle — 2 perées seigle — 3 poules — 1 soule — 1 « begasse » — 8 chapons — 3 bois. avoine — 1 perée avoine — 6 corvées — un 1/2 quart de seigle et avoine, les 2/3 de seigle et un d'avoine (sic) — un quart d'avoine.

16 Mai 1753 (m. 1207). — Sommation pour comparaître devant la cour de Moncontour, faite par très h^t et p^t Jean Severe, chef de n. et d'a. de la maison de Rieux, s^r de la Hunaudais, Montafilant, Plancoët, les Vauclaire et a. l., à Toussaint de la Noë (ailleurs : de la Noue), chevalier, s^{gr} Comte dudit nom, conseiller au P^{ment} de Bretagne, Mre Jacques-Allain Bonin chev. Cte de Marinière, la Villebouquet et a. l., Mre Louis Rouxel s^r de Prerons, Marie-Anne Gaultier v^{ve} de Nicolas Pellaur.

Toussaint de la Noë fait appel d'une sentence rendue en la juridiction de Vauclaire le 16 Juin 1724. Productions que fournit Jacques-Allain Bonin.

17 Avril 1756 (m. 1208). — Inventaire des actes, aveux, et titres de propriété, concernant le Glayollay, lesquels ont été remis par le s^r Henry, ancien procureur fiscal de ladite seigneurie, à Julien-François, son successeur.

22 Sept. 1761 (m. 1209). — Bail du moulin de la Chapelle-Avenel, consenti par Francoise-Renée-Reine Bonin et Jacquette-Rose Bonin d^{elles} de la Villebouquais.

23 Aout 1777 (m. 1210). — Bail de la maison et métairie nobles de Couchedeuc, sises en la paroisse du Henon, consenti par Julie Bonin, épouse autorisée de Mathurin Poullain, chevalier de St-Louis, demeurant tous deux en leur hôtel de Lamballe.

Signé : Mauny, René le Boullanger.

1778 (m. 1211). — Procès engagé entre Bertrand-J.-M. Bonin, con^{er} au P^t, et Francoise-Reine Bonin, d^e de la Villebouquet, s^{grs} du Glayolay ; contre m^{re} Jonatas de Kergariou s^r de Kerveguan et Anne de Trehan, sa f^e, soutenant la cause de Jan le Paroux, leur fermier de la Ville-es-Roulé.

Ledit fermier est poursuivi pour avoir manqué pendant un an de suivre le moulin de la s^{gie} du Glayolay.

IV. TITRES VENUS DE LA FAMILLE HUART DE BŒUVRES

St-NAZAIRE ET MARSAIN

Seigneurie, paroisse de St-Nazaire, evêché de Nantes

Les Bonin de la Villebouquais recueillirent une part de St-Nazaire et Marsain, par voie d'héritage, en 1754, de la Comtesse de Langan, fille de Jeanne Huart de Bœuvres, dame de Carné, sœur de Claude-Renée Huart.

17 Avril 1679 (m. 1212). — Déclaration de la chatellenie et du fief noble de St-Nazaire, faite par le seigneur de Carné, à m^{re} Jean de Cornulier, président en la Chambre des Comptes de Nantes, commissaire du roi pour la réformation des domaines de Sa Majesté en la juridiction royale de Guérande et Jean-Emmanuel de.......... chevalier, s^{gr} de Cremeur, con^{er} du roi, sénéchal de Guérande.

Cette chatellenie qui s'étend aux paroisses de St-Nazaire et Moustoir comprend : l'emplacement de l'ancien chateau et forteresse, — l'emplacement du prieuré de St-Nazaire et sa chapelle, avec les prééminences attachées au titre de fondateur et seigneur supérieur du prieuré, — les dépendances dudit prieuré, — les emplacements des chapelles St-Sebastien à Pornichet et St-Philibert près la côte, — tous les communs et terres vagues de la paroisse de St-Nazaire et des îles voisines, — le moulin à vent de la ville de St-Nazaire, — le moulin à vent du Pé, et autres, — les marais de Treféac, — différents prés, — différentes tenues.

Le seigneur de cette chatellenie possède : justice à quatre pots, moyenne et basse, sur tous les hommes sujets de la dite seigneurie, — prééminences et prérogatives dans les églises et chapelles de St-Nazaire, — droit de « tenir endites paroisses (St-Nazaire et Moutoir) piloty de bois plantés en terre, auxquels sont attachés collets pour mettre les délinquants et ceux qui jurent et blasphément le nom de Dieu », — droit à sénéchal, alloué, lieutenant, procureur, douze notaires, — « la petite coutume du traversée de la rivière de Loire, le grand encrage, le challage et étalage, le droit de fondation dû par le prieur de St-Nazaire, droits de bris, de gros poissons, chasse et pêche, ballissage ».

Parmi les vassaux figurent : Philippe de la Bouexière, pour les « terres et manoirs nobles de Marsaint » — Isaac de Rohan, pour le Grand-Heuleix — Jacques le Pennec, pour le Bois-Jottan — Marguerite de Champ..... pour la Ville-au-Feuvre — le s[gr] du Crantonnet pour le Pré-aux-Bosses — le s[gr] de Trevecart pour le rôle de Trevecart — ..... de la Haye, pour le lieu du Sable — m[re] Bonnier s[gr] de Launay, à cause de d[e] de Kerpoisson et pour le lieu de Savary — les s[r] et d[e] de Vrye — ec. Gilles Le Guennec s[r] de la Chaussée, pour la métairie de Kerledez — Charles de la Bourdonnaye, pour le fief de Lisle de Mean — ec. Denis du Coudray pour le lieu de Miner — n. h. Gilles Hemery — n. h. Pierre Charpentier, pour le lieu de Treballe — m[lre] François de Niaur s[r] de la Marre, pour le lieu de Trehondy — n. h. Jean Prier.

1759 à 1764 (m. 1213). — Six comptes annuels de gestion. concernant les terres de St-Nazaire et Marzin, fournis aux héritiers de la Comtesse de Langan, par René l'Hermite......... des épices du Parlement de Bretagne.

Voici quels sont les héritiers qui prennent part aux revenus (qui s'élèvent à six ou sept mille francs) : Mr de Viarmes (deux tiers) — Mr de la Villebouquais (un tiers dans une moitié) — Mad. de Kerasdoué (un quart, en qualité d'héritière dans l'estoc le Noblez) — Mr de Viarmes (comme subrogé dans les droits des sieurs Riou) — Mad. Desclabissac — Mad. de Quillien — Mr de Rosmorduc — M. Duporzic — M. de Kerléan — Mr Lelievre de Kerlaut — Melle Dupredic de Kernatoux — Mad. de Rodellec — Mr de la Villeneuve — Mad. de Kerlau, religieuse — Melle de Kerlau Kerhuon — M[r] de St-Julien — Melle Duqueroux — Melle du Boisjossin — Mr du Mervé.

28 Avril 1764 (m. 1214). — Etat des terres et des dîmes de la chatellenie de St-Nazaire et de la baronnie de Marsaint.

21 Juin 1773 (m. 1215). — Minu et déclaration des biens, héritages nobles, tombés en rachat au roi pour son domaine de Guérande après les décès de m[re] René-Jean Bonin et d[elle] Jacquette-Rose Bonin.

Fourni par F[çois]-Thomas procureur fiscal de St-Nazaire, agissant pour m[re] Jean-Marie Bonin.

6 Aout 1812 (m. 1216). — Acte de reconnaissance fait par les héritiers de m^re Bertrand J.-M. Bonin, du droit que posséde Marie-Anne Gesril du Papeu, d^e du Bouays de la Bégassière, à une part de la terre de St-Nazaire (indivise entre les représentants de Mr Camus de la Guibourgère).

Cette portion qui est du dix-septième du sixième (lequel sixième est la part de la famille Bonin) est advenue, à ladite Marie-Anne du Papeu, de sa mère Marie-Anne Bonin.

Ont signé : Emilie-Marie Bonin — du Poulpiquet du Halgouet née Aimée-Louise-Marie Bonin — Barbier de Lescoët, née Anne-Bonaventure-Marie Bonin — Scholastique-Louise-Marie Bonin — Marie-Anne Gesril de la Begassière — Jean de la Begassière.

V. — TITRES VENUS DE LA FAMILLE DE POULPIQUET

LE POULPIQUET (Plousané) — LE HALGOUET (Plousané) — LANVAON (Plouguerneau) — KERANDANTEC (Plousané) — LA ROCHE-DURAND (St-Renan).

(Seigneuries sises dans l'eveché de Léon).

LE JUZET (en Guemené-Penfao, ev. de Nantes).

9 Septembre 1591 (m. 1217). — Bail à ferme de la terre et seigneurie du Buisson, paroisse de Fresne, consenti à Jehan Rosse, par noble s^{gr} m^{re} Ollyvier du Halgouet s^r de Cargreez et Steville, gentilhomme ordinaire de la Chambre du roi, s^{gr} du Buisson à cause de la dame son épouse.

Fait à Fresne, par les notaires de la vicomté de Conches.

S. D. (m. 1218). — Inventaire d'une partie des titres du Hallegouet, en la paroisse de Plousané.

Actes du xve siècle, du xvie siècle, (parmi lesquels : l'aveu d'un hôtel au village de Kernavre, appartenant au s^r du Halegoët, fourni au s^r de Kergroazec (1550) — l'aveu fourni au s^r du Halegoët, par Yvon Botterel pour des héritages situés à Kerumon, par. de Plourin (1533). — un accord entre noble Mathurin Rodelec et le s^r du Halegoët (1563). — un accord pour l'établissement d'un « douet » au terroir du Poulpiquet (1502), etc.) — Actes du xviie siècle (parmi lesquels : un contrat de partage relatif à Marie de Penmarch d^e du Halegoët à laquelle fut baillé le lieu de Troulfieu en Plouzané (1615), — le contrat de mariage de F^{coise} de Poulpiquet avec le s^r de Pentresf, laquelle reçoit le lieu de Lenzriolle par. de Kermaria (1601), etc.)

Figurent encore dans ledit inventaire : « Six receptions d'aveux fournis les s^{grs} du Hallegoet aux seigneuries de St-Renan, Kersusan, le Chastel, et Kergroades », « quittance à Jeanne Kerlozrer du rachapt de Hervé Poulpiquet son mari », « quittance de Guillaume Kersaeru à Hervé Poulpiquet, pour la gestion de ses biens », « quittance du rachapt de Guiomard Poulpiquet, donnée par le receveur de la s^{gie} du Chastel à Jean Poulpiquet. »

6 Mai 1661 (m. 1219). — Contrat d'échange passé entre Mre Bernard de Poulpiquet, chevalier, s^{gr} du Halegouet, Lanvaon, Rodurant, Poulpiquet, vicomte de Ugères, baron de Soulandau, Renefort et Mennovel, con^{er} du r. en ses conseils d'état et privé, président en sa cour des Comptes en Bretagne (résidant au manoir du Halegouet, en Plouzané) — et m^{re} Francois de Donget s^{gr} de Kerandraon et a. l. et Francoise le Veyer, sa compagne d^{e} desdits lieux, (d^{t} en leur manoir de Kerandraon, par. de Plouzmoguer).

Ledit s^{gr} de Kerandraon baille au s^{gr} du Halegoët la terre seigneuriale de Kerandantec, des biens de Francoise Le Veyer, et qui est advenue à celle-ci d'un partage, signé le 4 mai 1661, avec son frère le s^{gr} de Stear. La s^{gie} de Kerandantec consiste en manoir, chapelle, colombier, moulins, droits et prééminences dans les églises de Plouzané, de Bodonnon et de St-Renan, métairies dudit lieu et de Kerdiovagnan.

Le s^{gr} du Halegoët, baille au s^{gr} de Kerandraon la terre seigneuriale de Lanvaon, consistant en manoir, maisons, métairie, terres, prééminences d'églises ; le tout situé par. de Plouguerneau au ramage de Coatini et du Chatel.

8 Novembre 1668 (m. 1220). — Contrat d'échange entre m^{re} Bernard de Poulpiquet, chevalier, s^{gr} du Hallegouet et autres lieux ordinaires (d^{t} à Nantes, en son hôtel, par. Ste-Radegonde ; présentement en sa maison de Lanvaon, par. de Plouguerneau) — et ecuyer Pierre Denys s^{r} de Lesmeal et a. l. (d^{t} en son manoir de Lesmeal, par. de Plouguerneau).

Le s^{gr} du Halgouet abandonne le « grand douet à rouire du lin » de Lanvaon, estimé 45 livres de ferme, contre la maison et le lieu nobles de Costiglasten, près le bourg de Plouguerneau. Fait devant les notaires du Chastel, à Lannilis. Prise de possession de Costiglasten, par ec. Jacques de Poulpiquet, s^{r} de Kerancorre (d^{t} en son manoir de Kerneac'h-Vidalou, par. de Plouguerneau) agissant comme procureur du s^{gr} du Hallegouet.

8 Octobre 1702 (m. 1221). — Exploit à la requête de d^{e} Anne Bonnier de la Coquerie, douairière du Hallegouet, contre Marie Lanuzel, pour le payement d'une rente.

26 Mai 1747 (m. 1222). — Aveu et déclaration fournis par André Queré et Marie Lemilin (d{t} à Kerizouarn en Plouzané), à Marie-Gabrielle de L'Ecu de Runfau — tutrice de m{re} Jean-Francois de Poulpiquet, chevalier sgr comte du Halgoët, et des autres enfants de son mariage avec feu m{re} Jean-Francois de Poulpiquet chevalier sgr cte du Halgoët, la Rochedurand, Keraldanet, Kerandantec, Kerohoc, etc., conseiller au P{t} de Bret. — pour certains héritages roturiers, relevant de la s{gie} du Halgoët.

Ces héritages sont grevés de différentes charges vis à vis des s{gies} de Langollia, de Keroualle et de la prévôté de Plouzané.

31 Aout 1769 (m. 1223). — Lettres recognitoires d'une rente foncière (sur héritages au village de Langolian, relevant de Kerandantec) due par Hervé Courtès et consorts, à m{re} Anne-Claude de Poulpiquet sgr du Halgoët, Kerandantec, et a. l., chevalier des ordres militaires de Malte et St-Louis.

26 Janvier 1770 (m. 1224). — Sentence du siège royal de Brest, déboutant le sgr cte du Halgoët de son opposition à l'appropriement, par Christophe Leaustic et sa femme, d'héritages par eux acquis au terroir de Keramoal.

4 Mars 1770 (m. 1225). — « Evantillement » fait, par Christophe Leaustic et sa f{e}, à la seigneurie du Halgouet, relatif à un acquet.

4 Octobre 1770 (m. 1226). — Assignation donnée par h{t} et p{t} m{re} Louis-Constant de Poulpiquet cte du Halgouet, chev. des ordres de Malte et de St-Louis (d{t} en son chateau de Juzet par. de Guemené-Penfaux), à Christophe Leaustic et sa f{e}, d'avoir à fournir aveu, et acquitter les lods et ventes, relativement à des héritages qu'ils ont acquis sous le fief du Halgouët.

22 Novembre 1770 (m. 1226). — Aveu fourni à Anne-Claude de Poulpiquet sgr du Halgoët, par Laurens Le Gal, pour différents héritages roturiers au terroir de Kerhoalar (trêve de Locmaria-Plouzané) et sous le fief du Halgoët.

Les héritages en question sont proches la terre du manoir de Lesconvel à Mr de Keralbean et de la terre de Languilforch à Mr de Brescanvel au terroir de Mezgouezel.

30 Mars 1771 (m. 1227). — Aveu d'héritages roturiers à Kerdanay en Guipavas, relevant de Lanvaon, fourni par Francois Colin, à Anne-Claude de Poulpiquet, chev. sgr du Halgouet, la Roche-Durand,

Lanvaon, Kerandantec, Kerohou, Poulpiquet, Lezvizian et a. l., héritier de Jean-F^{cois} de Poulpiquet, chevalier s^{gr} Cte du Halgouet, son frère aîné.

Parmi les signataires : Jean Treguer, Hervé Hallegouet, Le Borgne.

2 Juillet 1772 (m. 1228). — Lettres recognitoires fournies à Louis-Constant de Poulpiquet Cte du Halgouet s^{gr} de Juzet, Lanvaronne, Mont-Noel et a. l. en Guémené, par Francoise Lehir, femme Pellé, (d^t au manoir de Poulpiquet) pour différents héritages qu'elle possède aux terroirs du Poulpiquet, de Rusquellou et de Kerlefezen.

21 Juillet 1772 (m. 1229). — Aveu fourni à Louis-Constant de Poulpiquet, par Anne Kerilloc, pour différents héritages au bourg du Conquet, trêve de Lochrist (par. de Plougonvelen) et relevant de la s^{gie} de la Roche Durand appartenant audit de Poulpiquet.

24 Novemb. 1772 (m. 1230). — Aveu rendu à la s^{gie} de Lanvaon, sous m^{re} Anne-Claude de Poulpiquet chev. s^{gr} Cte du Halgoët, par la Vve Kerebel qui reconnait devoir le rachat pour des héritages au village de Kerdamué (par. de Guipavas) et une rente due au M^{quis} de Keronurtz s^{gr} de Lussulien.

20 Novemb. 1773 (m. 1230^a). — Lettres recognitoires d'une rente foncière due au Hallegoët, fournies à m^{re} Louis-Constant de Poulpiquet Cte du Halgoët chevalier, s^{gr} du Halgoët, la Roche-Durand, Juzet, Lanvaronne, Monoel.

4 Octobre 1774 (m. 1231). — Lettres recognitoires fournies à Louis-Constant de Poulpiquet du Halgouet, pour une rente sur des héritages à Kerborhel, en Plouzané, sous le fief du Halgouet.

1784 à 1790 (m. 1232). — Extraits de différents répertoires de M. Mahé, notaire à Guemené-Penfao (eveché de Nantes).

Relevé de différents actes de fermes, passés par Louis de Poulpiquet du Halgouet, relatifs à des biens en Guémené Penfao (métairies de la Higuonnais, de la Taupinière, du Gros-Chêne, de la Bezallerie, de la Basse-Cour de la maison de la Vieille-Cour, de Guillé, de la Touche, de la Barberie, de Jeutel, de Cavelaie, de Feildel, de la Claic), ou en Beslé (metairies de la Haye, de Libon ou du Creu-Chemin).

S. D. (m. 1233). — Etat des biens de Juzet vendus par la République, avec le tableau des biens reclamés vers 1825.

VI. — SEIGNEURIES DIVERSES

JURIDICTION DE PORHOËT

Le Broutay, Vicomté en la Croix-Helléan.

28 Mars 1488 (m. 1234). — Fondation de messes, en la chapelle du Broutay, faite par n. ec. Jean de Quelen, sgr du Broutay et de la Villebouquais ; chapelle que ledit seigneur a construite « devant la porte du lieu du Broutay. »

Jean de Quelen « pour obtenir le salut des ames de soy, ses parens, amis, bienfaiteurs... et aussi de ses successeurs en l'advenir, pour lui et ses héritiers fonde à jamais quatre messes à être célébrées par quatre jours de chacune semaine perpétuellement et continuellement, scavoir : au Dimanche, au Lundi, au Mercredi, au Vendredi..... auxquelles messes chacune dire et célébrer y aura es temps advenir quatre personnes chapelains, sans qu'un des chapelains ne puisse dire une des quatre messes pour l'un des autres. »

Le sgr du Broutay et ses héritiers auront la présentation et le droit de patronage séculier, la collation et la provision seront à l'évêque de St-Malo. Aux fins de cette fondation Jean de Quelen abandonne les dîmes suivantes : 1) La grande dîme, vulgairement appelée la dîme de Leheleuc à laquelle prennent part le cte de Porhoët, l'abbé de St-Jean des Prés, et le sgr du Broutay — 2) La dîme au terroir de la Primaudaye et des Seulges, paroisse de Lanoes — 3) La dîme en Guehenno — 4) La dîme en Plumieuc. Le fondateur cependant, pour lui et ses héritiers, se réserve à titre d'hommage, sur la dîme de Leheleuc, une charrette de paille d'avoine ; sur la dîme de Guehenno, un chevreau. Les chapelains jouiront chacun d'eux, d'un quart des dîmes, mais la portion du défaillant sera saisie et celui-ci remplacé au gré du seigneur. Après la messe les chapelains liront l'oraison des morts et feront l'aspersion des tombes. Le seigneur du Broutay sera tenu de fournir en outre « les buires, livres, calices, amicts, aulbes, estolles, luminaires et autres choses nécéssaires auxdits offices. »

Fait au Broutay — L'acceptation au nom des chapelains a été signée de Jan Jarnigon, notaire. Copie de 1580.

1495 à 1505 (m. 1235). — Bail des dîmes de la seigneurie du Broutay, appartenant à ec. Jehan de Quelen.

Parmi ces dîmes, celles de Tredehoret, d'Oultre l'eau, de Leheleuc.

1567 (m. 1235). — Enquête touchant une dîme, appelée la dîme Destuer (d'Estuer), dont jouit Jeanne de Tregranteuc comme veuve de Pierre de Quelen, qui lui-même la tenait de ses parents François de Quelen et Jeanne Destuer ; faite par Jean Rogier, sénéchal de Ploermel et à la requête de n. g. Guillaume Riou et Jeanne de Tregranteuc s^r et d^e de la Haye, demandeurs, contre dom Guillaume Gicquel, défendeur.

Cette dîme se lève sur des terres tenues prochement de la s^{gie} des Plessis (par. de Guégon et St-Servan). Plusieurs tenanciers déposent que les s^{gles} du Plessis et Destuer sont distinctes l'une de l'autre et distantes de quatre à cinq lieues.

L'un des dépositaires déclare qu'il a ouï dire que la s^{gie} du Plessis est sortie de la s^{gie} Destuer ; un autre que Pierre de Quelen n'a recueilli le Plessis qu'après le decès de son frère ainé, Yves, héritier principal, decedé vers 1550. Parmi ces dépositaires figure n. h. Jan le Methaier s^r de Monuran, lieutenant de la cour de Porhoët. Ont signé : Regne Tubouc, Ollivier Garel, notaires.

3 Novembre 1628 (m. 1236). — Grégoire de Quelen s^{gr} du Broutay, reclame le paiement des ventes qui lui sont dues par Jeanne Bouexel, pour l'acquet fait par elle, à ec. Guillaume Poullain s^r de Poulor, d'une terre sous le fief du Broutay.

1643 (m. 1237). — Action intentée devant la cour de Porhoët, par Grégoire de Quelen s^{gr} du Broutay, contre Mathurin Thebault, son fermier, et relative à une dîme que doit ce fermier sur le Clos-du-Chêne.

23 Juillet 1643 (m. 1238). — Memoire des tenues appartenant à Mr du Broutay et qui doivent la dîme de la Chaussée-Audren (rôle de St-Aubin).

1644 (m. 1239). — Interrogatoire fait par Charles Baud, con^{er} du roi, lieutenant de Ploermel, à Mre Grégoire de Quelen s^{gr} du Broutay, touchant un procès relatif à des devoirs fonciers.

Marguerite duchesse de Rohan, intervient comme demanderesse.

6 Octobre 1668 (m. 1240). — Jan de Faverolles s^{gr} du Broutay, reconnait que la suite de ses vassaux, qui vont ordinairement aux moulins de la s^{gie} de Tregranteur, a été vendue à ec. Allain Bonin, par ec. Barthelemy de Quelen.

Le s^{gr} du Broutay ne pretend qu'a la mouvance et aux rentes sur lesdits vassaux.

19 Aout 1732 (m. 1241). — Ordre de M^r le Comte de la Vauguyon au s^r de Lage, son homme d'affaires, pour remettre à la Comtesse de Lambilly, les aveux du grand et du petit rôle du Broutay, ainsi que du grand rôle de Quelneuc.

Etat de ces rôles.
Reçu et inventaire de ces aveux baillés aux mains de Madame de Lambilly.

La Chatellenie de Quelen, PAROISSE DE GUÉGON.

La seigneurie de la Grée, en Mauhon. — La Ville-Ollivier, en Guehenno. — La Ville-Gourdan, en Guehenno.

29 Decembre 1480 (m. 1242). — Aveu d'une tenue au Bas-Drenic (en St-Servan), relevant de Quelen, fourni à Francoise de Rieux dame de Malestroit et de Quelen.

1524 (m. 1243). — Compte que rend Jehan Nayl, collecteur des rentes de Quellen pour l'année 1524-1525, à n. g. Jullian d'Avaugour et Saincte-Fenynne (1), sa compagne, s^r et d^e de Quellen.

Ces rentes consistent en froment, avoine, poules, et corvées.

1er Aout 1539 (m. 1244). — Sentence de la cour de Malestroit qui condamne Julien d'Avaugour (chevalier, s^{gr} de Tromneur, la Grée,

---

(1) Anne de Sainte-Flenne, fille de Louis de Ste-Flenne s^r de St-Laurent et de Marguerite d'Avalleuc.

St-Laurens, Quelen) comme seigneur possesseur de Quelen, à payer une rente annuelle de dix livres, due de temps immémorial par ladite s^{gie} à la chapellenie de Touthonneur, dépendant de Malestroit.

Cette chapellenie desservie par Ollivier de la Pommeraye, recteur-doyen de Malestroit, est une fondation des s^{grs} de Malestroit. Ledit la Pommeraye a été nommé par h^t et p^t sire de Chateaubriant, de Montafillant, Malestroit, Cte de Ploerhant, g^{neur} pour le roi en Bretagne, et jouit par là-même des fruits et revenus de Touthonneur, entre autres de 25 livres de rente dues par les s^{gies} de Creveist et de Quelen.

1582 (m. 1245). — Quittance des devoirs de bans donnée par Jan d'Avaugour s^{gr} de St-Laurans, Quelen, etc., à Sebastien Gaslechair s^r du Dreudan.

14 Aout 1587 (m. 1246). — Commission de notaire à la cour de la chatellenie de Quelen et de la Ville-Ollivier, donnée à Guillaume Guimar, par Jean d'Avaugour chevalier s^{gr} de St-Laurans, le Boys de la Motte, Quelan, la Ville-Ollivier, Tronmeur, la Grée, le Esir, la Villebeufve, le Valbelouan.

Fait en la maison de la Grée.

2 Juin 1603 (m. 1247). — Aveu rendu à m^{re} Jan d'Avaugour, par n. h. Julien Clergeaud s^r de la Symonière — père et garde naturel de Marguerite et Claude Clergeaud, enfants de son mariage avec défunte damoiselle Claude de Tregouet, lequel réside à St-Gobrien en St-Servan — pour la tenue Dany sise à St-Gobrien, et relevant de la chatellenie de Quelan, echue auxdites d^{elles} Clergeaud de la succession maternelle.

27 Fevriér 1606 (m. 1248). — Aveu et dénombrement des terres de la Grée, Quelen, la Ville-Olivier, la Ville-Beusfve et Pecos (sic) fourni par h^t et p^t Jean d'Avaugour sire de St-Laurans, baron du Guilledo, s^{gr} de Trommur, Couelmée, la Ville-Benseno et a. l. o. (d^t en son chateau du Bouais de la Motte, par. de Trigavon, ev. de St-Malo) à tres h^t et p^t s^{gr} Henry duc de Rohan, pair de France, Cte de Porhouet, P^{ce} de Léon.

La s^{gie} de la Grée, en Mohon, comporte : maisons, manoir, bois, métairies du Bois-Raoult et de la Grée, moulins, rentes, droit d'usage dans la foret de la Nouée. — La s^{gie} de la chatellenie de Quelen, en Guégon comporte : différents batiments, métairie du Bas-Quelen, moulin sur Aoust proche St-Gobrien, rentes diverses, haute justice à quatre pots et piliers, congé et menée le mercredi aux plaids de Porhouet. Parmi les tenanciers de cette seigneurie : da^{elle} Jacquette de Kerguizé, tutrice de Julienne de Guilfistre ; Jeanne Le Fourhin et Jean de la Haye, son mari ; Helene Moro et Robert Jouan, son mari ; Jeanne du Val ; Jeanne Robin ; Tregouet ; Robert de Trecaouet s^r de Beaulieu, etc. — La Ville-Ollivier, en Guehenno, comporte : manoir, métairie du nom, bois, moulins, rentes (parmi les tenanciers : n. h. Jean de Lesmais s^r dudit lieu). — La Ville-Beufve, en Guégon, comporte : maison, manoir et metairie — le Pecos en Mohon comporte : manoir, colombier, jardins, chapelle, bois, domaines et métairies.

Le Pecos a été acquis par Jean d'Avaugour, de n. g. Guillaume Moriec (ou Morice), et Jeanne du Bot sa f^e, s^r et d^e de Treguer et de la Ville-Pelotte. Les autres s^{gies} ci-dessus sont advenues (avec les prééminences d'églises et chapelles s'y rapportant) de Robert d'Avaugour et Bonne de Belouan, père et mère de Jean d'Avaugour.

Le tout est tenu à devoir de foi, hommage et sans rachat. Copie délivrée par Pierre Perret con^{er} du r. sénéchal de Ploermel, et collationnée par m^{re} Louis Vandenge procureur de m^{re} Jan de Brehan, con^{er} en la cour, en présence de Josson Regnaud, s^r de Haute-fort. A Ploermel, le 3 Novembre 1667.

Fait à la requête de Pierre Vendange procureur de Louis-François de Lantivy s^{gr} de Crosero, con^{er}, et Florimonde de Caradreux, sa compagne, (fille ainée de Claude de Caradreux, et d'Ambroise de Lemays s^{gr} et d^e des Aulnays) en présence de n. et discret Edouard de Bourges s^r des Hayes et d'André Taillandier, procureur de Marguerite Duchesse de Rohan.

10 Mai 1606 (m. 1249). — Aveu d'une métairie proche Quelen, rendu par Jacquette de Querguizec douairière de Kerangat, Guerentray, le Bas-Quelen, la Ville-Cadoret, Guerdaniel et a. l. — tutrice de Julienne de Guistre (ou Guilfistre) fille de son mariage avec feu noble Michel de Guistre s^r de Kerengat — à Jan d'Avaugour s^r de St-Lorans, la Chatellenie de Quelen et a. l.

1612 et 1617 (m. 1250). — Extraits des régistres du greffe de la chatellenie de Quelen et de la Ville-Ollivier. — Procès verbaux des généraux plaids, qui se tiennent à St-Gobrien le 2 Mars 1612, le 12 Juin et 17 Juin 1617.

Copies délivrées en 1663, par les notaires royaux de Ploermel à n. ec. Claude de Caradreux, s^{gr} des Aulnais.

25 Avril 1640 (m. 1251). — Vente d'une maison au Hault-Drenic en St-Servan, relevant de la chatellenie de Quelen.

1645 et 1647 (m. 1252). — Minus du rôle de Quellen, fournis à Grégoire de Quellen s^gr du Broutay, par Jean Lebidre, sergent pour l'année 1645 et par Pierre Le Quinderf, sergent pour 1647.

Collationné par les notaires de Porhoët : n. h. Louis de la Serpandaye et Lemercier.

1658 à 1662 (m. 1253). — Procès entre la Ctesse de Porhoët d'une part, Claude de Caradreulx et Ambroise de Lesmays s^r et d^e des Aulnais et du Haut-Quelen d'autre part, relatif à un « quanton » de pré, proche les moulins de Quelen (en St-Gobrien), auquel prétend ledit Claude de Caradreulx.

Ec. Julien de Caradreulx s^r de la Ville-Moisan, cousin germain de Claude, est intéressé au procès.

6 Mai 1662 (m. 1254). — Reception par la cour de Porhouet, de m^tre Estienne Champoing aux charges et offices de juge sénéchal des juridictions de la chatellenie de Quelen, la Ville-Ollivier, Lemays, appartenant à Claude de Caradreux.

Ledit Champoing est appelé à payer pour devoir de chapelle à la confrérie de St-Yves, servie par l'eglise N.-D. du Roncier, soixante sous par provision et prise de possession.

20 Septemb. 1663 (m. 1255). — Piece concernant une affaire, entre Marguerite de Rohan, Ctesse de Porhouet, et Claude de Keradreux s^gr des Aulnaix et de la chatellenie de Quelen. La Ctesse de Porhouet conteste au s^gr de Quelen certains droits de cette chatellenie.

Plusieurs témoins sont appelés et déposent que la s^gie de Quelen s'est toujours étendue aux paroisses de St-Servan, Guégon, Guehenno, Cruguel ; — que ladite s^gie a toujours exercé h^te m. et b. justice à St-Servan ; — que les plaids de Quelen et de la Ville-Ollivier se tiennent sans assignation au bourg de St-Gobrien le lendemain du dimanche de l'octave du St-Sacrement ; — que l'église de St-Gobrien est batie au fief de la chatellenie, qui y possède enfeu, comme du reste en l'église paroissiale de Guégon ; — que le châtelain a droit de pêche sur l'Oust ; — qu'il existe encore à Quelen un vieux bâtiment appelé le château de la chatellenie, accompagné d'une prison, d'un colombier et de diverses ruines. Il y avait anciennement un marché à Quelen.

12 Fevrier 1664 (m. 1256). — Productions que fournissent au siège royal de Ploermel, Mre Claude de Caradreulx et Ambroise de Lesmays, s^r et d^e des Aulnais, de Quelen, la Ville-Ollivier, défendeurs, contre très illustre princesse Marguerite de Rohan Ctesse de Porhouet, qui blâme l'aveu de 1640, rendu par ledit s^gr de Quelen, et conteste à celui-ci différents droits auxquels il prétend comme possesseur de cette seigneurie.

Ces droits sont les droits de chatellenie avec haute justice, de pêcherie sur l'Aoust, de foire à St-Gobrian le jour de la fête patronale, de prééminences aux églises de Guégon et St-Gobrian, de menée aux plaids de Porhouet.

Par ces actes, l'on voit que l'aveu de 1640 est conforme à celui que rendit en 1540 n. h. Jullien d'Avaugour et Anne de St-Flayne s^r et d^e de St-Lorans ; qu'ecuyer Francois de Caradreulx (père de Claude) acquit ladite s^gie vers 1626 ; que vers 1514 h^t et p^t Jan de Laval s^gr de Chateaubriant était s^gr de la chatellenie de Quelen.

Comme s^gr de la Ville-Ollivier, Claude de Caradreulx avait moyenne et basse justice sur ce fief, et chapelle prohibitive à Guehenno.

9 Aout 1696 (m. 1257). — Ferme des moulins de Quellen, sur la rivière d'Aoust et proche St-Gobrien, accordée à Jacques Andouas, par Florimonde de Caradreulx, douairière du Cosero, baronne de Rostenan, les Aulnais, la chatellenie de Quellen, la Ville-Ollivier, et a. l. (d^t en sa maison des Aulnaix, par. de la Nouée), moyennant 135 livres et deux cents d'anguilles par an.

24 Decemb. 1699 (m. 1258). — Bail de la métairie de Quélen, consenti à Julien Guerdal par Florimonde de Keradreulx d^e de Cosero, baronne de Rostrennen.

1705-1706 (m. 1259-1260). — Minus du rôle de la chatellenie de Quellen, pour 1705 et 1706, fournis à M^r le procureur fiscal de la chatellenie.

1709 à 1750 (m. 1261-1264). — Différents minus du rôle de la Chatellenie de Quelen.

Ce rôle s'étend à Guégon, Guehenno, Cruguel, St-Servan.

1727 à 1746 (m. 1265-1275). — Minus du rôle rentier de la chatellenie de Quelen.

Où l'on voit que n. h. Jean de Lahais s^gr de Clehinet, doit 4 sols 8 deniers pour la s^gie de Clehinet qui s'étend à Guehenno, Castillo, St-Gobrien et St-Servan.

28 Juin 1738 (m. 1276). — Ferme d'une dîme de Quelen, s'étendant aux villages de la Ville-Geffroy, la Ville-Even, Guilleron, Couesdigo et autres, consentie à Jan Tanguy de la Ville-Geffroy, par Joseph Nayl s^r de la Ville-Aubry, avocat en la cour de Porhoët, agissant pour m^{re} Jean-Baptiste de Perrien, usufruitier de la terre et chatellenie de Quelen, chevalier, s^{gr} de Crenan, héritier en partie de d^e Agnesse Claude de Lentivy Crosero sa mère, « sans déroger aux droits dudit s^{gr} de Crenan, ni à ceux de messieurs ses frères, contre dame M^{quise} du Plessis-Bellière. »

6 Decembre 1738 (m. 1277). — Bail des moulins de Quelen près St-Gobrien, consenti par Joseph Nayl, agissant au nom de Mr Jan-Baptiste de Perrien.

1744 à 1769 (m. 1278). — Quittances données à Mre de la Villebouquais, en l'acquit de Mr de la Vauguyon, pour le payement d'impôts et de réparations faites aux moulins de Quelen et à la métairie de la Villegourdan.

3 Mai 1746 (m. 1279). — Ferme des moulins de Quelen, consentie à Bellamy, demeurant au moulin de Morhant, en Guégon, par Joseph Nail s^r de la Ville-Aubry, agissant pour Jean-B. de Perrien.

24 Mars 1752 (m. 1280). — Bail des moulins de Quelen, consenti par Joseph Nayl, agissant pour Jean-B. de Perrien s^{gr} de Crenan, capitaine des grenadiers du régiment de Penthièvre.

1752 à 1760 (m. 1281). — Correspondance de M^r le Comte de la Vauguyon, adressée à son cousin de la Villebouquais, touchant l'acquisition de la chatellenie de Quelen et le reglement de ses comptes.

5 Mars 1754 (m. 1282). — Contrat d'acquet de la terre et seigneurie de l'ancienne chatellenie de Quelen, passé entre h^t et p^t s^{gr} messire Gabriel de Perrien — chef de n. et d'a. chevalier s^{gr}, Cte dudit lieu, Tropoin, Keramborne, Lahaye, St-Carré, la Boexière, Quelen et a. l. demeurant au chateau de Perrien par. de Plouagat-Chatelaudren, ev. de Treguier — vendeur, et h^t et pt Messire René-Jean Bonin — chef de n. et d'a. chevalier, s^{gr} Cte de la Villebouquais et de Tregranteur M^{quis} de Guermahéas et du Glageolet, de la Villegeffroy, Kerprat, la Ville-Avenant, le Vaublanc, le Clos, Baron de Chateaumerlet, Vte de Maugrenier, juveigneur de Porhoët et conseiller originaire au Parlement de Bretagne, demeurant en son hôtel de la rue Derval, par. St-Germain de Rennes, — faisant et stipulant tant pour lui que comme procureur de monseigneur Antoine-Paul-Jacques de Quelen, chevalier s^{gr} Cte de Quelen-Stuart de Caussade, Prince issu et seul successeur des princes de Bourbon-Carency, Cte de la Vauguyon, M^{quis} de St-Megrin, lieutenant général des armées du roi, demeurant à Versailles.

La s^{gie} de l'ancienne chatellenie de Quelen comporte : moulins à eau au-dessus et près de St-Gobrien en St-Servan, — la dîme de la Madrette qui se perçoit sur les terres qui dépendent des villages de la Ville-au-Cour, la Ville-Even, Guilleron, Couadigo, la Ville-Geffroy, le Teno, paroisse de Guégon, — la dîme de Bilio, qui a cours dans les paroisses de Cruguel, Bilio, Guehenno, — le fief du Dresny avec haute, moyenne et basse justice, s'étendant aux villages du Haut et Bas Dresny, en St-Servan, et du Teno, en Guégon, avec droits de juges, procureurs, greffiers, sergents, — le fief de Quélen, autre que celui ci dessus, s'étendant aux paroisses de St-Servan, Guesgon, Cruguel, Bilio, Guehenno, — le droit de tenir plaids généraux à St-Gobrien, sans assignation, le lendemain du jour patronal, — plus, les droits honorifiques, prééminences, auxquels peut prétendre le seigneur vendeur dans les églises et chapelles de Guégon, St-Gobrien, St-Servan.

Le vendeur se réserve seulement de toute cette propriété, ce qui lui est echu de la succession de feue Agnez de Lantivy, dame de Cosero de Perrien, sa mère.

Le tout est cédé moyennant la somme de 21.000 livres. Le s^{gr} de la Villebouquais n'acquiert pour sa part que le fief du Dresny et du Teno et la dîme de la Madrette, moyennant 1380 livres.

Fait à Rennes, en l'hotel de m^{re} René-Jean Bonin.

1754-1755 (m. 1283). — Comptes, entre messieurs de la Villebouquais et de la Vauguyon, pour les différents versements opérés par l'un ou l'autre, au sujet de l'acquisition de la chatellenie de Quelen.

1755 (m. 1284). — Quittances de Jean-B. de Perrien, lieutenant-colonel au régiment de Penthièvre-Infanterie et héritier de feu Gabriel de Perrien son frère, données au c^{te} de la Vauguyon et au c^{te} de la Villebouquais, acquéreurs de la chatellenie de Quelen.

L'une de ces quittances est signée : Claude de Perrien, chanoine de Treguier, tenant place de son frère Jean-B. de Perrien.

1755 à 1760 (m. 1285). — Différents comptes de la main de Mr Bonin de la Villebouquais, concernant le rôle de la chatellenie de Quelen, et celui de Talcouesmeur.

Mr de la Villebouquais chargé de la gestion de la s^{gie} de Quelen, rend compte à Mr de la Vauguyon que, vu l'importance considérable du rôle de Quelen, il a été obligé de le diviser en grand-rôle et petit-rôle.

5 Novembre 1756 (m. 1286). — Quittance et procompte, entre Jacques de Quelen c^{te} de la Vauguyon et René-Jean Bonin c^{te} de la Villebouquais.

Fait au rapport de Jarry et Bouron notaires au Châtelet.

Le s^{gr} de la Vauguyon acquitte le s^{gr} de la Villebouquais pour le fief du Dresny, du Teno et la dîme de la Madrette (1.380^l) — pour la Chenaie Morio (13.000^l) — pour la métairie noble de Crainhouet (3.600^l). Ces versements ont été faits aux mains de Jean-B.-Claude de Perrien et de Marie-Francoise Dubreil veuve de Jean-Judes de St-Pern chev. s^{gr} de Malvaux (unique héritière de Georges-Francois Dubreil son père).

1779 à 1781 (m. 1287). — Commissions des greffes de la chatellenie de Quelen et de Bas-Quelen, depuis le 16 Septembre 1779 à la même date de l'année 1781.

XVIIe et XVIIIe Siècles (m. 1288). — Nombreuses liasses concernant le greffe de la chatellenie de Quelen.

Josselin, CAPITALE DU PORHOËT.

15 Septembre 1529 (m. 1289). — Vente d'une maison située en la rue du Vauldreux, près la « porte de bas » de la ville de Josselin, consentie par Jehanne Nepvou à Perrine Jouan, à charge d'une rente au C^{té} de Porhoët.

Fait au bourg de Sainte-Crouez, faubourg de Josselin.

3 Decembre 1658 (m. 1290). — Sentence de la cour de Porhoët, qui condamne les hommes et vassaux du Comté, à payer en argent les rentes dues ordinairement en grains.

Signé : Jean Nourquer du Camper, sénéchal de Porhoët.

Procès-verbal de la descente du procureur fiscal de Porhoët au marché de Josselin pour faire l'information du prix des grains.

20 Juin 1611 (m. 1291). — Procès en la cour de Porhouet, entre René Rougeard et les héritiers de sire Henry Charpentier, marchand à Paris.

8 Novembre 1628 (m. 1292). — Vente d'une terre près le bourg de

Guégon et relevant de la chapellenie de Jan le Roy (ladite chapellenie servie par N.-D. du Roncier de Josselin), faite par Jan Leguevel notaire de Porhoët, à n. h. Georges Perret s^r de la Motte, résidant en sa maison de la ville-close de Josselin.

21 Avril 1632 (m. 1293). — Jugement ayant rapport à un acquet fait par n. h. Nicolas Juhel, vendeur, à m^{re} Allain Bonin, prieur de St-Martin de Josselin, et auquel le Cte de Porhoët a fait opposition.

15 Juin 1680 (m. 1294). — Quittance délivrée par le trésorier de N.-D. du Roncier de Josselin, à la dame de la Villebouquais, nouvelle propriétaire de Maugremien, de la somme de trente livres, pour les fondations de dame Barbe de Kersauson, faites à l'église.

Signé : Quelo.

14 Mars 1713 (m. 1295). — Contrat de constitut, consenti à Pierre Picard, trésorier en charge de N.-D. du Roncier, et représentant la fabrique de cette église, par Jacques le Guenec, chevalier, s^{gr} de Trevran et d^e Anne Cassard, demeurant en la maison de Trevran, paroisse de Lanouée.

30 Mars 1720 (m. 1296). — Sommation faite à Hyacinthe Gauthier, trésorier de N.-D. de Josselin, par René-Hyacinthe de la Chapelle, s^r de Kercointe, mari de d^e Anne Cassart (v^{ve} de Jacques le Guenec de Trevran), pour le remboursement du constitut consenti le 14 Mars 1713.

Acceptation de cette sommation par décision des fabriciens de la paroisse. Ont signé : Louis Roy vic. de St-Martin — René Hardouin, alloué — Elie, recteur de St-Michel — Claude Touzé de Trevenaleu, ancien syndic et capitaine — Nouel et Robin, anciens trésoriers — Gautier, trésorier — etc.

31 Janvier 1769 (m. 1297). — Quittance de rachat pour la portion des près nobles de Roche-Laho, près du faubourg St-Martin de Josselin, appartenant à m^{re} de la Villebouquais, qui les a recueillis de la succession paternelle.

Prieuré de Ste-Croix de Josselin.

21 Novembre 1602 (m. 1298). — Echange entre Francois Royer s^r de la Ville-Allain (résidant à Josselin), et Gilles Leguevel (résidant à Ste-Croix), de deux pièces tenues prochement du prieuré de Ste-Croix.

18 Janvier 1610 (m. 1299). — Contrat de vente, entre m^re Jan Monaeso s^r du Haut-Limo et François Royer s^r de la Ville-Allain, d^t tous deux à Josselin.

Le s^r du Haut-Limo abandonne au s^r de la Ville-Allain deux pièces, dont l'une relève de Ste-Croix, l'autre « de la fabrique de Monsieur St-Pierre de Guégon. »

9 Aout 1636 (m. 1300). — Aveu rendu par Elisabeth Royer, d^e de la Villebouquais (résidant à présent au prieuré de St-Martin de Josselin), à noble et discret messire le prieur du prieuré de Sainte-Croix, pour les métairies de la Ville-Allain et de la Coudraye (paroisse de Sainte-Croix), qu'elle tient, tant de ses père et mère, que d'acquets faits par elle et son premier mari, le s^gr de la Motte-Perret.

5 Juillet 1762 (m. 1301). — Vente d'une pièce appelée la Roche-Rouillard, relevant du prieuré de Ste-Croix, et proche le faubourg, consentie par damoiselle Marie Martin et n. h. Henri-Joseph Martin, à m^re René-Jean Bonin, chevalier, s^gr Cte de la Villebouquais (agissant pour Charles Bonin son frère, s^gr du Plessis et lieutenant des vaisseaux du roi).

Les Timbrieux, Seigneurie en Guéhenno.

8 Juillet 1548 (m. 1302). — Baillée de la tenue du Val au village de ce nom en St-Servan, et aveu pour cette tenue à n. ec. Jean de la Chesnaye, s^r Destimbrieux et de Guernion.

1629-1630 (m. 1303-1304). — Ventes de terres aux villages de l'Hopital et de Brangourné, en St-Servan, tenues prochement de la s^gie des Timbrieux, et d'une pièce au même village de l'Hopital, relevant de la seigneurie des Temples.

26 Juin 1641 (m. 1305). — Inventaire d'actes trouvés dans la maison Destimbrieuc, après le decès de Julienne de la Chesnaie d^e de Lespinay, femme en secondes noces de Charles de la Chesnaye s^r des Timbrieux.

En premières noces Julienne de la Chesnaie avait épousé ec. Michel Couedor s^r du Val.

Parmi ces actes : différentes fermes passées au xviie siècle par Charles de la Chesnaye, touchant les métairies de la Fleschais, de Lespinet, de Kermon, de Lerault, du Costi, de la Porte des Timbrieux, le moulin à vent des Timbrieux. On relève dans cet inventaire les noms de : Mathurine et Anne de Kerbiguet (1626) — Yves de Kerpédron, ec. Briend du Plesseix (1631) — Jacquette Leconiac et ec. Charles Lelart, son mari (1633), — ec. Antoine Madic (1607), — Sebastien de Rosmadec s^{gr} du Plesseix-Rosmadec (1635), — Jean d'Avaugour s^r de St-Laurans, de Quelen (1618).

Fait à la requête de Pierre de la Chesnaye, d'Allain Bonin prieur de St-Martin, de Pierre Parazi... s^{gr} de Tremeslin, des dames de Talcouesmeur et de la Villebouquais. Ont signé, outre les requérants : Sebastien Le Gouz, Charles Lelart, Marguerite Lelart, Jac Royer.

4 Janv. 168.. (m. 1306). — Contrat d'acquet de différentes terres à Brangourné, paroisse de St-Servan, relevant de la s^{gie} des Timbrieux (au s^{gr} de Carmenet) et de la s^{gie} du Guermahéas.

Le payement sera acquitté par Francois Blanche, s^r de la Pelerays.

2 Mars 1712 (m. 1307). — Contrat d'acquet de différents biens aux appartenances de Brangourné, qui doivent la dîme et l'obéissance à la s^{gie} des Timbrieux, appartenant au s^{gr} de Carmenet.

Le Val, EN GUÉGON.

19 Decembre 1595 (m. 1308). — Vente faite à François Royer s^r de la Ville-Allain, de différentes terres relevant les unes de Ste-Croix, les autres du Val (à cause du fief de Trévénaleuc).

1595 à 1608 (m. 1309-1316). — Différentes acquisitions de terres faites par Francois Royer s^r de la Ville-Allain. Les unes de ces terres aux appartenances de Ste-Croix relèvent du prieuré, ou de la s^{gie} du Val (à cause du fief de Trevenaleuc) ; les autres aux appartenances de la Ville-Gourdan et de Guégon relevent de la s^{gie} du Val (à cause du fief du Guilein).

Parmi les vendeurs : n. h. Regnault s^r de Penhouet, Renée Nicolazo v^{ve} de Francois Desforges s^r de la Brouce.

30 Septembre 1597 (m. 1317). — Vente d'une terre, sise paroisse de Ste-Croix et sous la seigneurie du Val, consentie par Jan Danet et Nouelle le Gal, du village de la Ville-Gourden, à François Royer s^r de la Ville-Allain, résidant à Josselin.

Porte-Camus, SEIGNEURIE EN BILLIO.

1562 (m. 1318). — Noble homme Guy Riou s^r de la Porte-Camus, du Botreff et de Kerboith, demeurant au manoir de la Porte-Camus, en Billio, vend une tenue sise au bourg du Mont-Guehenno.

3 Mai 1569 (m. 1319). — Accord entre ec. Guy Riou s^r de la Porte-Camus, d^t en ce lieu, et Gerbet tenancier en Plomellec.

Ledit Riou baille à héritage des tenues occupées convenantièrement. On voit dans cet acte, que Guillaume Riou s^{gr} de la Haie a été garde naturel dudit s^{gr} de la Porte-Camus.

12 Juin 1569 (m. 1320). — Transaction entre Guy Riou s^r de la Porte-Camus, d^t en ce lieu, et Pierre Gabillart, métayer à Locmaria en Plomellec, relative à la propriété d'une tenue à Kerivault.

Autres Seigneuries.

21 Decembre 1551 (m. 1321). — Echange de terres en Guégon entre n. h. missire ..... d'Avaugour, chevalier s^r de Tromeur et de la Grée (d^t au manoir de la Grée), stipulant pour lui et n. h. m^{re} Jullien d'Avaugour, chev. s^{gr} de St-Lorans et a. l., et n. h. Jehan du Couedor et Anne du Houlle sa f^e, s^r et d^e de la Fleschaye et du Val.

11 Octobre 1558 (m. 1322). — Contrat sous le Clos-Hazaye.

Denys Blandel du village de Couatmarquer, par. de Pleugriffet, vend à Pierre Guimart, de la Ville-Geffroy, en Guégon, une tenue située aux dépendances de la Ville-Geffroy et qui relève du Clos-Hazaye et de Maugremien.
Gréé à Saincte-Crouex, chez Charles Bernard, notaire de Porhouet.

Vers 1560 (m. 1323). — Contrat de féage entre Lopitallier, métayer du manoir du Val-Jouin, Guillaume Riou et Jehanne de Tregranteur, s^r et d^e de la Haye et de Tregranteur.

1565 (m. 1324). — Accord entre Guillaume Riou et Jeanne de Tregranteur son épouse, douairière du Plexis-Godeffroy, et les tenanciers de la Ville-Leo, relatif à une rente de 4 sols due au Plexis.

1602 (m. 1325). — Mémoire des acquets faits par le s^r de la Ville-Allain, avec l'état des rentes qui lui sont dues.

25 Mars 1611 (m. 1326). — Vente par Yvonne Gatechair d^e de Casset, à n. h. Pierre Gatechair s^r du Ronceray, de la métairie noble de Trevran, par. de la Noë (moyennant 1700¹), autrefois dépendante de la maison noble de ce nom.

Cette métairie provient de la succession de n. h. Jan Gatechair, s^r des Vaulx, père de ladite Yvonne.

19 Juin 1617 (m. 1327). — Aveu du rôle de la seigneurie de la Ville-Pelotte.

23 Novembre 1620 (m. 1328). — Echange d'une maison au village de Kerivaux, par. de Gueheno, avec rente à la seigneurie du Colledo, contre un pré sis au village de Kererio et relevant de la s^{gie} du Pouldu.

3 Juillet 1641 (m. 1329). — N. h. Robert Druaye s^r de la Ripvière, résidant en sa maison noble de la Ripvière, par. de Guillac, se justifie d'un acquet en Guillac.

7 Juillet 1641 (m. 1330). — Ferme d'une portion de la dîme, dite de la Chaussée-au-doyen, sous le fief de Locmaria, consentie par m^{tre} Jan Bruban s^r de la Chaussée, résidant à la Villegro, en Serent.

3 Avril 1642 (m. 1331). — Procès-verbal d'arpentage, fait au lieu noble de la Couldraye, par. Ste-Croix de Josselin, par Pierre Labbé s^r du Hino et Jacques Morel s^r Desalles, arpenteurs royaux, pour mettre fin au procès engagé entre Elisabeth Royer d^e de la Villebouquais et éc. Pierre Perret s^r des Croslays.

3 Aout 1642 (m. 1332). — Assignation à Elisabeth Royer d^e de la Villebouquais d'avoir à comparaitre devant la cour de Ploermel, pour fournir déclaration à ec. Pierre Perret s^r des Crollais, con^{er} du roi, des rentes dues sur les métairies de la Ville-Allain.

N. h. Nouel Labbé s^r de Brancelin est tuteur des enfants mineurs de n. h. Georges Perret s^r de la Motte et de ladite Royer.

27 Juin 1643 (m. 1333). — Acquet d'une terre sous le fief de la Grée-Meno, consenti entre ec. Francois de la Chesnaie s^r de la Grée (fils d'autre Francois de la Chesnaie), demeurant en sa maison de Feulguè, par. de St-Jean-Brevelay, et Pierre Nail, de St-Servan.

24 Fevrier 1647 (m. 1334). — Nomination d'un prieur-recteur, à Couet-Bugat, par l'évêque de Vannes.

A signé comme temoin : Jacobus de la Villebouquais.

30 Septembre 1677 (m. 1335). — Bail de la métairie noble de Hauteville, consenti par Francois de Lesquen s^{gr} de Carmenet, Feulleguè, Hauteville (résidant alors dans sa maison noble de Feulleguè, par. de St-Jean-Brevelay).

Fait devant les notaires de la chatellenie de Cadoudal, à Plumelec.

17 Fevrier 1682 (m. 1336). — Aveu rendu à ec. Mathurin Hervieux s^r de la Vente, pour la tenue Launay, sise au Petit-Rouvran en Guégon, à raison du contrat de féage passé avec Francoise Rougeard d^e de Gatechair.

Fait à Josselin, au tablier de Kerpedron, le jeune, notaire royal.

21 Juillet 1683 (m. 1337). — Sentence de la juridiction de la chatellenie de Cadoudal, siégeant à Ploumellec, condamnant Francois Lefebure, à s'acquitter envers Francois de Lesquen s^{gr} de Carmenet d'une jouissance de jardin près Ploumellec.

11 Juin 1686 (m. 1338). — Contrat d'acquet d'une terre à Brangourné et relevant de la seig^{le} du Plessix en St-Servan, entre René Nayl, maréchal au Val-au-Curé et Yves Legal, de l'Hopital en St-Servan, acquéreur.

Le prix sera versé aux mains de n. h. Charlemaigne Manier s^r de la Ville-Jouan, ci-devant fermier du C^{té} de Porhoët, résidant au chateau de Josselin.

18 Decembre 1686 (m. 1339). — Bail de la métairie de la Grée-Meno, en St-Servan, consenti par ec. François de Lesquen, issu d'ancienne chevalerie, s^{gr} de Carmenet, Feulguè, La Bourdonnaye, la Grée-Meno et a. l.

1693 (m. 1340). — Aveu du presbytère et de l'église de Couesbugat, fourni au Cte de Porhoët, par Pierre Perret, recteur de Couesbugat et Mathurin Lefevre, trésorier, après signification qui leur a été faite par ec. Amaury du Rocher s^r de Beauregard, procureur fiscal de Porhoët.

Le prieur tient à foi, hommage et obeissance « lige la maison prioralle, écuries, jardins.... » etc. Le trésorier tient dans les mêmes conditions l'église avec le cimetière qui la joint. Tous deux sont justiciables du Porhoët pour le temporel desdites choses, dont est seigneur fondateur m^{re} Allain Bonin v^{te} de Maugremien et à cause de cette seigneurie « sortie en jouveigneurye du comté de Porhouet ».

5 Juillet 1740 (m. 1341). — Bail à ferme de la Ville-Gourdan, en Guehenno, consenti (moyennant 310¹) par n. h. Francois Gringreau s^r de Lage (d^t au chateau de Quelen, par. de Guegon), agissant pour tres h^t et p^t s^gr Monseigneur Antoile-Paul-Jacques de Quelen Stuart de Caussade, Cte de la Vauguyon, etc.

1748 à 1760 (m. 1342). — Quittances de Louis de Quelen Cte de la Vauguyon et de son frère Antoine-Paul-Jacques, à leur cousin le Comte de la Villebouquais, pour les revenus de leurs terres en Bretagne (Talcouesmeur, la Chenaie-Morio, Crainhouet, la Ville-Gourdan) que ledit de la Villebouquais se charge de percevoir.

A partir d'Aout 1738, Jacques de Quelen signe : Duc de la Vauguyon, et se qualifie, Pair de France.

5 Avril 1753 (m. 1343). — Julien Sene s^r de la Saudraye, est procureur de la cour de Talcouesmeur.

23 Fructidor an XIII (m. 1344). — Bail de la métairie de la Ville-Bourde, aux environs de Josselin, consenti pour neuf années par Anne-Louise de Lesquen, épouse de Francois-Augustin-Felix de la Moussaye et domiciliée à la Chenaye, commune de Matignon, Côtes-du-Nord.

S. D. (m. 1345). — Aveu pour une pièce, dite du Coesle, de la tenue du Pré, en Billio, fait à ecuyer Jan Lesmenetz s^r de la Ville-Rouault et Lynonaiso.

JURIDICTION DE SERENT

Seigneuries de Castiller, Bovrel et Serent (paroisse de Serent)

21 Fevrier 1550 (m. 1346). — Contrat d'échange, entre n. h. m^re Julian d'Avaugour, chevalier, s^gr de St-Lorans et Anne de Sainte-Fayne, sa compagne, — s^r et d^e de St-Lorans et de Tromeur, d^t au lieu de Tromeur, en Serent — d'une part, et n. h. Guillaume Riou s^r de la Haye-Juguet et Louise Hus sa compagne — s^r et d^e de la Haye et de la Porte-Camus en Bilio — d'autre part.

Les s^r et d^e de la Haye abandonnent aux s^r et d^e de St-Lorans, la métairie de la Grée-es-febves, par. de Serent, contre des héritages de même valeur.

Fait à Josselin. Signé : Le Clerc et de Serent pass.

25 Avril 1550 (m. 1347). — Acte concernant l'échange du 21 Fevrier, dans lequel interviennent n. Jehan du Couedor s^gr de la Fleschaye et Francois de Serent s^gr de la Ripvière.

Signé : de Serent et Robert pass.

7 Mars 1642 (m. 1348). — Aveu rendu à Pierre Gouault s^gr de Castiller et a. l. pour une tenue au village de Carouge (en Serent) relevant de la s^gie de Castiller.

Sceau de Castiller.

1700 (m. 1349). — Aveu de la tenue Calmet du village de Carouge, rendu par divers tenanciers, à Perrine Gatechair d^e de Castiller, tutrice des enfants de son mariage avec n. h. Jean-B. le Vandeur, vivant s^r de Kermarechal.

30 Juillet 1701 (m. 1350). — Aveu rendu devant les notaires de la baronnie de Serent et Castiller, à Perrine Gastechair, v^ve du s^r de Kermarechal, et à cause de sa terre de Castiller, d'une tenue à la Ville-au-Gentil en Guégon.

26 Juillet 1705 (m. 1351). — Declaration des terres et héritages en Serent, échus à Perrine Gatechair d^e de Castiller.

1762 à 1763 (m. 1352). — Relevé des contrats passés à Serent et sous les fiefs du Comte de la Villebouquais, du 1er Janvier 1762 au 10 Novembre 1763.

S. D. (m. 1353). — Prisage de la terre de Bovrel en Serent, fait contradictoirement avec la République.

JURIDICTION DE GOËLLO

Creheren, Seigneurie en Plouagat, Plovara, Chatelaudren.

10 Mai 1453 (m. 1354). — Aveu rendu devant Jehan Eder s^{gr} de la Haye et du lieu de Ploagat, par Pierre Lesné, à n. h. Jehan s^{gr} de Saint-Paul (ailleurs Saint-Pons) et Creheren, à cause de cette dernière Seigneurie.

12 Octobre 1502 (m. 1355). — Aveu devant la cour de Plouagat, rendu à n. h. Charles Hingant s^{gr} du Hac, garde naturel de Gilles Hingant son fils.

16 Janv. 1505 (m. 1356). — Minu et déclaration pour servir aux droits de rachat du fief de Creheren, s'étendant aux paroisses de Ploagat, Plovara, Chastelaudren, ayant appartenu à damoiselle Raoulette de la Houxaye d^e de Hingant, fourni à l'occasion du decès de ladite damoiselle, par n. h. Charles Hingant son époux, s^{gr} du Hac et de Bintin, au nom et comme garde naturel de Gilles Hingant, son fils ainé.

La terre de Creheren comporte : manoirs, domaines, étangs, moulins, rentes, juridictions, obéissances et prééminences, droit de sénéchal, procureur greffier, garde forestier, devoir de rente vis à vis des couvents de Coetmaloan et de Beauport.

Parmi les hommes relevant tant en ramage, qu'a foi lige : Gilles de Langorla s^{gr} de Kermarguer à cause de Kermarguer — Richard de Kerhanya et sa f^e — Geoffroy le Cardinal s^{gr} de Keruyer, à cause de Keruyer — Jan de Tronguerdi et Jeanne de Clisson sa f^e — Alin-Guillaume Rouxel et Jeanne le Roux sa f^e — Maurice le Borgne, à cause de la terre du Clos-Botosa — Silvestre de Cresmeur, à cause d'un hebergement à Kergny — Pierre de Clusimault — Jean le Coniat — Gilles Taillart s^{gr} de Lissantien — Jeanne du Boisgelin — Alain l'Hospitalier... etc.

1505 à 1507 (m. 1357-1359). — Aveux rendus à n. h. Charles

Hingant, s^{gr} du Hac, comme garde naturel de Raoul Hingant son fils, pour une maison avoisinant la terre d'Olivier de Rosmar s^{gr} de Court-Mohan, et différentes pièces de terre ; le tout en Plouagat et sous le fief de Creheren.

Ont signé : de Botmilliau et Berthellot notaires.

Beauvoir, Seigneurie en Plourhan.

15 Juillet 1633 (m. 1360). — Procès-verbal de la prise de possession par écuyer René Goyon s^r de Beaugé, de la s^{gle} de Beauvoir, saisie sur ec. Etienne Boterel s^{gr} de la Villeneuve — héritier p^{al} d'Etienne Boterel son frère (appelé ailleurs Christophe), vivant s^r de Beauvoir, fils de Jan Boterel et Guillonne Daniou, de leur vivant s^r et d^e de Beauvoir.

La terre de Beauvoir s'étend aux paroisses de Plourhan et Treveneuc, et relève de la Ville-Morio.

Fait par les juges de la Ville-Morio en présence de Jacques le Roux, greffier de Plourhan, et de Francois Dumesnil, procureur du s^{gr} de Beaupré.

Ecuyer René Goyon s^r de Beaugé avait fait requête à Henry Nicol s^r de Kernalot, sénéchal de la Ville-Morio, en qualité de mari et procureur de droit de Michelle le Flo, curatrice d'Hiérosme Jouhannic, fils de ladite le Flo, de son premier mariage avec ec. Hervé Jouhannic s^r de Coetdrezo.

1650 (m. 1361. — Arrêt de la cour de la Ville-Morio, relatif au règlement des redevances dues par le fermier de Beauvoir, prononcé à la requête d'ec. Pierre de Kersallio, agissant pour Hiérosme Jouhannic s^{gr} de Coetdrezo et Marguerite Visdeloup douairière de la Villegeffroy qui a acquis la maison et métairie de Beauvoir, autrefois à Etienne Boterel.

1679 (m. 1362). — Procompte et apurement final de rentes arriérées, dues à Marguerite Visdelou sur la métairie du Bout-de-la-Rabine, du manoir noble de Beauvoir, par. de Plourhan.

Les métayers pour regler les 115 livres qu'ils doivent, abandonnent une rente censive à Botendiec.

Beauregard, Seigneuries en Tremelloir.

15 Avril 1567 (m. 1363). — Bail à cens de la maison noble de Beauregard, autrefois appelée, la Chambre-auchapt, située par. de Tremeloir, avec ses dépendances, consenti par nobles gens François de Launay et Vivienne Connen sa f^e, s^r et d^e de Beauregard, à ec. Jan Gration s^r de Launay, fils de Maurice s^r de la Fontaine-Menet et de la Villetannet, et d^t en la maison de la Fontaine-Menet, par. de Pledran ev. de St-Brieuc.

Cette terre de Beauregard est advenue à Vivienne Connen de feus nobles gens Mathias Connen et Catherine de Langourla, ses père et mère. Le bail est consenti moyennant quarante-six boisseaux froment mesure de Goellou, plus une rente de cinq boisseaux à la s^{gle} de la Roche-Suhart, dont relève Beauregard.

Jehan Gration est mis en jouissance par n. h. Jacques Geslin. Copie de l'acte est faite le 23 Mars 1655 pour Philippe Botherel, sur la minute appartenant à Maurice le Bigot s^{gr} de la Villefrehour.

15 Fevrier 1572 (m. 1364). — Bail à convenant du lieu noble de Beauregard, consenti par n. ec. Regne Boterel s^r de la Villefrehour (d^t à la Villefrehour, en Plelou), à Thomas Battaer et Marguerite Gaultier sa f^e.

Ce bail est fait en conséquence du retrait lignager que le s^r de la Villefrehour avait fait sur Jan Gration, comme parent de Vivienne Connen qui avait accensé le même lieu audit Gration, par contrat de 1567.

Ont signé outre les parties : Jan Deslandes et Jan Garel notaires.

Autres Seigneuries.

26 Avril 1456 (m. 1365). — Aveu, devant Jehan Eder, rendu par Alain Gourion s^{gr} de Kerusanno, à n. g. Jan s^r de Saint-Paul et Plouagat et Pierre le Roux, pour le fief de Kerusanno en Plouagat, commun entre eux.

1474 (m. 1366). — Echange d'une rente de douze livres, contre six boisseaux de seigle, consenti entre n. ec. Pierre Boterel et Jan le Dreuff, de la paroisse de Pommerit-le-Vicomte.

Fait et signé à Lanvollon, en la maison de feu Alain Boterel.

27 Juillet 1576 (m. 1367). — Vente d'une terre sous le fief de Treguidel, paroisse de ce nom.

25 Aout 1593 (m. 1368). — Bail à titre de cens, d'un pré, dépendant de la fabrique de N.-D. du Tertre de Chatelaudren, consenti par l'assemblée des notables de la paroisse, à noble Louis Marion.

Ce pré joint les terres de Marie Courson et de n. Pierre Boterel s^r de Tertrellet.

22 Novemb. 1623 (m. 1369). — Aveu, devant les notaires de Penthièvre, au siège de la Roche-Suhart, rendu aux enfants mineurs de Toussaint Boterel s^r de la Villegeffroy, par Roberde Gendrot, v^{ve} de François Conesurel s^r de la Motte-Terte, pour des terres relevant de la Ville-Aulneu, par. de Plerin.

Signé : Francois le Normant s^r de la Ville-Houart.

30 Avril 1638 (m. 1370). — Ferme de la seigneurie de Plelo, consentie pour neuf ans, et moyennant 2.100 livres par an, à Clement le Breton s^r de la Fontaine, archer des gardes du corps du roi, par Philippe de la Tremoïlle, M^{quis} de Royan, Cte d'Olonnes, etc..., grand sénéchal du Poitou, capitaine du chateau de Poitiers, demeurant à Paris.

A charge par le preneur de payer les gages des officiers de ladite Baronnie de Plelou, les réparations, les poursuites des procès civils et criminels.

27 Avril 1655 (m. 1371). — Procès-verbal de la saisie effectuée sur la seigneurie de Gouazanharant, par. de Plourhan, appartenant à Josias de Kerléau s^r de Lisle ; ladite saisie faite à la requête de Philippe Botterel s^{gr} de la Villegeffroy, qui n'a pu obtenir le payement de 5491 livres, que lui doit le s^r de Kerléau, comme héritier de feu Yves de Kerléau, son père.

Le sergent royal de Chatelaudren s'étant présenté pour opérer la saisie de la s^{gie} de Lisle, trêve de Mousteru, par. de Pedernec, fut reçu à coups de fusils et dût se retirer pour aller le lendemain procéder à Gouazanharant.

21 Juillet 1675 (m. 1372). — Opposition à un acquet fait au village du Temple, en Plelo, par ec. Jacques le Brun s^{gr} de Kerprat ; et arrêt de la cour commanderie du Temple et de la Ville-Blanche, en Boqueho, membres dépendant de St-Jean de Jérusalem.

5 Novemb. 1678 (m. 1373). — Assignation de Mathurin Botterel, chevalier, s^{gs} de Coetsal, mari d'Anne le Roux, demeurant à Rennes, à Marie Jannic, afin d'obtenir de celle-ci l'acquittement des redevances qu'elle doit sur des terres à Gouerouault, en Plouagat.

1681 à 1701 (m. 1374). — Procès devant la cour royale de St-Brieuc, soulevé par les « humbles et dévotes » religieuses carmélites de Nazareth de Vannes, qui réclament comme propriétaires de la s^{gie} de Lanrodec, en Plouagat, la réformation d'une déclaration faite en 1680 par Marguerite Visdelou.

Ces religieuses réclament une rente de onze boisseaux froment sur des terres de la Villeneuve-Perret.

3 Janvier 1687 (m. 1375). — Aveu rendu par Joseph-Hyacinthe de St-Pern chev. s^{gr} de Ligouyer et Julienne Botrel sa f^e, à h^t et p^t Guy d'Allogny de Bois-Morand chevalier de St-Jean de Jerusalem, grand bailli de la Morres, commandeur des commanderies de St-Jean de Latran à Paris, la Feillée, Pallaire, Pommeleuc, Maël-Pestivien, St-Jean Ballouan en Plelou, de la Villeblanche, s^{gr} de Laraine et a. l., pour une pièce de terre aux « meptes » du Temple et sous le fief du même nom.

14 Mars 1776 (m. 1376). — Quittance donnée à Mr de la Villebouquais pour 35 boisseaux de rente, qu'il doit à la s^{gie} de la Roche-Suhart, membre du duché de Penthièvre, sur la maison du Grand-Pré.

JURIDICTIONS DIVERSES

9 Janvier 1475 (m. 1377). — Aveu relatif à des prés sis aux environs de Malestroit, rendu par Jean Ledeen du village du Temple, à Jacques de Tregaranteuc.

Signé : de la Chenaie, pass.

1482 (m. 1378). — Donation faite par Francois II duc de Bretagne à Francois d'Avaugour, son fils naturel, des seigneuries et chatellenies de Chastel-Audrain, Lanvollon et Pempoul, en Gouellou.

François II reconnait que feu le duc Jean, son oncle, donna la paroisse de Plouagat, faisant partie de Chastel-Audrain, à Pierre Eder (père de Jean Eder), lequel transporta différents héritages de cette paroisse à la duchesse Francoise d'Amboise, et que lui, Francois II, rentra dans la possession desdits héritages par voie d'échange. Le baron d'Avaugour aura, le premier, droit de congé et de menée aux plaids de Gouëllou, qui se tiendront à Lanvollon. Donné à Nantes. Signé du duc, de Guégan, et Réal, secrétaire de la chancellerie.

Copie collationnée en 1644 sur un titre appartenant à Louis de Bretagne B^{on} d'Avaugour, remise à Philippe Botherel s^r de la Villegeffroy, en présence de Pellier et de Mr de Tanouarg, conseiller.

10 Mai 1506 (m. 1379). — Bail consenti par n. h. Maure de Guenechquillic, docteur-es-droits, s^{gr} dudit lieu et de Perran (d^t en sa maison de Keranscorzec), à Bertrand le Soult, de différentes tenues, sises au village de Rosquelsen, par. de Lanizcat.

8 Avril 1554 (m. 1380). — Lettres patentes du roi, données à Fontainebleau et relatives aux abus, dégats et pillages, qui se font dans les forêts, garennes, bois, landes, bruyères, que posséde en Bretagne le duc de Montmorency son cousin, pair et connétable de France, par raison et à cause des seigneuries de Chateaubriant, Rougé, Soullenache, Teillay, Issé et Beauregard, Derval, Anguynac, Nozay, Vioreau et Martigné-Ferchault.

Copie.

17 Mai 1555 (m. 1381). — Intimation des notaires de Nantes aux coutumiers des forêts, bois et landes, dépendant des domaines ci dessus, d'avoir à produire leurs titres en l'auditoire de Chateaubriant.

20 Juin 1555 (m. 1382). — Déclaration faite par n. h. Francois Durant ec., s^{gr} de la Mynière, touchant les droits d'usage qu'il possède en la forêt de Teillay, à cause de son domaine de la Chenaye, proche la ville de Teillay.

Ces droits sont : « d'usaige à boys mort et mort boys pour chauffaige et feu de cour et pasnaige pour bestes et porcs aux mailles et perchines. »

14 Novembre 1562 (m. 1383). — N. h. Guillaume Riou s^r de la Haye-Juguet, requiert aux plaids d'Auray, contre Vincent Bressadon, sergent féodé de la même cour.

15 Septembre 1564 (m. 1384). — Bail à convenant du lieu noble et manoir de Kerdreyn avec ses dépendances, consenti par n. g. Jehan Botterell ec. s^{gr} de la Villegeffroy et damoiselle Jehanne Botterell sa compagne, d^e de la Villendon et de Kerdreyn, à Gilles Mauroux de la paroisse de Servel.

Fait à Lannion sous les seings de Regnard procureur de ladite demoiselle, de n. h. Yves Droniou, d'Henry de Cresolles et Louis Guillou, notaires.

6 Juillet 1574 (m. 1385). — Accord entre ec. Pierre du Boisgelin s^r de Kersaliou d^t au lieu de Kersaliou par. de Pommerit-Jaudy et n. h. Perceval Cozon s^r de Kerriou d^t au lieu de Kerriou, par. de Goudelin, touchant la jouissance de trois pièces que ledit s^r de Kerriou prétend avoir été acquises par Guillaume Cozon, son père.

8 Aout 1606 (m. 1386). — Ec. Rolland de Kerbouric s^r de Crechleac et Jeanne le Marchand sa compagne (d^t au manoir de Crechleac, par. de Langoat), vendent à n. et vénérable m^{re} Philippe du Halgouet s^r de Cozkeriou, chanoine de Lantreguier (d^t au manoir de Kerarscan, en cette ville de Lantreguier), la terre appelée le Parc-Kerbouric, avec ses dépendances, s'étendant au faubourg de Lantreguier, relevant du régaire, et occupé par les époux le Quelennec.

Signé des parties et de Huon le Berre et Pierre le Bugalle notaires.

2 Avril 1607 (m. 1387). — Aveu pour différentes tenues nobles, par. de Plurien, rendu par ec. François Destriac et Marguerite Bouan sa f⁰, sʳ et dᵉ de la Villeneuffve (dᵗ en ce lieu), à n. h. Amaury de Tremerreno sᵍʳ de Lehen, Guytrel et du Chastelier.

11 Avril 1655 (m. 1388). — Ordonnance de Cesar duc de Vendôsme, de Beaufort et de Penthièvre, relative aux formalités à observer dans la reception des aveux rendus par ses vassaux et tenanciers du Penthièvre, juridictions de Guingamp, Lamballe, Moncontour et la Roche-Suhart.

5 Aout 1658 (m. 1389). — Apprécis par Louis Druays, coutumier de la halle de Ploermel, de la valeur des grains sur le marché de cette ville.

1 Boisseau de seigle = 74 sous tournois.
1 B.   froment rouge = 100 s. t.
1 B.   froment noir = 74 s. t.
1 B.   avoine = 44 s. t.

6 Oct. 1664 (m. 1390). — Assignation à deux laboureurs du Quessouay, d'avoir à s'acquitter des rentes féodales, qu'ils doivent à la seigneurie du Bogas.

Fait, à la requête de Guillaume de la Noue chevalier, sᵍʳ dudit lieu, consᵉʳ au Pᵗ de Br., dᵗ à Bogas.

3 Fevrier 1672 (m. 1391). — Procès-verbal de visite chez les particuliers qui font clandestinement vente et débit de breuvages sans déclaration aux fermiers des devoirs.

Fait, par Claude Dagorne et Yves Le Cerliure notaires royaux de Carhaix.

1679 (m. 1392). — Mémoire pour servir à la liquidation de vente de la terre de Ponsal.

Vente faite au prix de 70.000 livres et à laquelle sont intéressés le sʳ de Saint-Denac du Bois de la Roche, le sʳ de Kerbrezel, Mʳˢ des Hurtières, de Bourgerel, de Chavaière, de Coetlogon, des Hayes.

1705 à 1715 (m. 1393). — Liasse concernant une dime de 107 boisseaux de paumelle, mesure de Chateauneuf, dite, dîme de Sᵗ-Pair, près Sᵗ-Malo.

En 1714 Francois-Hyacinthe de Visdelou chev. sʳ de Sᵗ-Querreuc (fils de René César), mari et procureur de Jeanne-Angélique Nepveu dt au château du Colombier (par. de Hénon), vend à ec. Jean Martin sr de la Chapelle, la dîme en question, échue aux vendeurs par transaction passée entre eux et ec. Jacques Nepveu sr de la Motte (père de Jeanne-Angélique).

En 1707, la dime de St-Pair appartient à Jean de Talhouet sgr de Brignac, coner au Pt ; en 1708 à Mr le Mquis de Beringem.

28 Aout 1714 (m. 1394). — Quittance du rachat de l'annuel (ordonné par édit du mois de decembre 1709), pour 5698 livres, versées par Mr Jean-Maurice Geffroy, coner du roi.

1721 (m. 1395). — Assignation au sr Deslandes Millon, capitaine de cavalerie, dt en son manoir de Bellevue (par. de Henon), d'avoir à comparaitre devant la juridiction de Vauclaire.

Fait à la requête d'ec. Pierre de la Goublaye sr du Gage ci-devant fermier de la sgie de Vauclaire, dt en sa maison noble du Chaucheix, par. de Trédaniel.

Série C. — AFFAIRES DU PARLEMENT

1764 (m. 1396). — Copie des lettres de Messieurs Picquet de Montreuil, Euzenon de Kersalaun, Charette de la Gascherie et de la Chalotais, rendant compte à leurs collègues du Parlement de leur correspondance avec Mr de Saint-Florentin et de leurs démarches à Versailles, où ils ont été appelés par le roi.

30 Juin 1765 (m. 1397). — Copie d'une lettre de M. le contrôleur général des finances, à M^r d'Amilly, du Parlement de Bretagne.

Le controleur g^{al} des finances discute les faits insérés dans la délibération du 22 Mai 1765 (dans laquelle le Parlement a décidé de remettre au roi ses états et offices) et traite de la levée « des deux sols pour livres en sus des droits de fermes. »

1768 (m. 1398). — Copie d'une supplique faite par les Etats, afin d'obtenir la révocation de l'édit du roi (Novembre 1765) qui renvoyait dans leurs terres soixante membres du Parlement ; ceux-ci avaient été mis en disgrâce, pour refus d'enregistrement de certains arrêts, qu'ils avaient jugés nuisibles aux franchises et immunités de la Province.

Signé : F. Evesque et s^{gr} de St-Brieuc — le duc de Rohan — Bobic.

18 Aout 1785 (1399). — Arrêt de la cour du Parlement de Bretagne portant remontrances au roi, relativement à une loi qui dépouille celle-ci de sa compétence (ordonnant contre son gré la distribution des tabacs) et à la nomination des jurés priseurs dans la Province.

S. D. (m. 1400). — Représentations faites au roi par les membres du Parlement, touchant les impots, corvées, depenses extraordinaires (relatives principalement à la création des routes) qui accablent la Province.

Signé : Demanière.

IMPRIMÉS

A. — AFFAIRES DU PARLEMENT DE BRETAGNE

1°) PROCÉDURES CIVILES (XVIIIe SIÈCLE).

1737. — Factum pour Jeanne Thomas, veuve de François-Alexandre Camas, sieur de Lucerie, et ses enfants; contre Angélique Houée, veuve de Raymond Laurens et tutrice de ses enfants.

1738. — Factum pour Anne Gauven, veuve de Charles Tatin, négociant à Nantes, tutrice de ses enfants; contre Etienne Tatin sieur du Clos, négociant à Nantes. — Factum pour les administrateurs de l'hopital général, des hopitaux de Joué, et des incurables de Rennes; contre Marie-Françoise Gilbert, épouse de Pierre le Fer sr de la Saudre, et Servante de Miniac, veuve d'ecuyer Pierre de la Motte, sr de la Villedurand.

1740. — Mémoire pour Joseph du Quengo Cte de Crenolle, garde naturel des enfants de son mariage avec Therèse-Charlotte-Dorothée de Beauveau; contre Louis le Sénéchal, Mquis de Carcado, héritier pal de Louise-Renée de Lannion, Mquise douairière de Carcado, sa mère. — Factum pour Julienne Pellé, heritière de Guillaume Pellé et femme de Jean Robinault sr de la Touche; contre Marguerite Marchix et Pierre Havenel.

1742. — Factum pour Marie Bureau, veuve de noble maitre Joseph de Moyaire, avocat en la cour, Eulalie Bureau, et Jeanne Guerre, veuve de n. h. Pierre-André Garnier, héritières de Joseph-Rose

Chevalier ; contre n. m^tre Maurille Lemoy s^r de la Villeguegano, avocat, et Marie Garnier son épouse, ci-devant veuve de Joseph-Marie Chevalier.

1743. — Autre mémoire pour Marie Bureau.

1744. — Factum pour Hamon-Jean-René de Tredern, chev., s^r de Lezerec, héritier de Claude de Tredern, son père ; contre ec. Jean-François Rigollé, s^r de Kerleverien, tuteur d'Anne-François de Cremeur, fille et unique héritière de feu ec. Louis-René de Cremeur, s^r de Penamprat. — Mémoire pour Jean-Baptiste de la Goublaye ec. s^r de Crehen, propriétaire des fiefs de la Villebrexelet ; contre Antoine et René Thomas héritiers de Mathurin Thomas, leur frère. — Bref état du procès entre la communauté de Guingamp, d'une part, François Ruperon et Claude Ruperon, d'autre part. — Factum pour M^tre René Coeffe, s^r des Monceaux, avocat au Parlement, alloué du duché de Retz ; contre Jean-Baptiste de Lanux, chanoine de Toul en Auvergne, abbé commendataire de Ste-Marie. — Mémoire pour François-Joseph-Emmanuel Guyet, premier dignitaire de l'église cathédrale de Quimper ; contre ec. Jean-Baptiste et René de Plouays s^rs de la Gaignonais et de Bougent, héritiers directs d'Anne de la Bintinais leur mere, épouse d'ec. Claude-Pierre de Plouays s^r des Portes. — Mémoire pour le sieur de Princey de la Nocherie ; contre la dame d'Apreville.

1748. — Mémoire pour n. h. Julien Berthelot, mari de Catherine de la Hamelinière, et consorts, héritiers de feu n. h. André-Alexandre de la Hamelinière ; contre ec. Urbain Rodais et consorts, héritiers d'ec. André Rodais conseiller secrétaire du roi. — Factum pour la veuve du s^r Luc James, maitre d'hôtel sur les vaisseaux de Sa Majesté ; contre Guillemette Tirot, veuve de n. m^tre Jacques Lestarsel s^r de Runion, avocat à la cour, héritière de Guillaume Tirot s^r de Klein son frère. — Précis pour Helène le Brain, veuve de Pierre Mériadec de Robien, chev. de St-Louis, Jeanne le Brain, n. h. Pierre le Blanc et autres héritiers de Marie Billon v^ve de Pierre Barateau ; contre René Fleuri et consorts. — Factum pour Constance le Mercier, s^r des Alleux, receveur des consignations de la B^nie de Fougères ; contre François Lottin, prêtre, Gilles-René Lottin s^r de la Fortinais et Julien Lottin s^r du Bourg, tous héritiers de n. h. Jean Lottin s^r de la Babinière.

1749. — Autre factum pour la veuve du s^r Luc James.

1750. — Mémoire pour les nobles doyens, les chanoines et le chapitre de la cathédrale de Nantes ; contre Missire Vincent Nael curé de Pontchateau et autres curés du diocèse de Nantes. — Mémoire pour René Louvel avocat, juge prevôt d'Ancenis ; contre Jean Orthiou exerçant par commission la charge de sénéchal de la baronnie d'Ancenis, et ledit s^r Orthiou demandeur en requête contre Anne Duvault v^{ve} de Pierre Planchenault ancien sénéchal d'Ancenis.

1751. — Précis du procés engagé par Louis-Benjamin Denis ancien echevin de Brest, en son nom et celui de ses consorts, cohéritiers de n. h. Benjamin Denis et Marie Hillion, leurs auteurs ; contre François Kermarec et Anne Desfossés sa femme.

1752. — Mémoire pour n. h. André Chinon controleur de l'artillerie de Bretagne et négociant à Nantes ; contre n. h. Francois de Lisle, négociant à Rennes, concernant le procès Pierre Laschy, fermier des devoirs de la province de Bretagne. — Mémoire pour Angélique Hamelin v^{ve} de n. h. Jean-B. Ramaceul de la Courgohier et tutrice de ses enfants ; contre Augustin Paris de Soulanges, Judith Piquet v^{ve} de Jean-B. de Rosniven chev. s^{gr} de Piré, conseiller au P^{ment}. — Mémoire pour Emmanuel Blouet, maitre-teinturier à Rennes, et Gilles Gaultier, fermier du Rocher ; contre Marguerite Riollier v^{ve} Simon. — Mémoire pour le général de la paroisse de Visseiche ; contre missire Yves-Joseph Legault, recteur de la même paroisse.

1753. — Mémoire pour Claude et Alexis Caillaud, héritiers d'Elisabeth Caillaud leur sœur, ci-devant veuve de feu n. h. Jean Castel négociant à Nantes [contre Josephine Blanchet, v^{ve} de Pierre Bourdon. — Requête de n. h. Simon le Goff s^r de St-Gilles ; contre les sieurs de Keraoul et de la Roncière-Vittu, les sieur et dame de Boisbra de Bedée, enfants du sieur de Kersaint-Vittu. — Mémoire pour Francois Kermarec mari d'Anne Dufossés ; contre Louis-Benjamin Denis, Jean-Claude Denis, s^r Duchêne, et Laurent Fevrier s^r de la Saigne. — Mémoire pour Francois de Kermellec, chev., s^r de Launay, fils ainé et héritier d'Yves de Kermellec, et de Marie Moriquin, en cette qualité héritier dans l'estoc des Legarec d'ecuyer Jean-Louis de Kergus ; contre Jeanne-Yvonne de Laune v^{ve} de Guillaume-Pierre Paullon, heritière d'ec. Jean-Louis de Kergus. — Factum pour Raoul le Clerc et Anne Courqueul sa femme, et consorts ; contre Jacques Le Can, avocat et Jeanne-Marie Le Can s^r et d^e de la Villepotamour.

1754. — Mémoire pour les nobles chanoines et gens du chapitre de la cathedrale de Vannes ; contre Mre Mathurin Talhouet, recteur de Plaudren. — Mémoire, addition, et répliques pour ledit recteur de Plaudren ; contre les chanoines. — Factum pour François le Jeune et Marguerite Gestin, v^ve de Gabriel le Jeune ; contre Georges Picot, notaire royal, procureur fiscal de Carman, et Jean Kergil. — Factum pour Pierre Lachy, fermier g^nl des devoirs, de l'impot et billot, pour les années 1753 et 1754 ; contre Joseph Louvel et Anne Guichard, sa femme.

1755. — Mémoire pour m^re Anonime de Querivon, chev., fils et héritier p^al de Guillaume de Querivon ; contre dame Françoise du Breuil d^e de St-Pern. — Mémoire pour Richard-René Legge, ecuyer, s^r du Bignous et Toussaint Billon des Guyonnières, procureur fiscal de la chatellenie du Tertre ; contre François Moisson, cabarétier au Tertre. — Mémoire pour Guy-Marie Jamiot, procureur au Parlement ; contre M^r le procureur général du roi. — Mémoire pour Mathurin Picquet, notaire de plusieurs juridictions ; contre Jean Jarno. — Mémoire pour Jean-Baptiste Gaultier, notaire royal au siège présidial de Vannes et Marie-Anne de Tourson, son épouse (celle-ci héritière de feu Guillaume de Tourson et de Jacquette le Bodo) ; contre Marie Orhan v^ve de feu n. h. Jean Gaultier s^r de la Touche. — Mémoire pour Mre Martin du Bellay s^gr evêque de Frejus, abbé commendataire de St-Melaine ; contre Pierre Moussaux et Guillaume de Launay mari de Mathurine Bageot. — Factum pour Jeanne-Francoise Fremond v^ve d'ecuyer Pierre Coupue s^r de Portoreau ; contre Jean Traisneau, entrepreneur. — Second mémoire pour Naël, recteur de Pontchateau et cent dix autres recteurs du diocèse de Nantes ; contre les nobles doyens, chanoines, et le chapitre de la cathédrale de Nantes. — Requête de François Guillou, notaire du C^té de Porhoët et de l'abbaye des Aulnais-Caradreux, Marguerite Bageot v^ve et autres ; contre m^re René-Anne-Hippolyte, abbé commendataire de St-Jean-des-Prés et prieur de St-Nicolas-de-Josselin, m^re Jean Chaumorcel, prêtre, et le général de St-Nicolas-de-Josselin. — Factum pour Yves Caro, marchand de bois ; contre Louis Lepage, autre marchand de bois. — Mémoire pour le général de la paroisse de Calorguen ; contre m^re Jean Faisan s^r de Beaumont, recteur de ladite paroisse, et Louis Guerrier et Francois Chatton, trésoriers. — Mémoire pour les juges et consuls de Nantes, représentant le général du commerce ; contre la communauté des marchands de draps et soie de la même ville. — Mémoire pour m^re Yves-Joseph Legault, recteur de la paroisse de Visseiche ; contre le général de ladite paroisse. — Mémoire pour Guillaume Gougé sous l'autorité de Perrine Péan sa mère ; contre Marie-Renée-Charlotte de Langan, dame d'honneur de la duchesse du Maine.

1756. — Requête de Mre Ignace Guillaume, recteur de Piriac, prenant fait et cause pour François Guilvin ; contre Jean B. Boquillon adjudicataire g^al des fermes de France. — Mémoire pour Marie-Francoise du Breuil, épouse séparée de biens de Judes de St-Pern ; contre Anonyme de Kerivon. — Précis du procès de René Sagory, épicier à Nantes ; contre Nicolas Chevillon, fermier de la traite domaniale de Nantes. — Addition pour Guillaume le Mat, Laurent le Mat, et autres héritiers de Catherine Toullec ; contre Emmanuel du Val Vve de Charles-Marie Guégot r^r du Rest, vivant greffier de Lannion. — Mémoire pour les enfants de Francois Clement Hérisson s^r des Landes ; contre Jean-Francois Hérisson.

1757. — Mémoire pour les gens des trois états du duché de Bretagne ; contre Jean-B. Boquillon, adjudicataire des fermes unies de France.

1758. — Mémoire pour Ferdinand Ohier, négociant à St-Malo ; contre Julien Rogerie, armateur du navire *St-Olive*. — Mémoire pour Nicolas Clément, négociant à Brest ; contre Pierre Rivière, négociant à Landerneau.

1759. — Mémoire pour Christophe Harivel garde naturel des enfants de son mariage avec Marie le Rouxel ; contre Julien Gouin, s^r du Demaine, maître chirurgien, veuf d'Anne-Francoise le Rouxel. — Mémoire pour Joseph et Mathurin Baud, Vincent Hellandais et Marie Baud sa femme, et autres héritiers de Julien Carré, greffier de la Trinité Porhoët ; contre Joseph Huet procureur fiscal de Bodégat.

1760, — Mémoire pour Jeanne-Yvonne de Laune v^ve de Guillaume Pierre Paulon, héritière d'ec. Jean-Louis de Kergus ; contre ec. Francois de Kermelec s^r de Launay, Marie-Jeanne-F^coise de Kergroades, curatrice à l'interdiction de Sebastien-Louis de Kerouars, écuyer Richard Guillouson s^r de Trovern, m^re Jerôme Guillouson prêtre ; également contre Gabrielle de Kergus, fille unique de Louis de Kergus s^r de Trosagan, autorisée sur le refus de Joseph-Aimant Cte de Roquefeuille, son mari. — Mémoire pour Jean et Robert Bauthamis, Marie Bauthamis v^ve de Joseph Renault et autres habitants de la paroisse d'Avessai (*sic*), le long de la rivière de Vilaine ; contre les habitants du fief de St-Nicolas à Painfault. — Observations pour Jeanne-Yvonne de Laune ; contre ec. Francois de Kermellec,

J.-M.-Francoise de Kergroades tutrice de Louis de Kerouartz, Richard Guillouson... et autres. — Requête des directeurs et administrateurs de l'hôtel-dieu de la ville du Bourgneuf ; contre les gardiens et religieux de St-Francois à Bourgneuf. — Addition pour les mêmes.

1761. — Mémoire pour les pauvres malades de l'hôtel-dieu de Nantes ; contre la communauté des maitres chirurgiens de Nantes. — Mémoire pour la communauté des marchands maitres teinturiers de Rennes ; contre le s^r Jean Marin maître teinturier en la même ville.

1762. — Mémoire pour Marthe-Gabrielle Forent v^{ve} d'ec. J.-B.-Luc Doudard s^r des Hayes ; contre la communauté des procureurs à la cour. — Mémoire pour la communauté des procureurs du Parlement ; contre Gabrielle Forent. — Mémoire pour Marie-Jérôme Botherel de Quintin, chevalier, s^r de Saint-Denac ; contre Louis-Francois de Foucher, chev., s^{gr} de Careil, con^{er} au P^{ment} de Br. — Mémoire pour le s^r Foineau du Haut-Plessis, d^{elles} Rose et Marie Le Glay, enfants de Sébastien Le Glay ; contre n. h. Joseph Jamet s^r du Griffolet et Sainte Jamet v^{ve} de Julien Le Beau. — Addition pour Jean et Robert Bauthamis. — Dernier mémoire pour Pierre-Francois de Bourblanc s^r d'Apreville, chevalier de St-Louis ; contre les s^{rs} de Princey écuyers et d^{elle} de Princey.

1764. — Mémoire pour Quintin Tupigny, fermier de la traite domaniale de Nantes ; contre Mathurin Boiserpe. — Mémoire pour Jean du Bochet et ses fils négociants au Croisic ; contre n. h. Mathurin-Hillarion Choismel, s^r de la Salle. — Mémoire pour Perrine-F^{coise} le Mezec, héritière de feu le Mezec de Kerbois, v^{ve} de René-Ollivier du Menez, chevalier, s^{gr} de Lezurec, autorisée de Guillaume de Bugat, et Alexandre Laennec, tuteur des enfants de ladite le Mezec ; contre Therèse Jacquelot v^{ve} de René-Alexis Huchet, chevalier, s^r de la Bedoyère, capitaine des vaisseaux du roi. — Addition pour le s^r le Breton, appelant contre le général de Plouescat. — Mémoire pour Mre Jean-Nicolas Provost prêtre ; contre René-Georges Loncle, recteur de Moncontour.

1767. — Mémoire pour François-Marie de St-Malou, recteur de la paroisse de St-Pierre de Bouguenais ; contre Jean Rousseau, recteur d'Asserac. — Etat de la cause d'entre Nicolas Jefeguel, Jean Perennou, Yves Pennec, et autres ; et Nicolas-Louis sire de Plœuc, et encore le procureur g^{nl} du roi. — Mémoire pour Jean Rousseau prêtre ; contre

Marie de St-Malou. — Requête de Jacques Arnaud, négociant à Nantes ; contre Guy Belliot, capitaine de navire. — Observations sur le mémoire de quatorze vassaux du Marquis de Plœuc.

1768. — Mémoire pour Guillaume Le Ridant ; contre Armand-Louis de Serent sr de Kerfily, mestre de camp du régiment royal. — Mémoire pour Nicolas-Louis sire de Plœuc, chevalier, Marquis du nom ; contre Nicolas Jezequel... etc., tous colons à domaines congéables. — Observations décisives pour n. h. Joseph Jamet sr de Griffolet et d{elle} Sainte Jamet v{ve} de Julien le Beau ; contre Jeanne Glai autorisée sur refus de René Bocher procureur en la cour.

1769. — Mémoire pour Marguerite le Barbu, v{ve} de Jacques Perrot, et ses enfants ; contre n. h. Jean Armez sr du Poulpry.

1770. — Addition au mémoire pour Pierre-René-Louis Le Metayer sr de Runello ; contre Elisabeth Pepin de Martigné, fille de feu ec. F{cois} Pepin sr de Martigné. — Mémoire pour Perrine Sylvie d'Aleno, autorisée sur refus de Louis-Jean-Marie de Kerret chev. sr de Quilien son mari, héritière de Charles-Bon d'Aleno sr de Kersalic ; contre Yves Sylvestre et Jean Sylvestre, enfants de Pierre Sylvestre. — Observations pour Anne-René-Julien Filly, sur le mémoire signifié de la part de Joseph de Begasson, chev., sr du Roz, lieutenant des maréchaux de France.

1771. — Subjonction d'actes et observations que fournit René-Antoine du Bois des Saussays, procureur au Parlement, tuteur des enfants de Thomas-Charles de Morand, chevalier, Cte de Penzes, maréchal de camp ; contre Marie-Anne de Tanoarn, épouse de Jean-René d'Andigné. — Addition pour Marie-Anne de Tanoarn, concernant la même affaire. — Réponse de René-Antoine du Bois des Saussays, concernant la même affaire. — Observations et réponses pour René-Antoine du Bois. — Mémoire pour n. h. Rolland-Jullien Le Normant sr de Launay, étudiant de la faculté des droits de Rennes ; contre Guillaume Bourva, procureur fiscal de Runefaou, sénéchal de Launay-Nevet et a. l. — Mémoire pour n. h. Jean-B. Belbedat sr de Launay, Jacques Belbedat de Kerdivisien, Onézime de la Motte, officier de la c{ie} des Indes, mari d'Anne Belbédat, lesdits Belbédat, enfants et héritiers de Pierre Belbédat, ancien maire de Brest, et Antoinette le Gac, sa veuve ; contre Catherine de Perrier v{ve} de Jean-François de Treoudal, l{t} des vaisseaux du roi, chev. de St-Louis, tutrice des deux filles mineures de leur mariage, héritières d'Alexandre Duplessix s^r de Treoudal, l^t des vaisseaux du roi, leur oncle.

1774. — Observations pour le général de la paroisse de Plouescat, contre François Berbélat s^r du Val, héritier d'Amaury Berbélat s^r du Verger, procureur fiscal de Trongoff-Kerouzeré et fermier général de ladite Seigneurie. — Réponse de M^r le Maréchal de Duras au mémoire de Mr Desgrées du Lou. — Mémoire pour J.-B. de Foucauld, chev. ancien capitaine du régiment d'Enguien, chevalier de St-Louis, major des villes et chateaux de Nantes ; contre Joseph de Menou s^gr de Pontchateau, de Montebert, gouverneur du Gâvre, lieutenant pour le roi des villes et chateaux de Nantes. — Mémoire pour le général de la paroisse de Plouescat ; contre n. h. Julien-Francois Barbelat s^r du Val.

1775. — Mémoire pour le général de la paroisse de Plouescat ; contre n. h. Julien-François Barbelat s^r du Val.

1776. — Requète de Marie-Angélique Poitevin, épouse de Nicolas Massot, négociant à Nantes, et Felix Poitevin, s^r de la Villesnaux ; contre Marie Cotterel et consorts, héritiers de Julienne le Roux, leur mère.

1777. — Mémoire pour Jean le Normand, jardinier, et Marie Rouxel, sa femme ; contre Bon-Georges-Alexandre Maudet, chevalier, s^gr de Penhoët, et n. m^tre J.-B. Chretien s^r du Cosquet, avocat à la cour. — Mémoire pour Marie-Anne-Jacquette de la Haye v^ve de Jean-Vincent de Belingant, chef d'escadre des armées navales du roi, chevalier Cte de Belingant et ec. Joseph-Marie Jehan s^r de Launay et Yves Meriadec.

1778. — Précis de la cause, d'entre le M^quis de Montigni et le Comte de Begasson, lieutenant des maréchaux de France. — Mémoire pour Antoine-Joseph du Laurens, evêque de St-Malo ; contre le général des paroissiens de St-Pierre de Baignon. — Second mémoire pour n. h. Jean-Francois Passart maitre de quai à Nantes, l^t-colonel de la milice, fils et héritier de n. h. François Passart s^r de Vieuxpignon et de Jeanne le Scourre ; contre Anne-Therèse-Pélagie Passart v^ve de Guillaume Quemener s^r du Plessix, Yves Quemener, Alexandre Chretien s^r de la Masse, mari de Therèse Quemener, Nicolle Quemener v^ve d'ec. Marie Gourcuff.

1779. — Mémoire pour Francois-Hyacinthe M^quis de Tinténiac, chev., s^{gr} de Quimer, tuteur des enfants de feu Nicolas-Louis sire de Plœuc, chev., et de Jeanne-Guillemette Duboisguehenneuc et ladite dame Duboisguehenneuc ; contre Jeanne-Renée-Thomase de Plœuc, épouse de Jean-M.-B.-René c^{te} de Botderu, chev., s^{gr} de Kerdreho, ancien capitaine des dragons. (Tableau des dettes de la maison de Kervenozael). — Observations pour Mr Mesnard de Conichard sur le mémoire de Mr Desgrées du Lou. — Mémoire pour n. h. Antoine-Marie Vistorte, négociant à Lannion ; contre Jean le Barzic, Jacques Laquin et autres. — Troisième mémoire pour n. h. Jean-Francois Passart, l^t-c^{el} de la milice de Nantes ; contre les héritiers des s^r et d^e de Quemener.

1780. — Mémoire pour Jean Le Millié, négociant à Pontrieux ; contre Helène-Marie Gorjat, v^{ve} de Francois le Nay. — Second mémoire pour les dames comtesses de Kerouartz et de Begasson ; contre Francois-Marie du Poulpry, chev., s^{gr} de Lanvengat et Joseph-Jacques de la Saudraye, chev., s^{gr} de Brigné. — Précis pour Bonnissent, procureur à St-Malo ; contre n. Pierre-Jean le Chenu et F^{cois}-J.-Marie le Chenu s^r de la Villanger son fils, avocat à St-Malo. — Précis pour F^{cois} Hiroux, bourrelier ; contre la communauté des maitres blanconniers, gantiers, et boursiers de Rennes.

1781. — Memoire pour F^{cois}-Anne-Louis-Philippes de Tronjolly, avocat du roi au présidial de Rennes ; contre M^{rs} les directeurs et administrateurs des hopitaux de Rennes. — Mémoires pour F^{cois}-Hyacinthe M^{quis} de Tinténiac, chev. s^{gr} de Quimer, tuteur des enfants de Louis sire de Plœuc ; contre Jeanne-Renée-Thomase de Plœuc épouse de René Cte du Botderu. — Mémoire pour Alexis de Martel, chevalier de l'ordre de St-Louis, héritier de Therèse-Modeste de Martel sa sœur et créancier de sa succession ; contre Charles-Auguste Cte de Martel chef de n. et d'a. — Second mémoire pour Marie-Antoine de Bedée ; contre Renée-Pierre de la Choue. — Addition pour Jean Daniel ; contre Francois Mocudé, procureur de plusieurs juridictions.

1782. — Mémoire pour écuyer Pierre-Jacques Meslé de Grand-Clos, armateur à St-Malo ; contre le s^r Gaberhintier, maitre de navire. — Continuation du mémoire de Jean de Nugent chevalier. — Etat de la cause du collège royal des maitres chirurgiens de Rennes ; contre le s^r Janvier Tremusson. — Mémoire du général de la paroisse de la Prenessaye et des notables de ladite paroisse et de celle de Plemet, au sujet de l'ouverture de la grand route de Loudéac à St-Méen.

(Liste des notables des deux paroisses). — Autre mémoire des mêmes paroisses.

1783. — Extrait abrégé d'une requête présentée par Jan de Nugent.

1785. — Mémoire pour Richard-Philippe-Patrice de Nugent écuyer, avocat au Parlement, sénéchal du C^{té} de Serrant et de plusieurs baronnies. — Mémoire pour J.-M. Guillier du Marnay, L.-A. le Guillou du Cleguier, J.-J. de la Planche et autres ; contre le fermier général aux devoirs de Bretagne pendant les années 1779 et 1780. — Mémoire pour Théodore Swaart, capitaine du navire impérial *Petronilla-Johanna* ; contre le s^r Cornelis Schurman d'Amsterdam et le s^r Frederic Schurman, négociant à Nantes.

1786. — Mémoire signifié pour Joseph-Eléonore de Forsanz du Houx, recteur de la paroisse de St-Etienne de Rennes, exécuteur testamentaire de feue d^e du Boschet ; contre les héritiers collatéraux de feue d^e du Boschet. — Mémoire pour Jacques Gasne et Jean Bichot, à eux joint, René-F^{çois}-J.-Marie du Boberil de Cherville, chev., procureur général syndic des Etats ; contre Nicolas Salzard adjudicataire g^{al} des fermes unies de France. — Mémoire pour Charles-Pierre-Etienne Bonnissent, procureur au P^{ment} ; contre Jean-B. Regnault avocat et Michelle-Felicité de Miniac, son épouse.

1791. — Défense de Jean-B. Gresseau religieux cordelier, prédicateur de la dominicale à St-Sauveur. (Consultation délibérée, analyse du sermont... etc.)

Sans dates. — Addition au mémoire de Jean Sévère sire Cte de Rieux ; contre F^{çois} Hyacinthe de Tremereuc, s^r de Lehen et Toussaint de la Bouexière s^r de la Villetanet. — Mémoire de Mre Jean-René Clemenceau prêtre, superieur de l'hopital de Saint-Méen de Rennes ; contre le procureur du roi, les s^r et d^e Moreau, le s^r Moreau fils, Me Canon, le s^r des Fourneaux. — Mémoire pour René-Marie de Sécillon, chev., s^{gr} de Beaulieu ; contre Marie-Jeanne de Kermeno v^{ve} de René-F^{çois} de Sécillon, Emmanuel de Sécillon, Marie-Jeanne de Sécillon, autorisée de Louis-Athanase du Sol de Grisoles son mari, et d^{elle} Marie-Anne de Sécillon, fille majeure. — Mémoire pour la Ctesse de Valentinois ; contre n. h. Jacques Tostain, négociant à St-Malo et le s^r le Breton de Ranzegat, négociant à Rennes. — Récapitulation générale du procès d'entre F^{çois}-Dominique Bocon, mari de Marie Saulnier, agissant également contre Marie-Louise Davy ;

et Sébastien Gaisnel procureur à la cour. — Mémoire pour Gilles Guillou et Petronille Kerambrun sa femme ; contre Yves Cozannet, et Elisabeth Kerambrun sa f^e. — Mémoire pour Louis L'Archer, René Cotté, Jean Floch, et autres ; contre le général de la paroisse de Plestin, le recteur de Plestin, n. m^{tre} Claude Collinet s^r de Gouazalain, procureur fiscal de Plestin, Marie-Anne-Perrine Miltot v^{ve} de F^{cois} Guichard. — Mémoire pour Jean Giffart, notaire de plusieurs juridictions et J.-B. Prioul s^r de la Charrière, héritiers de Joseph Aubrée, s^r de la Porte ; contre Joseph de Petit-Pré, s^r du Bois-Etienne. — Supplément pour Marie-Anne de Tanouarn ; contre Mr Dubois des Sauzais... etc. — Addition pour le s^r Cte de Goesbriand ; contre le s^r du Thoye. — Mémoire pour Jean-René Lottriau notaire royal ; contre Jean-F^{cois} de Keratry chev. s^{gr} dudit lieu. — Précis du procès d'entre F^{cois} Leray s^r de la Clairtais, con^{er}, secrétaire du roi en la chancellerie de Bretagne, héritier de feu Elisabeth Dorré, sa mère ; contre Louise Turin v^{ve} de Nicolas Saiget. — Mémoire pour n. h. Nicolas Charet, négociant à Nantes ; contre François Terrien, Francois de la Ville, Michel Imbauld et Sauveur Daviaud. — Mémoire pour Mathurin Piedevache, s^r de la Bourdelaye, procureur à Rennes et Francoise Piedevache sa fille, épouse de n. h. Pierre Dinel s^r de Lorgerie, héritiers d'Angélique Garel ; contre. ec Joseph-Augustin Garel s^r de la Vieuxville, fils unique de Joseph Garel. — Deuxième addition pour Amaury Roux, chev., s^r de la Gazoire et F^{cois} de l'Ecu, chev., s^r de Beauvais ; contre Mre Martin Boux, chev., s^{gr} de St-Mars, con^{er} au P^{ment}. — Plaidoyer pour F^{cois}-Marie de St-Malou, recteur de Bouguenais ; contre Mre Jean Rousseau, recteur d'Asserac. — Réplique pour Jeanne M^{quise} de Poilley v^{ve} de Pierre-Guy du Bourblanc, chev., s^r d'Apreville ; contre François-Louis, se disant de Princey de la Nocherie. — Mémoire pour n. m^{tre} Maurille Lemoy s^r de Villeguegano, avocat au P^{ment}, et Marie Garnier, son épouse, ci devant v^{ve} de feu Joseph Chevalier ; contre Eulalie et Marie Bureau, et Jeanne Guerre. — Requête d'ec. Antoine de Lardic s^r Daganry, auditeur en la Chambre des Comptes ; contre Jeanne Pallière, — Factum pour Guillaume Marec, et consorts, héritiers de feu s^r Kerangon-Clerec ; contre ec. Jean Salaun s^r de Keryvoal et ses freres et sœurs, héritiers de Marie-Ursule Henry épouse dudit s^r Kerangon Clerec. — Mémoire pour Joseph Huet, procureur fiscal de Bodégat, notaire et procureur de la Trinité-Porhoët ; contre Louis Huet, marchand tanneur.

2°) DÉCLARATIONS, LETTRES PATENTES, ET ÉDITS ROYAUX.

— Déclaration qui fixe les peines contre les commis des fermes qui prévariqueront dans les emplois (1715).

— Déclaration concernant la liquidation et le remboursement des dettes de l'Etat (1763).

— Lettre patente portant reglement pour l'administration des colleges de Lyon (1763).

— Déclaration qui ordonne que l'assemblée des Etats Généraux aura lieu dans le courant de Janvier 1789 (1788).

— Édit du roi, concernant la libération des dettes de l'Etat (1764).

— Édit du roi, portant règlement pour le Parlement de Bretagne (1766).

— Édit du roi, portant réglement sur la juridiction des présidiaux (1777).

— Recueils de déclarations, lettres patentes du roi, régistrées au Parlement et des arrêts de réglement, rendus depuis :

Juillet	1696 à Janvier	1703.
Aout	1701 à Novembre	1701.
Octobre	1708 à Mai	1709.
Juillet	1710 à Mai	1711.
Aout	1713 à Mai	1714.
Mai	1714 à Novembre	1714.
Juillet	1715 à Decembre	1715.
Decembre	1715 à Aout	1716.
Aout	1719 à Janvier	1720.
Janvier	1722 à Mai	1722.
Aout	1740 à Decembre	1741.
Aout	1745 à Decembre	1746.
Aout	1749 à Decembre	1750.

Aout   1751 à fin   1752.
Aout   1752 à Aout   1754.
Aout   1755 à Aout   1756.
Aout   1757 à Aout   1758.
Aout   1761 à Aout   1762.
Aout   1762 à Aout   1763.
Aout   1763 à Aout   1764.
Aout   1766 à Aout   1768.
Septembre 1770 à Aout   1771.
Septembre 1779 à Aout   1780.
Aout   1781 à Aout   1782.
Aout   1784 à Aout   1785.
Aout   1787 à Aout   1788.

3°) BAUX GÉNÉRAUX DES DEVOIRS.

Bail, consenti à Rennes, en l'assemblée des trois Etats de Bretagne, pour les années 1752 et 1754.

Bail pour les années 1761 et 1762.

Bail pour les années 1779 et 1780.

Bail pour les années 1787 et 1788.

4°) LISTES DES MEMBRES DU PARLEMENT.

Liste de la séance d'Août 1711.
Liste de la séance d'Aout 1716.

B. — MARINE

Exercice en général de toutes les manœuvres qui se font à la mer et en toutes les occasions qui se peuvent présenter. Par M^r le chevalier de Tourville, lieutenant général des armées du roi. Brest 1643.

Liste générale des vaisseaux et autres bâtiments du roi, aux départements de Brest, Toulon et Rochefort, en l'année 1766. (Indication des lieux de construction, des noms de constructeurs, dates, mesures diverses, équipages, artillerie).

Règlement du roi pour la police et discipline des gardes du pavillon et de la marine et des aspirants, du 2 Mars 1775.

Traité des vivres pour les vaisseaux, galères, et autres bâtiments de Sa Majesté, du 28 Mars 1774. Sous le nom de Jean-Baptiste Baucand.

Signaux de brume pour l'escadre du roi, commandée par Mr Duchaffault, 1776. Par M^r le chevalier de St-Riveul.

Signaux de nuit pour l'escadre du roi, commandée par Mr Duchaffault, 1776. Par M^r de St-Riveul.

Supplément aux signaux de nuit.

Signaux de jour pour les vaisseaux convoyeurs.

Signaux du convoi sous les ordres de Mr de Graffe-Limmermont, capitaine des vaisseaux du roi.

Tableaux des différentes sections du livre d'ordres. Par le chevalier de Saint-Riveul,

Journal de marine, ou bibliothèque raisonnée de la science du navigateur, dédié à S. A. S. Mgr le duc de Chartres, par Mr Blondeau. Brest 1778. (Cahier 37 pages).

C. — DIVERS

OUVRAGES, POÉSIES, THÉATRE..., ETC.

Mandement et instruction pastorale de Mgr l'Archevêque de Paris, Christophe de Beaumont, en l'année 1756.

Chidéric. Tragédie dédiée à la reine, par Mr de Morand, 1736.

Le Mauvais Ménage. Parodie présentée sur le théatre de l'hôtel de Bourgogne, par les comédiens italiens ordinaires du roi, 1725.

Journal de ce qui s'est passé en Bretagne, depuis l'envoi de la déclaration du roi, du 21 Novembre 1763. (Janv. 1766).

Le temple du goût. Prose et vers.

Lettres d'un banquier à son correspondant de province, 1759.

Les Sauvages. Parodie de la tragédie *Alzire* de Mrs Romaguesi et Riccoboni, représentée le 5 Mars 1736, par les comédiens italiens.

Mémoire théologique et politique au sujet des mariages clandestins des protestants en France, 1756.

Observations sur les actes de l'assemblée du clergé de 1765.

Catéchisme à l'usage de toutes les églises de l'empire français, 1806.

Les caractères de Thalie (L'inquiet. L'étourderie. Les originaux).

Suite de la clef, ou journal historique sur les matières du temps. Juin 1733.

Le Patriote anglais, ou reflexions sur les hostilités que la France reproche à l'Angleterre et sur la réponse de nos ministres au dernier mémoire de S. M. T. C. Ouvrage traduit de l'anglais, de John Tel Truth, par un avocat au Parlement de Paris. Genève 1756.

Œdipe. Tragédie par Mr de Voltaire, 2e édition 1719, suivie de lettres écrites par l'auteur, qui contiennent la critique de l'*Œdipe* de Sophocle, de celui de Corneille, et du sien.

Arrêt de la cour du Parlement, séant à Aix, 1766.

Aben-Saïd, empereur des Mongols. Tragédie de M^r l'abbé le Blanc. Paris 1737.

Mémoire contenant le précis des faits avec leurs pièces justificatives pour servir de réponse aux observations envoyées par les ministres d'Angleterre dans les cours d'Europe, 1756.

Vers héroïques de Mr Tristan.

Ode sur la mort de Mgr le Cte de Toulouse, gouverneur de Bretagne, par M^r des Forges Maillard.

Mémoire sur les administrations provinciales, présenté au roi par Mr Necker, 1781.

Mémoires pour servir à l'histoire de Louis, dauphin de France, mort à Fontainebleau le 20 dec. 1765 ; avec un traité de la connaissance des hommes, fait par ses ordres en 1758. Paris 1777.

Historia sagrada de la création del mundo. Barelona 1774.

Observations sur l'imprimé intitulé : *Reponse des Etats de Bretagne au duc d'Aiguillon*. Par Simon Linguet 1771.

Réponse en vers du s^r Nicolle, au mémoire du s^r Vinet au sujet de l'interprétation de l'article 1er de l'usement de Nantes. Rennes 1762.

Lettres d'une mère à son fils, pour lui prouver la vérité de la religion chrétienne. 3 tomes, 1776.

Factum pour Francois de la Tremoille, M^{quis} de Royan, Cte d'Olonne, Baron d'Apremont et de Commequiers, appelant d'une sentence rendue à Poitiers le 5 juillet 1688 ; contre Louis F^{cols} de Poulpiquet, s^{gr} du Halgouet et de Soulandeau, lequel ne s'est pas acquitté d'une rente due au prieur de Commequiers, à cause de la terre de Soulandeau.

Histoire de Tancrede de Rohan. Liège 1767.

Liste de nosseigneurs les Etats de Bretagne, le M^{quis} de Serent étant président de la noblesse. Noms par ordre alphabétique avec les adresses à Rennes. (Sans date).

Amnistie concernant les émigrés. Senatus consulte du 6 Floreal an X de la République.

RÉPERTOIRE

NOMS DE PERSONNES ET DE LIEUX

(SEIGNEURIES, FIEFS, PAROISSES ET VILLES) [1]

A

Abel (Philippe), 70.
Abraham, 53.
Abgrale (René), 26.
Acigné (d'), (Charles), 130.
Agenois, 132.
Aiguillon, 132, 134.
Alba (Pierre-Jean), 40.
— (Jan), 40.
Aleno (d'), (Sylvie), 213.
— (Charles) Bon, 213.
Alineuc, 29.
Allanic (Pierre-Vincent), 21.
— (Jeanne-Gabrielle), 43.
Allain (Mathurin), 83.
Alleno (Armel), 8, 9, 15.
— (Jacques), 8.
— (Allain), 10.
— (F^{cois}), 12, 58.
— (Julien), 15.
Alleux, 208.
Allogny de Bois-Morand (Guy), 199
Allonguy (d'), (Louis), 12.
Amboise (d'), (F^{coise}), 200.
Amilly (d'), 205.
Amiens, 33, 35, 83.
Amot, 35.

Amours (d'), (Robert), 5.
Amys (Salomon), 126.
Ancenis, 209.
Andigné (d'), 31.
— (F^{cois}), 40.
Andouas (Jacques), 183.
Andel, 65, 164.
Angers, 46, 68.
Angleterre, 31.
Anguynac, 200.
Archer (l'), (Louis), 217.
Aremberg (d'), 160.
Argentré (d'), 74.
Argouges (d'), 16.
Armez (Jean), 213.
Arnaud (Jacques), 213.
Arnicourt, 101.
Arras, 10.
Artois, 29.
Aspremont, 124, 125, 222.
Asserac, 212, 217.
Apreville, 208, 212, 217.
Apvril (Laurence), 17.
Auband (Pierre), 23.
— (Rose-Pélagie), 43.
Aubert (Sébastien), 70.
Aubrée (Joseph), 217.
Aubry (F^{coise}), 67, 115.

---

(1) Trois mille noms différents. Dans chaque page nous n'avons relevé qu'une fois le nom (personne ou lieu) lorsque même il se présentait plusieurs fois.

Audran (F^{coise}), 107, 109, 110.
— (Jan), 107.
Aulnais, 71, 181, 182, 183.
Aulnais-Caradreux, 210.
Aumalle (d'), 41.
Aumont (d'), (Martin), 32.
Aumoy, 6.
Aunes, 38.
Auray, 43, 69, 70, 201.
Auriennes, 29.
Auvril (Maurice), 46.
— (Charles), 46.
Avaugour, 139, 148, 152.
Avaugour (d'), (Julien), 97, 179, 183, 190, 193.
— (Anne), 119.
— (Jean), 180, 181, 189.
— (Robert), 181.
— (F^{cois}), 200.
— 190.
Avessai pour Avessac, 211.

B

Babinière, 208.
Badiot (Paul), 7.
Bageot (Mathurine), 210.
Bahuno (de) ou Bahuno,
— (Jacques), 8.
— (Jean), 8.
— (Marie), 25.
— (René), 8.
Baignon, 214.
Bailly, 100, 101.
Baizit, 70.
Bajot (Christine), 130.
Baluère (la), 64.
Balluore, 63.
Bannalec, 20.
Barateau (Pierre), 208.
Barbu (le), (Marguerite), 213.
Barbier de Lescoët (Joseph), 37, 172.
Barbier (le), (Roullin), 99.
Bardelaye, 59.
Baron (Ollivier), 75.
Baron (le), (Julienne), 68.
Baron de Chateau-Neuf (Guillaume), 7.
Barraton.
Barzic (le), (Jean), 215.

Bas-Quelen, voir Quelen.
Bastard (de), 62.
Bataer (le), (Guillaume), 142.
Battaer (Thomas), 197.
Baud, 70.
Baud (Mathurin), 211.
— (Marie), 211.
— (Joseph), 211.
— (Charles), 179.
Baudry (Marie-F^{coise}), 72.
Baune, 144.
Baye-Faour, 67.
Bayot (Hamon), 7.
Bazouges, 20.
Beau (le), (Julien), 212, 213.
Beaucaire (de) ou Beauquaire (de), Marie, 124, 162.
Beaucé (de), (Marguerite), 20.
Beauchamp, 125,
Beauchamp (de), 136.
Beaufort, 202.
Beaugé, 196.
Beaulieu, Beaulieux, 79, 97, 98, 99, 181, 216.
Beaumanoir, 61-142.
Beaumanoir (de), (Catherine), 94, 95.
Beaumarchais, 61.
Beaumer (de), (Julienne), 54.
Beaumont (de), (Christophe), 221.
Beaumont, 210.
Beaupré, 154-196.
Beauport, 39, 138, 195.
Beauregard, 19, 149, 150, 192, 197, 200.
Beaurepré, 4.
Beaurepère (de), (Julienne), 52.
Beausse (la), 54.
Beauthamis (Jean), 211, 212.
— (Robert), 211, 212.
— (Marie), 211.
Beauv, 122.
Beauvais, 55, 217.
Beauvoir, 52, 114, 128, 152, 154, 196.
Beauveau (de), (Thérèse-Charlotte-Dorothée), 207.
Becdelievre (de), 28.
— (F^{cois}), 20.
Bechu (Julien-René), 24, 157.
Becouef, 76.
Bedée, 23, 24.

Bedée (de), (Marie-Antoine), 215.
Bedoière ou *Bedoyère*, 70.
Bégaignon (de), (Claude-Hyacinthe), 18.
Begassière (de la), (Jean), 172.
Begasson (de), (Joseph), 213.
— 214, 215.
Beguynaie, 25.
Bel (François le), 4.
Bel de Penguilly (le), 36.
Belbedat, (Jean), 213.
— (Jacques), 213.
— (Anne), 213.
— (Pierre), 213.
Belbelat (F^{cois}), 214.
— (Amaury), 214.
— (Julien-F^{cois}), 214.
Bellair, 142.
Bellay (du), (Martin), 210.
Belleshrue, 127.
Bellet (Julien), 121.
Bellevue, 15, 65, 162, 203.
Belleyssue, 127.
Belliot (Guy), 213.
Bellouan (de), (Bonne), 181.
Bellouard (Sebastien), 19.
Belin (Michel), 5.
Belingant (de), (Jean), 214.
Belze (Georges), 20.
Benoist (Christine), 71.
Beringen (de), 203.
Bernard (F^{cois}), 48, 108.
— (Louis), 132.
— 96, 115.
— (Charles), 190.
Bernard de Courtville (Guy-André), 36.
Bernard de la Gatinais (Marie-Joseph), 36.
Berneau, 100.
Berné, 159, 160.
Berre (le), (Huon), 201.
Berruyer (Gilles), 161.
Berry, 1, 2, 3, 5, 6, 7, 8, 16.
Berteaux (F^{coise}), 31.
Berthelot, 78, 135, 137, 139, 149, 196.
— (Hiérosme), 123.
— (Mathurin), 164.
— (Julien), 208.
Berthou (Guillaume), 54.
— (Louis), 72.

Berthou (Jacques), 72, 73.
Bertho (Jeanne-F^{coise}), 21, 24, 25, 26, 30, 80.
Bertrand (Jehan), 122.
Bertrand de la Ferrière (Marie-Elisabeth), 61.
— (F^{cois}), 61.
— (F^{coise}), 61.
Bertrand de Coeuvre (Marie-E.), 36, 73.
— 61, 72.
— (Joseph), 62.
— (Nicolas), 72.
— (F^{cois}), 62, 72, 73.
Beslé, 176.
Bezouet, 94, 97, 111.
Bichot (Jean), 216.
Bidé (Jeanne), 20.
Bienassis, 13, 18, 53.
Bienvenu (Marthe), 10.
Biet (Claude), 9.
Bihan (le), (Jean), 68.
— (Jehanne), 68, 69.
— (Bernard), 126.
Bihaunayes, 86.
Bignons, 210.
Bigot, 12.
Bigot (le), (Philippe), 128.
— 137.
— (Maurice), 197.
Bigottière (de la), (Marie-Rose), 16, 21, 25, 50.
— (René), 21, 68, 73.
— (Guy-René et Jean-Joseph), 21, 22, 26.
— (Renée), 27.
— (Guy), 68.
— 27, 71, 74.
Bigottière de Treissan, 26.
Billecocq (F^{cois}), 46.
Billio, 77, 94, 95, 96, 97, 98, 99, 100, 101, 185, 189, 190, 193, 194.
Billon (Marie), 208.
Billon des Guyonnières (Toussaint), 210.
Billy (Marie de), 10.
— (Bertrand) (de), 10.
Binet (Louis), 133, 153.
— (Marie), 133.
— (Jean-Claude), 140, 153.
— (Jan), 140.

Bino (de), (Suzaine), 57.
Bintin, 195.
Bintinais (de la), (Anne), 208.
Bizien Kermeurian, 36.
Bizeul, 72, 107.
Blain ou *Bleing*, 97, 114.
Blanc (le), 35.
— (Pierre), 208.
Blanche, 17.
— (F^{cols}), 189.
Blanchet (Joséphine), 209.
Blandel (Denis), 190.
Blay (le), 94, 103, 120.
Blondeau, 220.
Blouet (Emmanuel), 209.
Bobelot, 108.
Boberil de Cherville (René), 216.
Bobic, 205.
Bobihan, 127.
Bocher (René), 213.
Bochet (du), (Jean), 212.
Bocon (F^{cols}-Dominique), 216.
Bocozel, 134.
Bodegat, 114, 217, 221.
Boderuc ou Boderut (de), (Jeanne), 116.
Bodin (Jean), 126.
— (Pierre), 126.
— 71.
Bodion, 70.
Bodo (le), (Jacquette), 210.
Bodonnon, 174.
Bodrie (de), 160.
Bœuvres, 17, 69.
Boexière, 184.
Bogar, 55.
Bogas, 202.
Bogat (de), (Jehan), 67.
Boisriou, 59.
Bois (du), (F^{cols}), 4.
Boisbaudry (du), (Marc-Antoine), 20.
— (Joseph), 20.
Boisberthelot (du), (Pierre), 150.
— (Alain), 151.
Boisbilli (de), (F^{cols}), 125.
Boisbra de Bedée (de), 209.
Boisboixel ou Boisboissel (du), (Jehan), 135.
Boiserpe (Mathurin), 212.
Bois-Etienne, 217.
Bois de la Lande, 111.

Bois de la Roche, 157.
Bois des Saussays (du), (René-Antoine), 213.
Bois-du-Guer, 91.
Boisfeillet, 165.
Boisgelin (de) ou Boygellin (du), 128, 134-139.
— (Jan), 54.
— (Alain), 68.
— (Yves), 123.
— (Pierre), 127, 201.
— (Yvon), 141.
— (Jeanne), 195.
Boisgerbault (le), 12, 13, 15, 17, 25, 46, 58, 59, 92.
Boishardy, 36.
Bois-Gueheneuc, 15, 49.
Boisjouan (le), 46.
Boisjossin (du), 171.
Bois-Jollan, 171.
Boisroullier, 64.
Boisrouvray (de), (Guillaume), 4.
Boisrieu, 165.
Boisrio, 4.
Boissart (Claude), 129.
— (Jacques), 129.
Boisvilou, 32.
Bombard (de), (Louis), 88.
Bonacourcy (Raoul), 52, 53.
Boncand (Jean-B.), 220.
Bonerupere, 123.
Bondan (de), (Guillemette), 64.
Bondart (Jacques), 95.
Bondon, 160.
Bonin, Bonyn, Bonnin, de Courpoy, de 1 à 17.
Bonin de la Villebouquais, 40, 41, 42, 44, 46, 48, 49, 50, 57, 58, 59, 61, 62, 65, 69, 71, 72, 73, 74, 78, 79, 80, 82, 83, 88, 90, 91, 93, 94, 101, 102, 103, 110, 112, 113, 118, 119, 120, 121, 132, 133, 140, 144, 157, 158, 166, 168, 169, 170, 171, 172, 179, 184, 185, 186, 187, 188, 189, 192, 193, 194.
Bonnefons (de), (Barthelemy), 34, 131.
Bonnefoye, 35.
Bonnervault, 18.
Bonnescuelle (Blaise), 71, 168.
Bonnet (Jan), 95.
Bonnier, 171.

Bonnier de la Coquerie, 52.
— (Anne), 174.
Bonnissent (Charles-Pierre), 216.
Boquillon (Jean-B.), 211.
Bordeaux, 30, 32, 46.
Borgne (le), (F^{cois}), 124.
— (Kertherine), 148.
— (Maurice), 195.
— 176.
Boschat (de), (René), 149.
Boschauld, 128.
Boschet ou Boscher (Ollivier), 109, 118.
Boschet, 17, 216.
Bossigeul, 162.
Bot (du), voir Dubot.
Botderu (de), (Paul), 15.
— (Pierre), 18.
— (Hierosme), 159.
— (René-Jean), 215.
Boterel, Botterel, Botherel, de 51 à 56, 113.
— (René), 15, 55, 152.
— (Pulcherie), 34.
— (Plesou), 51.
— (Jan), 51, 52, 123, 141, 149.
— (Guillaume), 51.
— (Yvon), 51, 173.
— (F^{cois}), 51, 52, 53, 54, 68, 123, 124, 125.
— (Louise), 51, 52.
— (Toussaint), 51, 52, 68, 125, 126, 127, 128.
— (Jeanne), 51, 123, 124, 129, 141, 156, 201.
— (Etienne), 52, 53, 54, 60, 126, 127, 128.
— (Claude), 52, 53, 54, 129, 146, 149, 152.
— (Philippe), 53, 54, 55, 60, 128, 129, 139.
— (Anne), 53, 54, 130, 153.
— (Jean-René), 55.
— (Julienne-Sainte), 55, 129, 140, 142, 143.
— (Georges), 55, 152.
— (Pierre), 122, 147, 198.
— (Jacques), 122, 123, 135, 136, 137.
— (Gillette), 126.
— (F^{coise}), 126.

Boterel, Botterel, Botherel (Henry), 126.
— (Julienne), 137, 156.
— (Toussaint), 139, 141, 150, 153, 154, 198.
— (Philippe), 141, 142, 145, 150, 151, 152, 154.
— (Julienne-Sainte), 146, 152, 199.
— (Nicolas), 146, 147.
— (Richard), 147.
— (Geoffroy), 147.
— (F^{cois}), 148, 149, 150.
— (Etienne), 150, 151, 152, 154, 196.
— (Claude), 153, 154, 156.
— (Philippe), 155, 197, 198, 200.
— (Jean), 196, 198, 201.
— (Alain), 198.
— (Regne), 197.
— (Mathurin), 199.
Boterel de Quintin (Julienne), 18, 55, 130, 131.
— (Philippe), 55, 56.
— (Georges), 56.
— (Marie-Jerôme), 212.
Boterff, 70, 190.
Botmiliau, 147, 196.
Botoha, 154.
Botpierre, 107.
Botquehon, 151.
Boqueho, 199.
Boualle (de), (Jehanne), 95.
Bouan (Claude), 14.
— (Marguerite), 202.
Bouays (Jean), 162.
Bouays (du), 76.
Bouays de la Begassière (du), 36, 172.
Boucher Laubé, 36.
Boudoux, 112.
Bouet, 84.
Bouetoux (le), 36.
Bouexel (Jeanne), 178.
Bouexie, 20.
Bouexière, 59.
Bouexière, Bouaxière, Bouessière (de la),
— (Louis-Pierre), 27, 59.
— (Marguerite), 27.
— (Marie-F^{coise}), 36.

Bouexière, Bouaxière, Bouessière (de la), (Philippe), 171.
— (Toussaint), 216.
Bouexière-Villetanet, 27.
Bougent, 208.
Bougis (Charles), 111, 112.
Bouguenais, 217.
Bouillac (Hervé), 149.
Bouillon, 163.
Bouilly, 36.
Boulays (Pierre), 127.
— (Gilles), 127.
— (Jacques), 127.
— (Robert), 127.
Boullanger (le), (René), 169.
Boullart (Jehan), 96.
Boullaye (la), 8.
Boultardaye, 13.
Bourbon (de), (Marie-Anne), 167.
Bourbon-Busset (de), (Madeleine), 47.
Bourbon-Carency, 185.
Bourdel, 6.
Bourdon (Pierre), 209.
Bourgdeuil, 18.
Bourdoul (le), (Silvie), 50.
Bourdonnaye (de la), (Charles), 10, 11.
— 171.
Bourdonnaye (la), 118, 192.
Bourg, 208.
Bourgerel (de), 202.
Bourges (de), (Edouard), 181.
Bourges, 3, 4, 5, 6, 9, 12, 16.
Bourgblanc (du), (Philippe), 52.
— (Yvan), 60.
— (Toussaint), 145.
— (Pierre-Guy), 217.
— (F^{cois}), 25, 123.
— 68.
Bourgneuf, 23, 212.
Bouric (Noel), 151.
Bourien, 39.
Bourraud (le), (Rolland), 151.
Bourrue (du), (Nicolas), 54.
Bourva (Guillaume), 213.
Bouteville, 25.
Bouteiller, (F^{coise}), 61, 62, 72, 73.
— (Guillaume), 61, 72, 73.
Boutouillic (le), (Joseph), 119.
Boux (Martin), 217.
Bouy, 6, 7, 11, 12, 15.

Bouyn, 119.
Bouvel, 157, 193, 194.
Boys Villegourio, 54.
Boya (Jean), 163.
Boyer (le), (F.), 136.
— (Henry), 137.
Boys de la Motte, 180, ou Bouais de la Motte.
Bozec (le), 154.
Brain (le), (Hélène), 208.
— (Jeanne), 208.
Brancelin, 191.
Branchu (le), (Jean), 99.
Brancien ou Branxien, 39, 40, 144.
Brangais (Olivier), 127.
Brangoullo, 161.
Bransepmanac, 136.
Bras (le), (Julien), 163.
Brau, 10.
Breha, 148.
Brehalin (Julien), 46.
Bréhan (de), (Amaury), 18.
— (Jacques), 57.
— (Jean-René), 61.
— (Louis-Antoine), 70.
— (Louise-Félicité), 132.
— (Jean), 181.
Bréhan, 18, 163.
Breil (du), (Janne), 3, 4, 20.
— (Louis), 18.
— (Anne-Marie), 19.
— (F^{cois}), 19.
— (Thérèse), 19.
— (Guillaume), 20.
— (Joseph-Gilles), 20.
Breil (le), 20, 46.
Breilrond, 39.
Brescanvel (de), 175.
Brest, 30, 31, 209, 211, 213.
Bressadon (Vincent), 201.
Bretagne (de), (Louis), 139, 152, 200.
— (Jean), 149.
— (Arthur), 160.
— (François II), 200.
Breton (le), (Clément), 198.
— 212.
— (Jean), 6.
Breton de Ranzegat (le), 216.
Breuil (du), 23, 210, 211.
Briand (Joseph), 110.
Briand-Pinet, 64.

Brichard (de), (Regne), 149.
Brichon (Mathurine), 165.
Brignac, 20, 41, 70.
Brignac (de), 160.
Brigné, 215.
Brilhac (de), (l'abbé), 25.
— (René-H.), 25, 80
Bringollo, 124, 126, 133, 138, 139, 140, 143, 146.
Brissac (de), (Cte), 8.
Brondineuf, 23, 29, 43, 157, 158.
Brouce (la), 189.
Brouillamenon, 6, 7.
Broussay, 69.
Brouttay, 7, 10, 11, 18, 29, 45, 46, 47, 48, 76, 77, 78, 80, 86, 87, 90, 92, 100, 120, 177, 178, 179, 182.
Brouze, Brouxe, Brousse (la), 63, 64.
Bruban, (Jan), 191.
Brullon (F^{coise}), 98.
Brun (le), (Marie), 70.
— (Joseph), 133.
— (Bertrand), 142.
— (Jacques), 142, 199.
— (Hiérosme), 142.
Bruno-Robert, 168.
Bruslay, 8.
Bubry, 160.
Bugalle (le), (Pierre), 201.
Bugat (de), (Guillaume), 212.
Budec, 52.
Buisson, 173.
Bureau (F^{cois}), 46, 78, 108, 109, 118.
— (Eulalie), 217.
— (Marie), 207, 208, 217.
— (Eulalie), 207.
Busnel (René), 54.
— (Jean), 54.

C

Cacé (de), (Louis), 72.
Cadillac (de), (Bertrand), 4.
Cadin (Rolland), 165.
— (Pierre), 165.
Cadoudal (Pierre), 99.
Cadoudal, 192.
Cahideuc (de), (Jeanne), 40.

Caillaud (Claude), 209.
— (Alexis), 209.
— (Elisabeth), 209.
Cam (le), (F^{cois}), 150.
Cam (Guillaume), 131.
— (Yves), 139, 151.
— (Alain), 151.
Camaret (de), (Christofle), 4.
Camas (F^{cois}-Alexandre), 207.
Camaioy, 13.
Camayon, 17, 50.
Campénéac, 78, 99, 100.
Camper (du), 31.
Camus (Jean-B.), 29.
Camus de la Guibourgère, 172.
Can (le), (Jacques), 209.
— (Jeanne), 209.
Canon, 216.
Cantière, 167.
Canquoet, 8.
Calan, 160.
Calenges, 29.
Callac, 10, 75, 89, 94, 95, 96, 97.
Callac (de), (G.), 76.
— (Beatrix), 89.
— 95.
— (Pregent), 97.
Callonnes (de), (Marthe), 7.
Callouet (le), (Marguerite), 122.
Calorguen, 210.
Calvignac, 29.
Caradreux, (Florimonde), 181, 183.
— (Claude), 181, 182, 183.
— (Julien), 182.
— (F^{cois}), 183.
— 58.
Caradreux (de), (Claude), 58.
Carancy, 18, 29, 47, 87, 90, 103.
Carcado, 18, 46, 52, 87, 207.
Carcaradec (de), 31.
Caré (Peronnelle), 107.
Cardinal (le), (Geoffroy), 195.
Cargret, Cargreez ou *Cargres*, 61, 173.
Cargouet, 36.
Cariollet (de), (Pierre), 39.
Carman, 65.
Carman, 210.
Carmené (de), (Thebauld), 63.
— (F^{cois}), 63.

Carmené (de), (Jehanne), 114.
— (Jacques), 162.
— (Pierre), 162.
Carmené, Kermenec, Quermenet, Guermené, Carmenay, 33, 63, 85, 98.
— (Seigneurie) de 114 à 119, 189, 192.
Carnac, 69.
Carnavalet, 130.
Carné (de), (Gilles), 101.
— 170, 171.
— (F^{cois}-Perine), 23, 24, 64.
Carné, 21, 100, 170.
Carnouet, 80.
Carpont, 123, 128.
Caro, 88.
— (F^{cois}), 88.
— (Perrot), 93.
— (Yves), 210.
Carouet (Mathurin), 54.
Carré (Julien), 211.
Carsauzon, voir *Kersauson.*
Cassard (Anne), 71, 73, 187.
Cassel, 43.
Cassel, 190.
Casso, 116.
Castel (Jean), 209.
Castellenau (Mathurin), 6.
Castelnau-Bastel (de), (Jacques), 7.
Castiller, 193, 194.
Castalun, 39.
Catuelan (de), 34.
Cattay, 38.
Caulnes, 39, 156.
Cauret, (Joseph), 138.
Caussade, 18, 29, 47, 48, 79, 185.
Cecy, Saisy (Henri-Albert), 28.
Cergroüys, 15.
Cerliure (le), (Yves).
Cesam (Vincent), 31.
Cesson, 125, 130.
Chalotais (la), 205.
Chalus (de), 36.
Champalaune, 22, 23, 24, 38, 39, 43, 131, 143, 144, 156, 158.
Champier (le), (Hyacinthe), 168.
Champion (Michel), 111.
Champion (le), (Pierre), 15, 65.
— 162.

Champoign, 106.
Champoing (Etienne), 182.
Champoigt (Louis), 69.
Champlin (de), 52.
Champsavoy, 25, 80.
Chancellière (la) 49.
Chanois (Thomas), 50.
Chantossé, 152.
Chapdelaine, 38.
Chapelier (le), (Maurice), 167.
Chaponnier (le), (Vincent), 127.
— (Guillaume), 127.
Chapelle (de la), (Marianne), 17.
— (Jehan), 85
Chapelle (la), 18, 84, 85, 86, 203.
Chapelle-Blanche (la), 39, 144.
Chappes, 5,
Chappel, 128.
Chapponier (de), 155.
Char (le), 68.
Charbotière (de la), 32.
Charet (Nicolas), 217.
Charette de la Gascherie, 205.
Charlo, 74.
Charlot (Julienne), 21, 68.
— (Jacques), 68.
— (René), 68.
— (Hyacinthe), 68,
Charpentier (Pierre), 10, 171.
— (F^{cois}), 15, 17.
— (Vincent), 50.
— (Renée), 111.
— (Henri), 186.
Charrière, 217.
Chasse (de la), (Yves), 105.
— (Rolland), 115.
Chasse (la), 40.
Chastel (le), 173, 174.
Chastelier, 202.
Chastre (de la), 12.
— (Marye), 7.
Chalaigneraie (la), 97, 98, 100.
Chateaubriant (de), 28.
Chateaubriant, 24, 180, 183, 200, 201.
Chateaugiron, 73.
Chateaulin sur Trieu, 148.
Chateau-Gouellou, 122.
Chateaumerlet (de), (Eon), 94, 95.
— (Robin), 94, 95.
— (Morice), 94.
— (Allain), 94.

Chateaumerlet, 29, 33, 82, 83, 184.
— (Seigneurie) de 94 à 103.
Chateautro (de), (Jane-Gabrielle), 50.
— (Francoise), 50.
— (L.), 50.
— (Catherine), 79.
— (Jehan), 97.
— (Ambroise), 111.
— (Guillaume), 115.
Chateautro, 111.
Chatelaudren, *Chastel-Audrain*, 38, 51, 54, 129, 136, 139, 140, 143, 148, 152, 154, 195, 198, 200.
Chatillon (de), (Julien), 106.
— (Marechal), 9.
Chaton (F^{cois}), 151.
Chatte, 6.
Chatton (F^{cois}), 210.
Chavière (de), 202.
Chaucheix, 57, 203.
Chaulne (de), 160.
Chaumont-Guitry (de), (Judith), 30.
Chaumorcel (Jean), 210.
Chaussée, 171, 191.
Chauvel (Jean), 65.
Chauvière, 46.
Chaux (le), (Isac), 110.
Chaye, 35.
Chefdubois, 18.
Chef-du-Bois (de), (Jean), 8.
— (Jullienne), 18.
Chemillé, 147.
Cheny (le), (Philippe), 55, 146.
— (Marie-Anne), 146.
— (Pierre), 146.
— (Claude), 146.
Chenu (le) (Pierre-Jean), 215.
— (F^{cois}), 215.
Cherin, 62.
Chesne-Ferron (le), 51.
Chesne-Orant, (le), 49.
Chesnay (le), 124.
Chesnaye ou Chesnaie (de la), (Julienne), 7, 9, 11, 45, 46, 188.
— (Charles), 45, 188.
— (Ollivier), 79, 80, 110.
— 84, 200.
— (Jehan), 97, 188.

Chesnaye ou Chesnaie (de la)
— (F^{cois}), 98, 99, 115, 116, 191.
— (Pierre), 100, 189.
Chesnaye, 4, 7, 45, 98, 99, 115, 116, 193, 201.
Chesnaie-Morio, 32, 33, 47, 75, 76, 82, 84, 186, 193.
— (Seigneurie), 84 à 88.
Chevalier (Joseph), 217, 208.
— (Joseph-Marie), 208.
Chevallier (le), (Mathurin), 4.
Chevière (de la), 62.
— (Paul), 62.
— (Joseph), 62.
Chevrier (Michel), 105.
Chevillard, 61.
Chevillon (Nicolas), 211.
Cheze (de la), 7.
Chillon, 8.
Chinon (André), 209.
Chipaudière, 20.
Choismel (Mathurin), 212.
Choue (de la), (René-Pierre), 215.
Chrétien (Alexandre), 214.
Cigorgne, 57, 58.
Clainche (le), 106.
Clairtais, 217.
Clarté (la), 54.
Clartière (de la), 72.
Claverie, 68.
Cleguer, 160.
Clehinet, 183.
Cleixtrieux, 127.
Clemand (Julien), 106.
Clemenceau (Jean-René), 216.
Clement (Nicolas), 211.
Clan (voir Quelen).
Clerc (le), 32, 150, 194.
— (Louis), 110.
— (Julien), 127.
— (Nicolas), 154.
— (Raoul), 209.
Clerc de Saultré (le), 68.
Clergeaud (Julien), 180.
— (Marguerite), 180.
— (Claude), 180.
Cleuziat, 127.
Clinazre (de la), (Claude), 20.
Cliotz (les), 12, 78.
Clisson, 152.
Clisson (de), (Jeanne), 195.

Clos (le), 53, 63, 64, 66, 75, 76, 84. 85, 93, 102, 127, 145, 184, 207.
— (Seigneurie), de 89 à 91.
Clos-Botosa, 195.
Clos-Hazaye (le), 190.
Cloux (le), 89.
Cluiers, Cluyers, Cluyères, 17, 58, 92, 93.
Clusimault (de), (Pierre), 195.
Clyo (le), 6, 9, 12, 65.
Coatmerret, 70.
Coatlegaer, 70.
Coatelazran, 155.
Coatini, 174.
Cochin (Henry), 22.
Cochon (Julienne), 38.
— (Julien), 38, 65.
— (Anne), 38.
Cocquianty, 44.
Cocqu (le), (Jean), 138.
Coefte (René), 208.
Coen (le), (Pierre), 136.
Coeslin, 61.
Coetandoch, 127.
Coëtdigot, Couedigo, 76, 78, 80, 90, 113, 119, 120, 121.
Coetdrezo, 196.
Coëtfao, 13, 54.
Coetlagat (de), 95, 96.
Coetlo, 110.
Coëtlogon, 100, 101.
Coëtlogon (de), (René-Hyacinthe), 18.
— (Claude), 54.
— 202.
Coetmaloan, 195.
Coetral, 199.
Coffecterion, 154.
Cognac, 103.
Cognant, 96.
Cogné, 121.
Cognets (des), (Charlotte), 36.
— (Charles), 72.
— (Toussaint), 72.
— (Allain), 72.
— (F^{cois}), 127.
Coin-du-Cor, 18.
Collas (Jacques), 10.
Collay ou *Collé* ou *Colé*, 95, 96, 99, 100, 101, 102, 103.
Colledo, 191.
Collet (Julien), 128.

Collin, 135.
Colin (F^{cols}), 175.
Collinet (Claude), 217.
Colombier, 203.
Coiscanro, 7.
Colombier (le), 15, 18.
Commequiers, 222.
Comq, 4.
Conches, 173.
Condé, 9.
Condemois, 132.
Conesurel (F^{cols}), 198.
Connan ou *Conan*, 95, 96.
Connen (F^{cols}), 52.
— (Vivienne), 149, 197.
— (Mathias), 197.
Coniac (de), (Pelage), 29.
Coniac (le), (Jacquette), 189.
— (Jean), 195.
Conquet, 176.
Corbel (Jacques), 130, 131.
— (Celestin), 138.
Corbin (Jean), 9.
Corbonne, 101.
Cores (le), (Jean), 161.
Corgne (le), (Yves), 146.
Cormier (Yves), 110.
Cormiers ou *Cormière*, 40.
Cornillan, 68.
Cornilleau (F^{coise}), 68.
Cornouaille, 15.
Cornullier (Toussaint), 20.
Cornulier (de), (Jean), 170.
Correc, 25.
Corre (le), (Robin), 89.
Corsero, 152.
Cosero, 71.
Costeaux, 57.
Costiglasten, 174.
Cosquet (du), (Jean-B.), 214.
Cotté (René), 217.
Cotterel (Marie), 214.
Couche d'Œuf, Couchedeuc, Coussedeuc, 33, 161, 162, 163, 164, 165, 166.
Coucy, 135.
Coudraie, 26, 57, 58, 96, 188, 191.
Coudray (du), (Denis), 171.
Coudre (de la), (Jacques), 4.
Coué (de), (F^{cois}), 69.
Couedan, 160.
Couedic, 98.

Couedor (de), (René), 7, 116.
— (Jehan), 67, 190, 194.
— (Pierre), 117.
Couedor (Michel), 188.
Couelmée, 180.
Couëllan, 23, 24, 39, 40, 41, 144, 157.
Coueon (René), 13.
Couesbys ou *Coesbic*, 20, 70, 97.
Couesquet, 108.
Couet-Bugat, Coet-Bugat, 31, 32, 50, 79, 104, 106, 107, 109, 114, 191, 192.
Couetesal (F^{cois}), 4.
Couetlio, 116.
Couelliquel, 106.
Couetmarec, 106.
Couetlibeu, 4.
Couetuhan, 50.
Couldraye (de la), (Jan), 110.
— (F^{cois}), 8.
Couldron, 7.
Coullomb (Thomas), 126.
Cougnet (de), (Toussaint-Julien), 25.
Couin, 100.
Couléon, 74.
Coupue (Pierre), 210.
Courandais (la), 43.
Cour-Mohan, 196.
Courson (Claude), 54.
Coursson (Marie), 198.
Courtes (Hervé), 175.
Courpillon, 148.
Courpoy, 2, 3, 4, 5, 6, 7, 8, 9, 10, 11, 12, 15.
Courqueul (Anne), 209.
Coustan, 7.
Coustant, 6.
Cousson (Pierre), 135.
Couvran, 52, 54.
Cozannet (Yves), 217.
Cozkaer (du), (Jeanne), 127.
Cozkeriou, 155, 156.
Cozicq (le), (Yves), 68.
— (F^{coise}), 68.
— (F^{cois}), 68.
— (Perronnelle), 138, 149.
Cozo (Guillaume), 140.
Cozon, (Perceval), 201.

Cozon (Guillaume), 201.
Crach, 69.
Craimhouet, 33, 45, 85, 90, 91, 113, 186, 193.
Cran, 163, 165.
Crano, 45.
Crantonnet, 171.
Craon, 12.
Croazac, 96.
Crechleac, 201.
Crechmorvan, 127.
Crehen, 208.
Creheren, 147, 195, 196.
Cremeur (de), (Louis-René), 208.
Cremeur, 170.
Cresmeur (de), (Sylvestre), 195.
Crenan, 184.
Crenolle, 207.
Crespin (Pierre), 118.
— (Henry), 201.
— 121.
Cresolles (de), (Louis), 127.
— (Lucresse), 127.
Crevix, Crevy, 10, 13, 18.
Creveist, 180.
Croisic, 212.
Croix-Helléan (la), 7, 73, 177.
Croix-Vaye, 65.
Crollais ou *Croslays*, 191.
Crosero, 181, ou *Cosero*, 183, 184, 185.
Crosmier (René), 71.
Crosorier (de), (Nicolas), 10.
Cruche (la), 73, 74.
Cruguel ou *Crugué*, 29, 32, 77, 79, 95, 96, 97, 98, 100, 101, 119, 120, 182, 183, 185.
Curizecq (de), (Gillette), 4.

D

Daen (Mélanie), 36.
— (Honorée), 36.
— (Alexandre), 36.
Daganry, 217.
Dagorne (Claude), 202.
— (Guillaume), 66.
Dagorne de la Vieuville, 34.
Dahirel, 32, 83, 102, 103.
Dalloneau, 12.

Damar (Jan), 51, 125, 126.
— (Charlotte), 52, 126.
— (Olivier), 130.
Damel (Catherine), 52.
Danet (Jean), 189.
Damiou (Guillonne), 196.
Daniel (Jean), 215.
Dauberville (Jan), 4.
Daviaud (Sauveur), 217.
David (Michel), 55.
Davy (Marie-Louise), 216.
Debaudron (Yves), 124.
Deboche (Morice), 117.
Delaunay (Guyon), 161.
— (Charles), 161.
Delien, 13, 15, 39.
Delpeuch (Jan), 56, 69.
— 70.
— (F^{cois}), 69, 70, 147.
Demallain, 145.
Demanière, 205.
Demaine, 211.
Demore (Suzanne), 76.
Denis (Jacques), 166.
— (Louis-B.), 209.
— (Benjamin), 209.
— (Jean-Cl.), 209.
Denys (Pierre), 174.
Denoual (Pierre), 86, 111.
— (Ollivier), 111.
— 119.
Derval (de), (F^{cois}), 23, 110.
— (Louis-Hyacinthe), 23.
— (Marie-F.-A.-L.), 23.
— (Louise), 24, 43.
— (Angélique-Emilie), 38, 39, 153.
— (Marie Emilie), 43.
— (Pierre-F^{cois}), 43.
— (Yvon), 123.
— (F^{coise}-Emilie), 131.
Derval, 200.
Desalles (voir *Salles*).
Desauvage (voir Sauvaiget).
Desboulour, 151.
Deschamps, 166.
Deschauffouz, 10.
Dèsclabissac, 171.
Desclos (Pierre), 20.
Descognetz (Toussaint), 29.
Desforges (F^{cois}), 189.
— (Yves), 124.

Dèsfossés, ailleurs Dufossés, (Anne), 209.
Desgrées, 109, 110.
Desgrées du Lou, 214, 215.
Desirault (Marie), 163.
Deslandes, 69, 145, 146, 155, 156.
Deslandes, 123.
— (Yves), 131, 142, 143.
— (Claude), 144.
— (Georges), 151.
— (Jean), 197.
Deslandes Millon, 203.
Deslongerest, 118.
Desmadrais, 133.
Desmottes, 38.
Desnos (Jean), 18, 50.
— (Charles-Gilles), 20.
— (F^{coise}), 46, 58.
— 49.
Despoullain (Guillaume), 164.
Destimbrieux (voir *Timbrieux*).
Destimbrieux, 105.
Destriac (F^{cois}), 202.
Destuer (d'Estuer), (Jeanne), 178.
Destuer (d'Estuer), 178.
Detnel (F^{cois}), 68.
Dherbelin de Rubercy (Marin-Alexis), 147.
Dienneris, 100.
Dierry, 5.
Dieulangar (Pierre), 166.
Dinel (Pierre), 217.
Dinommais (Paul), 138.
Diouguel (le), (Louis), 38.
Dobiais, 19.
Dol, 139.
Dondard (J.-B.), 212.
Donget (de), (F^{cois}), 174.
Doniat (Jan), 4.
— (Marye), 4.
Dorion, 125.
Dorré (Elisabeth), 217.
Dosfegre, 15.
Douallan (Jean), 123.
Douayrin, Douarin, (le), 98-99.
Doulx de Malleville (le), 61.
Doysseau (Jacques), 71.
Drean (Robert), 97.
Dreneuc, 90.
Dreudan, 180.
Dreuff (le), (Jan), 198.
Dresnies, 45.

Dresny, 78, 81.
Dronion (Yves), 201.
Druays (Louis), 202.
Druaye (Robert), 191.
Du (le), (Yves), 155.
Dubois des Sauzais, 217.
Duboisguehenneuc (Jeanne), 215.
Dubot, Du Bot, 21, 120.
— (F^{cois}), 83.
— (Jacquet), 114.
— (Louis), 115.
— (Jean), 118.
— (Armand), 73.
— (Jeanne), 181.
Dubreil (Marie-F^{coise}), 186.
— (Georges-F^{cois}), 186.
Duc (le), (Guillaume), 140.
Duchaffault, 30, 48, 220.
Duchemin, 78.
Duchêne, 209.
Ducran (Allain), 161.
— (Guillemette), 161.
Duguée (Jeanne), 54.
Dumesnil (F^{cois}), 196.
Dumourier, 133.
Durant (F^{cois}), 201.
Duras (de), 214.
Durasstay, 135.
Duplessix (Alexandre), 214.
Duplessix de Grénédan (Jean-B.), 23, 24, 40, 43, 44, 132, 157.
— (Marie-Anne-C.-J.), 32, 34, 121.
— (Bonaventure-A.-J.), 32, 43.
— (Jeanne), 35.
— (Nicolas-F^{cois}), 43.
— (Jean-B.-Claude-M.), 43.
— (Bertrand-J.-B.-Constance), 43, 44.
— (Pierre-Marie), 43, 44.
— (Louis-F^{cois}), 43.
— (Laurent-Judes), 43.
— 25, 133, 134.
Duporzic, 171.
Dupredic de Kernatoux, 171.
Duperier, 123.
Dupin (F^{cois}), 124.
Duval (Pierre), 83.
Duvault (Anne), 209.
Duqueroux, 171.

E

Eaoul (F^{coise}), 155.
Ebert (Claude), 10.
Ecolay (l'), 40, 42.
Ecoublière (l'), 39.
Ecu (de), (F^{cois}), 217.
Eder (Pierre), 51, 200.
— 148.
— (Jehan), 195, 197, 200.
Eguilles (d'), 31.
Elie, 35, 83, 187.
Emar (Pierre), 49.
Enguin (d'), 10, 11, 214.
Eon, 32.
Epernon (d'), 8, 9.
Epervier (de l'), (Guillemette), 73.
Epinay (l'), 20, 45, 46.
Erbray (Jan), 7.
Ermar (Louis), 97.
Erquy, 13, 53.
Escu de Runefau (de l'), (Marie-Gabrielle), 61.
— (Louis-Gilles), 73.
— (Marie-Gabrielle), 73, 175.
Escures (d'), 30.
Esguirionné, 69.
Esir (le), 180.
Espagne, 48.
Estables, 125, 130.
Estampes, 136, 137, 149, 161.
Etampes (d'), (Jehan), 161.
Estave, 41.
Etienne (Louys), 117.
Estimanville (d'), 31.
Estrée (d'), 48.
Esquilly, 99.
Etves, 40.
Eudo (Jean), 165.
Euzenon de Kersalaun, 205.
Evareche, 100.
Evenart (Jean), 45.

F

Fabrony (Pierre), 49.
Fahuran, 29, 32, 78, 79, 85, 9: 102, 107, 108, 119.
Faingot (Guillaume), 136.

Faisan (Jean), 210.
Fanigot (Prigent), 52.
Farcy (de), (F^{cois}), 39.
— (Jacques), 39.
— (René), 39.
Fardée (Pierre), 3, 5.
— (Catherine), 3, 4, 5.
— (Pierre, Claude, Jacqueline, Marye et Catherine), 3.
— (Etienne), 3.
Farne (le), 101.
Farault (Claude-Guillaume), 73.
— (Jean), 118.
Fau, 4.
Fau (du), (François), 4.
Fault (du), (Louys), 6.
— (Jean, Mathurin, Mathurine, Marguerite), 6.
Fanouet, 128.
Faustin de St-Meloir (Constant), 32.
Faverolles (de), (Jan), 87, 179.
Favet (Guillaume), 127.
Febvre (le), (Jeanne), 108.
— (Guillaume), 38, 131.
Feillée (la), 20, 199.
Feine, Faisne, Fesne, Feyne, 33, 40, 42, 110, 156 à 158.
Felleguet, 98.
Felyne, 99.
Fer (le), (Pierre), 207.
Ferchais (la), 39.
Ferolles, 3, 5, 6, 7, 9, 11, 12, 15.
Ferret (F^{coise}), 69.
— (Barthelemy), 69.
Ferron (Bertrand), 51.
Fery, 101.
Feulègue, 116.
Feulgué ou Feullegué, 191-192.
Feuvre (le), 112.
Fevrier (Laurent), 209.
Figado (de), (Jean), 8.
Finiac, 130.
Filly (Anne-René), 213.
Fleschaye, 190.
Fleuri (René), 208.
Flo (le), (Michelle), 196.
Floch (Jean), 217.
Flourée (Jan), 109.
Fontaine (la), 71, 168, 198.
Foineau du Haut-Plessis, 212.

Fordouetz, 63.
Forent (Marthe), 212.
— (Gabriel), 212.
Forest (la), 18, 85.
Forest (de la), (Louis), 56.
Forestie (la), 18.
Forestier (le), (Mathurin), 96.
— (Henry), 96.
Forestier (Anne), 109.
Forges (des), 97.
Forges-Maillard (des), 222.
Fornebello, 25.
Forsanz du Houx (Joseph-Eléonore), 216.
Forsant, Forzan, Forsans (Charles-Anges), 23.
— 36.
— (Hillarion), 130.
Forte-Terre, 164.
Fortinais, 208.
Fos, 159.
Fosse (la) 63, 64.
Fost (le), 79, 80.
Foucauld (de), (Jean-B.), 214.
Foucher de Careil (de), (Louis-F^{cois}), 212.
Fougères, 208.
Fouillaise (de), (Louise), 60.
Fourbin (le), (Jeanne), 181.
Fourneaux (des), 216.
Fournerat, 73.
Fontaine-Menet, 197.
Fradet (Antoine), 4, 5.
— (Claude), 6.
France (de), (Michelle), 34.
— (Laure-Marguerite), 50.
Francfort, 41.
Francheville, 19.
Fremond (Philippe), 20.
— (Jeanne), 210.
Francheville (de), (Marie), 18.
— (Gervais), 19.
Fresche, 8, 130.
Freslon (Cezard), 20.
— (René), 20.
Fresne, 114, 173.
Fresne (du), (Yves), 61.
Frettaye (de la), (Guillaume), 4.
Frie (Jehanne), 115.
Frollet (Marie), 20.
Fruglaie (le), (Jeanne), 25.
— 26.

Fruglaie (le), (Jean-Charles), 36.
— (Edouard), 36.
Fruglaye (de la), (Claude), 54.
Fumée (Jeanne), 1, 3.
— (Adam), 1.
— (Catherine), 5.
— (Louis), 6.
Fustel (Charles), 106.

G

Gaberhintier, 215.
Gabillart (Pierre), 190.
Gac (le), (Antoinette), 213.
Gacoin (le), 123.
— (Jean), 124.
Gafre-Glaharon (le), 49.
Gage, 203.
Gaigneur (le), (Pierre), 167.
Gaignonais, 208.
Gaisnel (Sebastien), 217.
Galiffet (de), 31.
Gaillard, 83, 94, 103, 120, 121.
— (J.), 139.
Gall (le) ou Gal (le), (J.), 137, 144.
— (René), 150.
— (Laurens), 175.
— (Nouelle), 189.
— (Yves), 192.
Galloet (Jean), 144.
Gallo (Jahen), 89.
Gallois (J.), 47.
Gallouan, 63.
Gaptière (la), 41.
Garambic, 127.
Garanteuc, 92.
Gardin de la Pillardière (Auguste), 62.
Garel (Ollivier), 178.
— (Jean), 197, 123.
— (Angélique), 217.
— (Joseph-Augustin), 217.
— (Joseph), 217.
— (Etienne), 114, 115.
Garenne (de la), 128.
Garnier (Marie), 217.
— (Pierre), 207.
Garniguel ou *Guerniguel*, 108, 109.
Garo, 7, 15, 100.
Garrouet (Mathurin), 15.

Gaslechair (Sébastien), 180.
Gasnache, 113.
Gasne (Jacques), 216.
Gatechair ou Gastechair (Jan), 8, 191.
— (Yvon), 8, 57.
— (Suzanne), 111.
— (Yvonne), 190.
— (Pierre), 190.
— 8, 58, 192.
— (Perrine), 194.
Gatinais (de la), (Claude-Joseph), 37.
Gaubischeray, 164.
Gauchée (Pierre) et (Nicolas), 20.
Gaudin (Christophe), 148.
Gaury (de la), 4.
Gausson, 161, 162, 163, 164, 165, 167.
Gautier, 31, 187.
Gaultier (Guillemette), 146.
— (Marie-Anne), 169.
— (Marguerite), 197.
— (Gilles), 209.
— (Jean-B.), 210.
Gauthier (Hyacinthe), 187.
Gauven (Anne), 207.
Gâvre, 214.
Gazoire, 217.
Geay (Jean le), 18.
Gédoin (Cernanne), 19.
Gedouin, 20.
Gefflot (Jeanne), 61.
Geffroy (Jean), 203, 145.
Gellain (Claude), 151.
Gellin (F^{cois}), 127.
— (Henri), 127.
— (Jacquette), 127.
— (Jacques), 127, 149.
— (Louise), 127.
— (Louis), 127.
— (F^{coise}), 127.
— (Marie), 142.
Gellouart (Pierre), 70.
— (Guillemette), 70.
— (Julien), 70.
— (Philippe), 70.
— (Michelle), 70.
Gemasse, 73, 74.
Gendrot (Roberte), 198.
Geneton (Marie), 6.
— (Sebastien), 6,

Geneton (Claude), 7.
Genesten, 127.
Geneston, 18.
Genillé, 1.
Gérard (Olivier), 55.
— (F^{coise}), 55.
— (Marie), 55.
— (Louise), 55.
Gerbigny, 101.
Geslin ou Gélin, 34.
— (Ollivier), 60.
— (Sylvestre), 122.
— 125.
— (Jehan), 135.
— (Pierre), 145.
— (Jacques), 197.
Gesril de la Bégassière, 36, 172.
Gesril du Papeux (Jean-F^{cois}), 30, 34.
— (Marie-Anne), 172.
Gestin (Jeanne et Marguerite), 210.
Gicquel (Yves-Jacques), 52, 126, 153.
— 103.
— (F^{cois}), 136.
— (Guillaume), 178.
Gilbert (Marie-Françoise), 207.
— (Robert), 147.
Giffard (Jean), 217.
Gimeyo (le), 109.
Girard (Étienne), 5.
— (Jean) 6.
Girault (de), (Marie), 162.
Glai (Jeanne), 213.
Glajollet, Glayolay, Glayolet, 17, 29, 32, 33, 63, 64, 65, 66, 79, 184.
— (Seigneurie) de 161 à 169.
Glay (le), (Rose et Marie), 212.
— (Sebastien), 212.
Glomel, 153.
Gloux, 147.
Goagueller (le), (Josias), 130.
Goasharant ou *Goasanharant*, 51, 53, 198.
Godaizière (de la), 3, 4.
Godart (Jeanne), 64.
Goesbriant (de), 217.
Goëllo, Gouellou, 122, 123, 127, 128, 129, 131, 132, 136, 137, 138, 139, 140, 145, 147, 148, 152, 195, 197, 200.

Goff (le), (Pierre), 144.
— (Jean), 146.
— (Perine), 147.
— (Simon), 209.
Gohérie (la), 39.
Gombault, 31.
Gonaguellec (le), (Yves), 127.
Gonidec (le), (Amaury), 126.
— (Jean), 152.
Gonidec (G.), 122.
Gonidec de Kervisio (le), 54.
— (F^{cois}), 55.
Gonidec de Treissan (le), 26, 31.
— (Ollivier-Joseph), 27.
— (Amaury), 52, 55.
Goret (Marie), 20.
Gorjat (Helène-Marie), 215.
Gouashamon, 141.
Gouault (Pierre), 194.
Gouazalain, 217.
Goublais (ou *Goublaye*), 13, 18, 53, 54, 159, 160.
Goublaye (de la), (Pierre), 129, 203.
— (Jean-Baptiste), 208.
Goudelin, 133, 134, 140, 142, 143, 145, 146, 201.
Goudemail, 69, 70.
Goueal (Pierre), 97.
Goues (de), (Charles), 65.
Gougé (Guillaume), 210.
Gouin (Julien), 211.
Gouiric, 92.
Gouizac (de), (Jeanne), 110.
Gourcuff (Marie), 214.
Goures (Christophe), 51, 52.
Gourhel, 17.
Gourlan (Gilles), 166.
Gourion (Guy), 139.
— (Alain), 197.
Gourmil (Gilles), 49.
— (Jacques), 68.
— (Julien), 109.
Gouvello (de), (Vincent), 18.
Gouvello (le), (Jacquette), 70.
Gouyon ou Gouion (Marie-Monique), 18.
— (Charles), 54.
— (Jan), 63, 64.
Gouyon de Vaurouault, 36.
Gouz (le), (Sebastien), 189.
Goyon (René), 196.

Graffe-Limmermont (de), 220.
Grand (le), (F^cois), 106.
Grand-Champs, 72.
Grand-Chemin, 164.
Grand-Heuleix, 171.
Grandmaison, 55.
Grand-Pré, 136, 137, 151, 199.
Grandrivière, 21.
Grandvallet (Jan), 97.
Grange (la), 48, 146, 154.
Granville (de la), 30.
Granvilles (les), 23.
Gras ou *Grat* (le), 116, 117.
Grateloup, 29.
Gration (Jehan), 197.
Gravé (de), (F^cois), 27.
Grée (la), 97, 179, 180, 190, 191.
Grées (les), 52.
Gué-Meno, 104, 116, 117, 118, 191, 192.
Grénédan, 24, 43, 44, 132.
Grenouille, 100, 101.
Gresseau (Jean), 216.
Griffolet, 212, 213.
Grignar de Champsavoy (Marie-Joseph), 24, 25.
Grimaudet (de), (Julien-R.-Jean), 25.
Gringreau (F^cois), 47, 87, 90, 193.
Grivière, 120.
Gros-Bois (du), (René), 8.
Grosset (Pierre), 161.
Grost de Bellesme, 22.
Grouelet (la), 66.
Groust de Bellesne, 73.
Guayvon, 39.
Gué (du), (F^cois), 149.
Gué (le), 12, 57.
Guebral, 12.
Guégan (Louise), 55, 200.
Guégot (Charles), 211.
Guehenno, 78, 79, 95, 96, 98, 100, 101, 103, 107, 119, 120, 177, 179, 181, 182, 183, 184, 188, 190, 193.
Gueheneuc (le), (Silvie), 36.
— (Jehan), 67.
Gueheneuc ou Guehenneuc (Jacques), 163.
— (François), 163.
— (Robert), 165.
Guello (le), (René), 107.

Gué Maillard, 94.
Guémadeuc (de), (J.-B.), 18, 110.
— (Louis), 67.
— (Suzanne), 106.
Guemené-Penfao, 173, 175, 176.
Guenec (le), (Madeleine), 32.
— 48.
— (Jacques), 71.
— (Robert), 73.
— (Gilles), 171.
Gueno, 13.
Guenechquillic(de),(Maure), 200.
Guennegault (de), 12.
Guer (de), (Jeanne), 13, 160.
— (Alain), 15, 159, 160.
— (Jan), 15, 109.
— (Charles), 159, 160.
— (Ollivier), 159, 160.
— (Jeanne), 159.
— (Marie), 159.
— (Suzanne), 159.
— (Mauricette), 159.
Guerande, 170, 171.
Guérande (de la), (Renée), 27.
— (Mathurin), 27.
— (Marie-Michelle), 32.
Guerantray, 181.
Guerche, 148.
Guerdal (Julien), 183.
— (Pierre), 108.
Guerdaniel, 181.
Guerdinaire, 69.
Guergonan, 115.
Guerin, 31.
— (Jean), 138.
Guermadec, 18.
Guermahéas, *Guermahias*, 9, 13, 17, 25, 33, 57, 68, 79, 80, 83, 102, 116, 184, 189.
— (Seigneurie) de 91 à 94.
Guermel, 154.
Guern, 70.
Guern, 105.
Guernel (le), (Louis), 138.
Guerneven, 38.
Guernio, 87.
Guernion, 188.
Guerollot, 127.
Guerre (Jeanne), 217, 207.
Guerrier (Louis), 210.
Guervasic (de), (Marguerite), 34.

Guerzans, Guersans (de), (Jean-B.), 24.
Guesgon, 7, 33, 34, 35, 49, 57, 75, 77, 78, 80, 81, 82, 83, 89, 90, 104, 105, 111, 116, 118, 119, 178, 179, 180, 181, 182, 183, 184, 185, 186, 187, 188, 189, 190, 192, 193.
Gueslan, 133, 140.
Guezenec (F^{cois}), 151.
Guibourgère (de la), 37.
Guichard (Anne), 210.
— (F^{cois}), 217.
Guichen (de), 30, 48.
Guiclan, 105.
Guihur (Louis), 98.
Guilein, 189.
Guilfistre (de), (Julienne), 181.
— (Julienne), 181.
— (Michel), 181.
Guignard (Joseph), 80.
Guillac, 25, 48, 114, 116, 117, 118, 191.
Guillart (Guillaume), 63, 162, 163.
— (Gilles), 63, 162.
— (Jean), 63, 161.
— (Helène), 63, 64.
— (Marguerite), 63, 64, 163, 164.
— (Jeanne), 64.
— (Michel), 161.
— (Eonnet), 161.
— (Henry), 161.
— (Hervé), 161.
— (Regne), 161.
— (Aliette), 164.
Guillaume (Ignace), 211.
Guilledo, 180.
Guillemot, 106.
Guillerme (Jeanne), 107.
Guillerien, 68, 100, 106, 107.
Guilliers, 41, 162.
Guillier du Marnay, 216.
(J.-M.).
Guillou (Guillaume), 138.
— (Suzanne), 143.
— (Louis), 201.
— (Martin), 54.
— (F^{cois}), 210.
— (Gilles), 217.
Guillou du Cleguier (le), (L.-A.), 216.

Guillou de Bellouet (de), 32.
Guillouson, (Richard), 211, 212.
— (Jérôme), 211.
Guilly, 127.
Guilvin (F^{cois}), 211.
Guimar (Guillaume), 180.
— (Pierre), 190.
Guingamp, 25, 133, 142, 147, 153, 202, 208.
Guipava, 175, 176.
Guise, 11.
Guistre (voir Guilfistre).
Guito, 150.
Guitté, 23, 24, 41, 144.
Guyet (F^{cois}), 208.
Guyenne, 29.
Guymar (Robert), 109, 110.
— (Louis), 110.
— (Ollivier), 115.
Guyto (Jean), 55.
Guytrel, 202.

H

Habel (Cyprien), 20.
Hac (du), (Jean), 148.
Hac (le), 147, 149, 195.
Hais (les), 130, 158, 181.
Hamon (Perinne), 144.
Halenault (Pierre), 135.
Halgoët (de), Halgouet (du), Hallegoe, (F^{cois}), 52, 60, 61, 126, 150, 155.
— (Jan), 52, 60.
— (F^{colse}), 52, 60, 126, 155, 156.
— (Gillette), 55.
— de la page 60 à 62.
— (Philippe), 60, 155, 201.
— (Ollivier), 60, 154, 155, 173.
— (Anne), 60.
— (Barbe), 60.
— (Reine), 60.
— (Pierre), 60.
— (Antoine), 154.
— 20, 167, 175, 176.
— (Hervé), 176.

Halgouet (le), 61, 173, 174, 175, 176.
Hallouaye (Robert), 124.
Hamelin (Angelique), 209.
Hamelinière (de la), (Catherine), 208.
— (André), 208.
Hamon du Boismartin, 30.
Hanguen, 63, 64.
Hardouin (René), 19, 187.
— 80.
Hardouinaye (la), 23, 33, 39, 40, 144.
Harivel (Christophe), 211.
Harpin (F^{cois}), 7.
Haugomard, Haugommard, Haugoumard, — 36.
— (Guillaume), 38.
— (Louise), 144.
Haudebœuf, 64.
Haulte-Ville, 125, 161, 162, 192.
Haute-fort, 181.
Haut-Corlay, 134.
Haut-Goray, 88.
Haut-Limo, 188.
Haut-Quelen, 182.
Haultière (la), 23, 64.
Havenel (Pierre), 207.
Hay (Joachim), 25.
— (Siméon), 40.
Hay des Nétumières, 42.
Haye (la), 8, 75, 76, 77, 79, 85, 89, 97, 119, 148, 178, 184, 194, 195.
Haye (de la), (Robert), 98.
— 171.
— (Jean), 181, 183.
— (Marie-Jaquette), 214.
Haye-Juguet, 194, 201.
Hayes (des), 202.
Hayes (les), 24, 212.
Hector, 30.
Hellandais (Vincent), 211.
Hellart (Jeanne), 138.
Hemery (Jeanne), 36.
— (Gilles), 171.
Hemon, 35.
Henanzal, 25.
Hennebont, 10, 15.
Henon, 31, 163, 166, 167, 169, 203.

Henry (Suzanne), 50.
— (F^{cois}), 63, 64, 135, 136, 137.
— (Jean), 64, 155.
— (Pierre), 64.
— (Geffroy), 122, 135, 136.
— (Raoul), 125.
— (Selver), 135.
— 169.
— (Marie-Ursule), 217.
Henteul, 45.
Herbigny (d'), 15.
Herisson (F^{cois}), 211.
— (Jean), 211.
Hermite (l'), (René), 40, 171.
Hermouin ou Hermoing
— (Toussaint), 151.
— (Claude), 151.
— (Jan), 151.
Henauff (le), (Raoul), 146.
Hersart (Toussaint), 25.
Hervieux (Mathurin), 192.
Hervieux de Mellac (Jacques), 101, 102.
Hildry (le), 101.
Hilguy (le), 15, 18.
Hillary, 123, 150.
— (Catherine), 140, 141.
Hillion (Marie), 209.
Hingant (Charles), 147, 195, 196.
— (Raoul), 147, 196.
— (F^{coise}), 148.
— (Gilles), 195.
Hino (F^{cois}), 43.
Hino, 191.
Hiroux (F^{cois}), 215.
Hopital aux Robins, 45.
Hopital (de l'), 36.
Hospital, 72.
Hospitalier (l'), |Alain|, 195.
Hostellerye, 53.
Houée (Angelique), 207.
Houlle (de la), (J.), 84, 119.
— (Anne), 190.
Hourmelin, 15.
Houx (le), 130.
Houxaye (de la), (Raoulette), 195.
Hual (Pierre), 43.
Huart (Claude-Renée), 17, 20, 21, 69.
— (F^{cois}), 17, 69.
— (Pierre), 17.
— (Jacques), 17, 18, 25, 69.

Huart (Renée), 18.
— (F^{colse}), 18.
— (Marie), 18.
— (Jeanne), 21, 69.
— (Pierre-F^{cois}), 69.
— (Jacques-Nicolas), 69.
— 117.
Huart de Bourbansays, 24.
— (Jacques-R.), 25.
Huart de Boeuvres, 74, 170, 171.
— (Jeanne), 170.
— (Claude-René), 170.
Huchet (Helène), 34.
— (Briand), 58.
— (André), 70.
Huchet de la Bedoyère (René-Alexis), 212.
Huet (Joseph), 211, 217.
— (Louis), 217.
— (Jean), 163.
Huguel (Charles), 124.
Huguern, 61.
Hulin (F^{coise}), 156.
Hunaudaye (la), 21, 59, 169.
Huré (Jacquette), 50.
Hurtières (des), 202.
Hus (Louise), 194.

I

Ille-et-Vilaine, 35, 36.
Imbauld (Michel), 217.
Inguiniel, 160.
Issé, 200.
Issoudun, 6.

J

Jacquant, 95.
Jacquelot (Thérèse), 212.
Jalogne, 9.
James (Pierre), 143.
— (Luc), 208.
Jamet (Joseph), 212, 213.
— (Sainte), 212, 213.
Jamiot (Guy-Marie), 210.
Jan (Armel), 8.
— (Hiérosme), 8.
— (Anne), 50.
Jannequin (Jean), 142.

Jannic (Marie), 199.
Jarnigon (Jean), 177.
Jarno (Jean), 210.
Jarnon (F^{cois}), 151.
Jasson, 148.
Jefeguel (Nicolas), 212.
Jegou (Rolland), 127.
— (Claude), 141.
— (Fouquet), 151.
Jehan, 135.
Jehanne (Jean), 118.
Jehan de Launay (Joseph), 214.
Jenton (voir Geneton).
Jeune (le), (F^{cois}), 270.
— (Gabriel), 210.
Jezequel (Nicolas), 213.
Jicquel (voir Gicquel).
Jocet, 94.
Jocet du Quengo (Charles), 31.
— 32, 33, 36, 37.
— (Aimée-F^{coise}), 36.
— (Bonne), 36.
Joer (F^{cois}), 99.
Joie (la), 160.
Jolet (F^{cois}), 110.
Jolly (Madeleine), 61.
Jouan (Jean), 68, 106, 17.
— (Marguerite), 68, 107, 108.
— (Jeanne), 68, 107.
— (F^{cois}), 107, 108.
— (Yvonne), 118.
— (Robert), 181.
— (Perrine), 186.
Joué, 207.
Jouhannic (Hierosme), 196.
— (Hervé), 196.
Jourand (Claude), 140, 143, 144. 145, 146.
— (Ph.), 145.
— (Félix), 145.
— (Christophe), 145.
— (Guillaume), 145.
— (Radegonde), 145.
Jossau (Heleine), 6.
Josselin, 14, 15, 16, 17, 18, 19, 21, 32, 34, 35, 46, 48, 57, 71, 83, 87, 91, 92, 94, 101, 103, 106, 113, 114, 115, 116, 118, 119, 120, 121, 166, 186, 187, 188, 189, 192, 193, 194.
Jossom (Jacques), 53, 125, 127, 145.

Jossom (Yves), 69, 70, 141, 142, 145, 146.
— (Claude), 70, 143.
— (Yvon), 127.
— (Prigent), 127.
— (F^{coise}), 127.
— (Jean), 145.
Jubin (Marie), 14, 17.
Juch (du), (Raoul), 85.
Jugon, 63.
Juhel (Nicolas), 187.
Jullé, 18.
Juzet, 61, 173, 175, 176.

K

Kaërbout (de), 73.
Kerabry (de), 160.
Keradreux (voir Caradreux).
Keraenguern (de), (Marie), 60.
Keralbean (de), 160.
Keraldanet, 175.
Kerahays, 96.
Keraliou, 156.
Keraly ou Kerally (de), (Vincent), 97.
— (Charlotte), 110.
— (Louis), 159.
— (Gabrielle), 14, 17.
Keramborne, 184.
Kerambrun (Petronille), 217.
— (Elisabeth), 217.
Keramoal, 175.
Keramon, 151.
Kerampuil (de), (Blaise), 126.
— (Mauricette), 126.
— (Michel), 126.
Kerampuil, 28, 126.
Kerancorre, 174.
Kerandantec, 173, 174, 175, 176.
Kerandraon, 174.
Kerangal (voir Querangal).
Kerangat, 181.
Kerangon-Clerec, 217.
Keranguen (de), (Yves), 142.
Keranic (de), (Marguerite), 151.
Keraniou, 156.
Keranrousse, 116.
Keranscorzec, 200.

Keranys ou Keradnis (de), (Yvon), 140, 141.
— (Geoffroy, Rolland, Guillaume et Guillemette), 141.
— (Richard), 147.
Keradrux, 135.
Keraoul (de), 209.
Kerarscan, 201.
Kerasdoué (de), 171.
Keratry (de), (Jean-F^{cois}), 217.
Keraulien, 96.
Keraudiern, 57.
Keraudran, 50.
Keraveon, 4, 20.
Kerbastard, 67.
Kerbavin, 98.
Kerbelet, 95.
Kerbeluen ou *Kerbelven*, 60, 126, 139, 150, 151, 154, 155, 156.
Kerbescondy, 146.
Kerbezien, 126, 152.
Kerbigado, 126.
Kerbiguet (Mathurine), 189.
— (Anne), 189.
Kerbihan, 155.
Kerbizien, 52.
Kerboiec, 70.
Kerboith, 190.
Kerbolle, 25.
Kerborgne, 53, 54.
Kerboul (F^{coise}), 34.
Kerbouric (de), (Rolland), 201.
Kerbrezel (de), 202.
Kercadiou, 101.
Kercado (voir *Carcado*).
Kercadoret, 133.
Kercointe (de), 71.
Kercointe, 187.
Kerdanet, 55.
Kerdaniel, 142, 145, 147, 148, 150.
Kerderio (de), 131.
Kerdiovagnan, 174.
Kerdison, 4.
Kerdisson, 8.
Kerdivisien, 213.
Kerdreho, 215.
Kerdreo, 159.
Kerdreyn, 201.
Kerebel, 176.
Kerembras, 96.
Kerengat, 45.

Kerenlan, 60.
Kereron (de), (René), 88.
Kerduet, 8.
Kerfily, 213.
Kergariou (de), (Jonatas), 169.
Kergeffroy, 145.
Kergil (Jean), 210.
Kergillis, 55.
Kerglenilly, 8.
Kergoet, 151.
Kergommart, 124.
Kergoinon, 127.
Kergouall, 97.
Kergresq, 155 (voir *Cargret*).
Kergrist, 134.
Kergrist (de), (Hélène), 69, 70, 146.
Kergroades, 174.
Kergroades (de), (Marie-Jeanne), 211, 212.
Kergroaies (de), (Hamon), 67.
Kergroazec (de), 173.
Kergu, 21, 58, 59, 92.
Kerguehennec, 97.
Kerguen, 43.
Kerguerioude, 4.
Kerguinerien, 151.
Kerguiris (de), (Anne), 70.
— (Jacques), 70.
— (Yvonne), 70.
Kerguizé (de), (Jacquette), 181.
Kergus, ou Kergu, ou Quergu (de), (Jacques), 12, 46, 58.
— (Joseph), 21, 34, 58, 72.
— (F^{cois}-J.-Charles), 25, 29.
— (Angèle et Marie-Céleste), 36.
— (Elisabeth), 46.
— (Claude), 46.
— (Jean), 46, 59, 209, 211.
— (Marguerite), 59.
— (F^{cois}), 58, 59.
— (Gilles), 59.
— (Helène), 59.
— (Thierry), 134.
— (Louis), 211.
— (Gabrielle), 211.
— (René), 11, 12, 13, 14, 15, 17, 46, 49, 58, 59, 72, 78, 92.
— 13.
Kerhanya (de), (Richard), 195.
Kerhoalar, 175.

Kerhollang, 8.
Kerhor, 151.
Kerianat, 107.
Kerilloc (Anne), 176.
Kerilly, 54, 128.
Kerimel (de), (Nicolas), 54.
Kerimer (de), (Yves), 127.
Kerinot, 132.
Kérity, 145.
Kerivault, 70.
Kerizouarn, 175.
Kerjam, 55.
Kerjan, 151.
Kerjosses, 4, 70.
Kerjoliet, 54.
Kerlaino, 142.
Kerlan, 119, 140.
Kerlau-Kerhuon, 171.
Kerlean (de), 142, 171.
Kerlemant, 70.
Kerleau (de), (Yves), 51, 52, 53, 126, 153, 198.
— (Jozias), 53, 54, 198.
— (Louise), 53.
— 171.
Kerledez, 171.
Kerlefezen, 176.
Kerleguen, 38.
Kerlevenez, 54, 70.
Kerleverien, 208.
Kerliver, 106.
Kerliniou, 146.
Kerloan, 142.
Kerloaguenan ou *Kerloaguen*, 68.
Kerloret, 18.
Kerlozrer (Jeanne), 174.
Kermadec, 30.
Kernalot, 196.
Kermarec (F^{cois}), 209.
Kermarec, 129.
Kermaret, 155.
Kermaria, 173.
Kermartin, 147.
Kermasson (Claude), 110.
Kermarechal, 194.
Kermarquer, 70, 195.
Kermel (de), (F^{cois}), 60.
— (Olivier), 155.
Kermellec, 68.
Kermellec (de), (F^{cois}), 209, 211.
— (Yves), 209.
Kermené (voir Carmené).

Kermeno (de), (Jehan), 97.
— (Jeanne), 159.
— (M^{ie}-Jeanne), 216.
— (René), 15.
— (Gilles), 115.
— (Alain), 7.
Kermerder (de), (Yves), 55.
Kermodest, 140, 143, 144, 145, 146.
Kermolo (de), 126.
Kermorvan, 60, 70, 156.
Kermoustoir, 154.
Kerneach-Vidalou, 174.
Kernezecq (de), (F^{cois}), 4.
Kernicol, 107.
Kernisi, 54.
Kervestin (de), (Olive), 22.
Keroham, 54.
Kerohoc, 175.
Kerohou, 176.
Keroignant (de), (Olivier), 53.
— (Anne-M.-Louise), 133.
— (Gilles), 133.
— (Claude), 165.
Keroignant, 133.
Keronurtz, 176.
Kerouallan (de), (Isabeau), 8.
Keroualle, 175.
Kerouartz ou Kerouars, (Sebastien), 211.
— (Louis), 212.
Kerouartz (de), 215.
Kerouen, 155.
Kerougnian (de), (Rolland), 66.
Kerounion, 70.
Kerouré, 97.
Kerousaull, 98.
Kerousy, 155.
Kerouzelais, 126.
Kerouzien, 151.
Kerouzo, *Kerouzou*, *Kerousou*, 39, 67, 69, 132, 133, 139, 140, 143, 144, 146, 147, 152.
Kerpedron (de), (R.), 20, 34, 48, 109, 192.
— (Heleine), 48.
— (Henry), 48.
— (Yves), 189.
Kerpoisson, 171.
Kerprat, 29, 42, 51, 52, 53, 67, 123, 125, 129, 131, 132, 133, 134, de 135 à 138, 143, 150, 151, 153, 156, 184, 199.

Kersaeru (Guillaume), 174.
Kersalic, 213.
Kersallio (de), (Pierre), 196.
Kersalliou, 54, 201.
Kersally, 8.
Kersauson, Kersoson (de),
— (F^{coise}-Gillette), 38.
— (Prigent), 68.
— (Gilles), 70.
— (Tanguy), 104, 105.
— (F^{cois}), 104, 105.
— (René), 106.
— (Barbe), 187.
Kersauson, 70, 105, 106.
Kerscouadec ou *Keranscouadec*, 55, 125, 130, 131, 138, 139, 141, 143, 151, 153, 154.
Kersulguen (de), (Joseph-Hyacinthe), 18.
Kersusan, 173.
Kerret (de), (Louis-Jean), 213.
Kerriou, 201.
Kertenguy, 127.
Kerthomar, 67.
Kerusanno, 197.
Keruyer, 195.
Kervegant (de), (Jean-M.-Geffroy), 71.
Kervagat, 70.
Kerveguan, 169.
Kerveno (Michel), 4.
Kervemno (de), (Vincent), 4.
Kervenou, 54.
Kervenozael, 215.
Kerverder (de), (Pierre), 150.
Kerversault de Bergerac, 36.
Kervisio, 143.
— de 145 à 146.
Keryen, 140.
Kerynoat, 151.
Kergonez-Marec, 146.
Keryvoal, 217.
Klein, 208.

L

Labaye-Corseul, 117.
Labbé (Gabriel), 5, 6.
— (Nouel), 10, 191.
— (Janne), 57, 92.
— (Peronnelle), 91, 116.

Labbé (Pierre), 191.
Labrahan, 51, 52, 125, 126, 130.
Lachy (Pierre), 210.
Laduré (Jeanne), 105.
Laennnec (Alexandre), 212.
Lahais (de), (Jean), 183.
Lahaye, 39.
Lahorie, 121.
Lage (de), 47, 48, 87, 90, 179, 193.
Laigle, 161.
Lainée, 36 (voir Lesné).
Lamballe, 25, 26, 27, 36, 38, 46, 59, 169, 202.
Lamballays (Jacques), 162.
Lambert (Henry), 15.
Lambilly (de), (Guillaume), 15, 17.
— (Pierre), 17, 49.
— (Marie), 18.
— 36, 179.
Lambilly, 17.
Lambart (Guillaume), 114.
Lamervault, 141.
Lanisse (de), (Julienne), 17.
Lamotte (de), (Charles), 25.
Lamotte (voir Motte).
Lande (la), 100, 125.
Lande (de la), (Janne), 89, 95.
— (Thebaud), 89.
— (Catherine), 151.
Landec, 151.
Landerneau, 211.
Landes (les), 211.
Landren, 153.
Landual, 25.
Lanfosso, 163.
Langast, 163.
Langan, 20, 21, 23, 24, 33, 34, 37, 40, 69, 170, 171.
Langan (de), (Marie-Charlotte), 211
Langle (de), (Jacquette), 17, 71.
— (Louis), 70.
Langoat, 201.
Langollia, 175.
Langonnet, 52, 53.
Langouet, 58.
Langourla (de), (Guillaume), 97.
— (Jehan), 114, 115.
— (Gilles), 195.
— (Catherine), 197.
Langourla, 39, 97, 114.
Languilforch, 175.
Laniguet, 130.

Lanizcat, 200.
Lannevaux, 15.
Lanniguy, 127.
Lannilis, 174.
Lannion, 201, 207, 211, 215.
Lannion (de), (Renée-Therèze), 50.
— (Francoise), 160.
Lanoë (voir La Noë).
Lanoes, 177.
Lanouarneau, 70.
Lanouée ou *La Nonée,* 108.
Lanrélas, 39, 144.
Lanrivault, 53, 139, 143, 151, 153, 154.
Lantivy ou Lentivy (de), (Julienne), 50.
— (Louis), 71, 181.
— (Florimonde-Renée), 71.
— (Agnesse-Claude), 184, 185.
Lantreguier, 201.
Lanux (de), (Jean-B.), 208.
Lanuzel (Marie), 174.
Lanvaon, 173, 174, 175, 176.
Lanvaronne, 176.
Lanvaudan, 160.
Lanvault, 17.
Lanvaux, 79, 80.
Lanvengat, 215.
Lanvollon, 54, 148, 198, 200.
Laquin (Jacques), 215.
Laraine, 199.
Lardan (Jean-B.), 26.
Lardic (de), (Antoine), 217.
Larlan (de), 16.
Larnagol, 29.
Laschy (Pierre), 209.
Laubé (Agathe), 36.
Laudren, 67.
Launay, 8, 52, 58, 63, 128, 130, 165, 171, 197, 209, 211, 213, 214.
Launay (de), 38.
— (Guillemette), 63.
— (Jacques), 63.
— 133.
— (F^{cois}), 149, 197.
— (Gilles), 155.
— (Helaine), 162.
— (Jean), 162.
— (Guillaume), 210.
Launaimur, 165.
Launay-Costic, 167.

RÉPERTOIRE

Launay-Nevet, 213.
Laune (de), (Jeanne), 209, 211.
Laurens (de), (Antoine), 214.
Laurens (Raymond), 207.
Laurent (F^{cois}), 91.
Laurus, 38.
Lauvau, 100, 101.
Laval, 27, 34, 68.
Laval (de), (Jean), 183.
Lavau, 73.
Lay (le), (Morvan), 150.
Léart (Catherine), 140.
Leaustic (Christophe), 175.
Lebaillif (Henriette), 11.
Lebidre, 100.
— (Jean), 182.
Lecadre (René), 9.
Leconiac (voir Coniac).
Ledeen (Jean), 200.
Lefebure (F^{cois}), 192.
Lefevre (Mathurin), 192.
Leffray (Guy), 64.
Legarec, 209.
Legault (Yves), 209, 210.
Legeay (Jean), 13.
Legge (Richard-René), 210.
Legros, 126.
Legonidec (voir Gonidec).
Leguevel, 187.
— (Gilles), 187.
Lehelleu, 57.
Lehen, 202, 216, 217.
Lehir (F^{coise}), 176.
Lelagadecq, 68.
Lelart (Charles), 189.
— (Marguerite), 189.
Lelièvre de Kerlaut, 171.
Lemataer (voir Metaer).
Lemercier, 182.
Lemilin (Marie), 175.
Lemo (de), (Guy), 6.
Lemoy (Maurille), 208, 217.
Leny (de), (Charles), 4.
Lenoizo, 100.
Lenzriolle, 173.
Léon, 105, 114, 180.
Lepage (Louis), 210.
Leray, 35.
— (F^{cois}), 217.
Lermor, 52, 126, 153.
Lerne (de), (Marie), 17.
Lescalle (de), (Jean), 126.

Lescalle (de), (Jacques), 128.
Lescoit, 59.
Lesconvel, 175.
Lescouet (de), (Guillaume), 63, 64.
Lesmais ou Lesmays (de), 84.
— (Louys), 97.
— (Jean), 181.
— (Ambroise), 181, 182.
Lesmays, 97, 182.
Lesmeal, 174.
Lesmellec, 151.
Lesmenetz (Jan), 193.
Lesmiele, 109.
Lesmo, 15.
Lesné (Helène), 129.
— (Guillaume), 129.
— (Pierre), 57, 195.
— (Antoinette), 144, 145, 146.
— (Pierre-Marie), 146.
Lesneven, 106.
Leparc (Christophe), 63.
Lespinay, 11, 53, 99, 188.
Lespinne (de), (Jan), 107.
Lesquen (de), 32.
— (Jacques), 46.
— (F^{cois}), 50, 116, 117, 118, 192.
— (Guillaume), 50.
— (Celeste), 50.
— (Barthelemy-Louis), 116, 117.
— (Claude-Louis), 116.
— (Celeste-Suzanne), 116, 118.
— (Alain-Jean), 118.
— (Anne-Louise), 193.
Lesquen, 116, 119.
Lestang (de), (Gillette), 110.
Lestarsel (Jacques), 208.
Lestic (Anne), 127.
— (Pierre), 127.
— (F^{coise}), 127.
— (Jacques), 127.
— (Madeleine), 127.
— (Prigent), 127.
— (Rolland), 127.
— (Genevieve), 127.
Lestoille, 127.
Lestrascouet, 165.
Lezanan, 146.
Lezerec, 208.
Lezonnay, 4, 71.

Lezernant, 156.
Lezurec, 212.
Lezvizian, 176.
Lievre (le), (Renée), 14.
Ligouyer, 18, 23, 24, 38, 39, 40, 41, 43, 55, 56, 130, 131, 140, 143, 144, 153, 156, 157, 199.
Linadec, 146.
Linguet, 222.
Liovamont, 60.
Liscoët, 25.
Lisle (de), (F^{cois}), 209.
Lisle, 19, 53, 54. 70, 126, 163, 198.
Lisle de Mean, 171.
Lispetze (de), (Jehan), 115.
Lissantien, 195.
Lisquilly, 166.
Lizio, 84, 85, 86, 87, 88.
Loaizel (Joseph), 88.
Loan (de), (Regnault), 142.
Lochrist, 157, 176.
Locmaria, 66, 70, 75, 76, 77, 79, 80, 81, 95, 190, 191.
Loeno, 4.
Locmaria-Plouzané, 165.
Locquellas, 38.
Lohuec, 38.
Loire-Inférieure, 35, 37.
Loisie, 167.
Lojou, 133.
Loménie, 13.
Loncle (René-Georges), 212.
Long (le), (Jacques-Philippe), 90.
— (F^{cois}), 154.
— (Guy), 139.
— (Anne), 127.
Longrais (la), 15.
Longraye (la), 54.
Lorgerie, 217.
Lorgeril, 54.
Lorgeril (de), 36.
Loriant (F^{cois}), 140.
Lorraine (de), (Philippe-Emmanuel), 163.
Lostellerye, 18.
Lostic (Pierre), 53, 145.
— (Alain), 151.
Lottin (F^{cois}), 208.
— (Gilles), 208.
— (Julien), 208.
— (Jean), 208.
Lottriau (Jean-René), 217.

Louannec, 55.
Loudeac, 215.
Loup (du), 31.
Lousmeau, 126.
Louvel (René), 209.
— (Joseph), 210.
— 16, 36.
Louvel de Warville (de), 100, 101, 102.
Loye, 4, 5.
Loyer (le), (Henri), 149.
Loyon (de), 160.
Loyon, 15.
Loyseul (Pierre), 108.
Lucerie, 207.
Lussulien, 176.
Luxembourg (de), (Madeleine), 124, 137.
— (Marie), 163.
Lynonaiso, 193.
Lys (de), (Eustache), 122.
— (Jacques), 162.
— (Mathurin), 162.

M

Mace (Pierre), 55.
Macé de la Cour, 73.
Madic (Antoine), 189.
— (Jean), 10.
Madrette, 78.
Maël-Pestivien, 199.
Magon (Nicolas), 20.
Mahé (Jean), 94.
— (Georges), 138.
— (F^{cois}), 138.
— (Charles), 167.
— 146.
Maheallin (Jacques), 151.
Mahieux (Pierre), 118.
Maignan (le), (Catherine), 140.
Maignan de Kerangat (le), (Claude-Alexis), 50.
Maigre (le), (René), 133.
— (Louis), 133, 140.
Maigret (de), 8.
Maison-neusve, Maisoneuve, 10, 111.
Maistre (le), (Pierre), 165.
Malescot (Jacquette), 28.
Malestroit, 109, 179, 180, 200.

Maletton, 22.
Malherbe, 113.
Malguenac, 65.
Malinge, 94.
Malleville, 73.
Malorayes (la), 121.
Malvaux, 23, 186.
Mandard (Jean), 67.
Manier (Charlemaigne), 192.
Mans (le), 68.
Mansart, 13.
Marais (du), 71.
Marbœuf (de), 117.
Marchix (Marguerite), 207.
Marcade (Louis), 67.
Marchand (le), (Jeanne), 201.
Marche (la), 100.
Marchion (Jean), 138.
Mare (la), 64.
Mare (de la), (Nicolas), 148.
— (Vincent), 150.
— (Maudes), 150.
— (Maury), 150.
— (Rolland), 150.
Marec (Guillaume), 217.
— (Vincent), 149.
Mareschal (le), (Etienne), 9.
Marigny, 7.
Marin (Jean), 212.
Marinière, 169.
Marion (Anne), 109,
— (René), 109, 111.
— (Louis), 198.
Maroué, 46.
Marpaudais, 64,
Marquez (de), 72.
Marre (la), 63, 64, 171.
Martel (de), (Alexis), 215.
— (Therese-Modeste), 215.
— (Charles-Auguste), 215.
Martigné-Ferchault, 200.
Martigues, 124, 162.
Martin (René), 63.
— (Gilles), 64.
— (Jeanne), 51.
— (Marie), 188.
— (Henri-Joseph), 188.
— (Jean), 203.
— 102.
Marzin, Marsin, Marsain, 33, 170, 171.
Mas, Matz (le), 79, 80.

Masse, 214.
Masson (Jan), 106.
Massot (Nicolas), 214.
Mat (le), (Guillaume), 211.
— (Laurent), 211.
Matignon, 193.
Matras, 97.
Maubé (Jacqueline), 57.
Maubranches, 9.
Maudet (Bon), 214.
Maugouer (du), (Gilles), 127.
— (Guillaume), 127.
Maugraye (Jan), 45.
Maugremieu, Maugremien, Maugremier, 17, 19, 21, 25, 29, 33, 49, 79, 80, 82, 83, 102, 187.
— (Seigneurie), de 104 à 114.
Mauny, 169.
Mauny, 27, 33.
Mauron, 18, 61.
Mauroux (Gilles), 201.
Maxent, 62.
May (le), (Pierre), 147.
Mée (le), (Guillaume), 97.
Medréac, 156, 158,
Megouet (le), 79, 80.
Megry, 58.
Megrit, 12.
Mehun-sur-Yevre, 1, 2, 3, 7, 9, 11, 16.
Meilleraye (de la), 9, 10, 13.
Mejusseaume, 101, 149.
Meloret (le), (Julien), 34.
Mellouary, 127.
Ménabois, 59.
Menardeau (Geneviève), 46.
— (René), 46.
Mené, 97.
Menec, 20.
Ménéac, 57, 73.
Menez (du), (Ollivier), 212.
Mennehy (le), ou Lemenhy, 163, 164.
Mennovel, 174.
Meneust (Guy), 124.
Menguy (Jeanne), 150.
Menou (de), (Joseph), 214.
Mercier (le), (Georges), 99.
— (Mathurin), 107.
— (Constance), 208.
Mercier (Marie), 161.
Mercœur (de), 162, 163.
Merdrignac, 39, 40, 144.

18

Merdy de Catuelan (du), (Charles-Félicien), 71, 72.
Merel (Mathurin), 108.
Merer (le), 113.
Meriadec (Yves), 214.
Merillac, 39.
Merlet (F^{cols}), 81, 88, 91.
Mervé (du), 171.
Mesarvon, 106.
Mesedern, 68-69.
Mésenge (de), 74.
Meserouit, 106.
Meslé de Grand-Clos (Pierre-Jacques), 215.
Mesnard de Conichard, 215.
Mesnil Pesnyl (du), (Jean-Jacques), 6.
Messac, 69.
Mesquen, 56, 69, 70.
Metaer (le), Mattaer (le), (F^{cois}), 15, 58, 64, 65, 164, 165, 166.
— (Helene), 15, 65, 166.
— (Alain), 15, 17, 65.
— (Jean), 15, 178.
— (Jeanne), 17.
— (Peronnelle), 66, 166, 167.
— (Anne), 66, 166, 167.
— (Claude), 166, 168.
— (Pierre), 213.
— 36.
Metaier (le), Methaier (le), Metayer (le), (voir Metaer).
Mettaire (Jeanne le), 34.
Metz, 61.
Meur (le), (Jeanne), 55.
Meuron (Jeanne), 126.
Mezec (le), (Constance), 23, 43.
— (Isabeau), 59.
Mezec de Kerbois (le), (Ollivier), 103.
Michault (Marie), 72.
Michel (F^{cols}), 60, 156.
— (Robert), 60.
— (Henry), 60.
— (Jacquette), 156.
Millié (le), (Jean), 215.
Millon (Guy), 151.
Miltot (Marie-Perrine), 217.
Miner, 171.
Mingant, 30.

Miniac (de), (Michelle), 216.
— (Servante), 207.
Miniac, 39.
Mintier (le), (Anne), 64, 164, 165.
Moaissière, 6.
Mocudé, (F^{cois}), 215.
Moenne (le), (Alain), 125.
Mohon, Mauhon, 179, 180, 181.
Moisan (le), 75.
Moisson (F^{cois}), 210.
Molinet (de), (Pierre), 167.
Mollac, 87.
Monaezo (Isabelle), 14, 17.
— (Jean), 188.
Monbouan, 25.
Monceaux, 208.
Moncontour, 22, 31, 64, 65, 67, 161, 162, 163, 165, 166, 168, 169, 202, 212.
Montjarret (Catherine), 145.
Monoel, 176.
Montafilant, 21, 122, 169, 180.
Montalembert (de), 112.
Montauban, 15, 105.
Montaudouin (Bertrand), 72.
Montazet (de), 31.
Montdidier, 101.
Montebert, 214.
Monteil (de), 31.
Montelon, 52.
Montet, 6.
Montfort, 10.
Mont-Guehenno, 98, 99.
Montholon (de), (Mathieu), 61.
Montigni (de), 214.
Montmirail, 74.
Montmorency (de), 200.
Mont-Noel, 176.
Montoir (le), 15.
Monveron, 5, 6.
Monuran, 178.
Morand (de), (Thomas), 213.
— 221.
Mordelet ou Mordellet, 123, 137.
— (Guillaume), 139.
Mordelles, (de), (Guillaume), 122.
— (Olivier), 124.
— (Christophe), 124.
— 136, 139.
Moreau (voir Moro).
Morel (Jacques), 10, 191.
Morfouais, 50.

Morfouesse, 116, 117.
Morfoy, 4.
Morgant, 7, 15, 17, 49, 50, 111.
Morice (Marie), 67.
— (Jean), 67, 115.
— (F^{cois}), 67.
— (Yvonne), 67.
— (Jehanne), 67, 115.
— (Guyonne), 67.
— (Louise), 67, 98, 99, 115, 116.
— (Jacqueline), 70.
— (Yves), 70.
— (Pierre), 115.
— (Guillaume), 181.
Moriec (Guillaume), 181.
Morinière (la), 165.
Moriquin (Marie), 209.
Morlaix, 69, 71.
Moro (Yves-Jean), 18, 49, 108, 109. 110, 111, 112.
— (Jacques), 68, 107, 108, 109, 121.
— (Jean), 105, 106, 108.
— (Francois), 106, 108.
— (Yves), 108, 109.
— (Helène), 181.
— 216.
Morres, 199.
Morvan, 72.
Mosseur (Gilles), 52.
Mothe Ollivet, 19.
Motte-Rabaud (de la), 120.
Motillais, 26.
Motte (de la), (Jacquette), 59.
— (René), 59.
— (Jacques), 110.
— (Laurans), 110.
— (Guillaume), 161.
— (Anne), 166.
— (Jeanne), 166.
— (Pierre), 207.
— (Onézime), 213.
— (Loys), 63.
Motte (la), 9, 57, 58, 89, 92, 187, 188, 191, 203.
Motte Aubrg, 107.
Motte-Rouge, 25.
Motte-Terte, 198.
Motte au Vicomte, 101.
Mouden ou Mouten (le), (Anne), 155.

Mouden ou Mouten (le), (Mathurin), 155.
Mouesan ou Mouessan (Pierre), 64.
— (Sebastien), 163.
Moulac, 84, 85.
Moulins, 16.
Mourvel, 151.
Moussaye (de la), (Gillette), 3, 6.
— (Jacques), 3.
— (Anne), 4.
— (Françoise), 4, 6, 36.
— (Louis), 54.
— (F^{cois}-Félix), 193.
— 36.
Mousseaux (Pierre), 210.
Mousteru, 198.
Moutoire, Moustoir, 37, 169.
Moyaire (de), (Joseph), 207.
Moyne (le) ou Moine (le), 61, 65.
Mynière, (le), 201.

N

Naël, 210.
— (Vincent), 209.
Nail (Joseph), 113, 184.
— (Jean), 118.
— (Raoul), 118.
— (Pierre), 191.
Nantes, 61, 71, 72, 73, 120, 142, 143, 170, 173, 174, 200, 201, 207, 209, 210, 211, 212, 213, 214, 215, 216, 217.
Nau, 60.
Navarre (de), (F^{cois}), 164.
Navarre, 18, 46.
Nay (le), (F^{cois}), 215.
Nayl (René), 49.
— 146.
— (Jehan), 179.
— (René), 192.
Neamie (la), 20.
Néant (de), (Jehan), 86.
— (Charles), 86.
Necker, 222.
Nedelec (Pierre), 52.
Neels de Plancis (Yvonne), 40.
Nepveu (Jeanne-Angelique), 202, 203.
— (Jacques), 203.
Nepvou (Jeanne), 186.

Niaur (de), (F^{cois}), 171.
Nicol (Marguerite), 117.
— (Henry), 196.
Nicolas (Jean), 140.
Nicolazo (Renée), 189.
Nicole, Nicolle (Guillaume), 115.
— 222.
Noblez (le), 171.
Noë (la) ou *Noué* (la), 23, 36, 46, 79, 108, 109, 118, 146, 147, 177, 180, 183, 187, 191.
Noë (de la), (Marie-Louise), 36.
— 128.
— (Toussaint), 169.
Voir Noue (de la).
Noemen, 141.
Noés, 45.
Nogues (Jehan), 114.
— (Helene), 114.
Noir (le), (Louise), 146.
Noir (du), (Gabriel), 73.
Normand (le), 36.
— (Jean), 214.
Normant (le), (Rolland), 213.
— (F^{cois}), 198.
Nos (la), 78.
Noue (de la) 169.
— (Guillaume), 202.
— (Toussaint), 21.
Nouel (Louis), 69, 70, 146.
— (Yves), 150.
— (Guyon), 150.
— 187.
Nourquer du Camper (Jean), 186.
Nozay, 200.
Nugent (de), (Jean), 215, 216.
— (Richard-Patrice), 216.
Nurle (Isaac), 52.

O

Odiou (M. et J.), 124.
Ohier (Ferdinand), 211.
Ollivier (Pierre), 10.
Ollivier (de l'), (Marie-Philippe), 157.
Ollonnes, 124, 198, 222.
Ordellot, 125.
Orhan (Marie), 210.

Orthiou (Jean), 209.
Orial (Rolland), 163.
Orio, 32.
Orléans (d'), 31.
Orvilliers (d'), 30.
Oryo (Marie-Reine), 88.
— (Marc-Alexis), 88.

P

Page (le), (F^{cois}), 123, 136.
— (Pierre), 151.
Painel, 40.
Pallaire, 199.
Pallière (Jeanne), 217.
Paluel (Clement), 135.
Papeu, Papeux (Jean-F^{cois}), 29, 30.
— 32.
Papin (Marie), 159, 160.
Papotière (de la), (Barnabé), 22.
Parc, Parcq, 20, 50.
Parc ou Parcq (du),
— (Gabrielle), 38.
— (Amaury), 63, 162, 163.
— (Jacquemine), 64.
Parc-Briffon, 142.
Parc-Kerbouric, 201.
Parc le Roy (du), 34.
Parcevaux (de), (Yves), 138.
Pardieu (de), 12.
Pargats (de), (Ollivier), 4.
Paris, 35.
Paris de Soulanges (Augustin), 209.
Parizi (Pierre), 189.
Parisy (de), (P.), 151.
Parisy (le), (F^{cois}), 149.
Pas-aux-biches, 57, 110.
Passart (Jean), 214, 215.
— (F^{cois}), 214.
— (Anne-Therese), 214.
Paulon (Pierre), 211.
Paullon (Guillaume), 209.
Pays, 4.
Pean (Perrine), 211.
Pebel (le), 39, 125, 131, 132, 133, 139, 140, 145, 152.
Pecos, 180, 181.
Pedernec, 198.
Pefray, 15.

Pelan (Renée), 17, 69.
Pelerays, 189.
Pelicot (Jean), 152.
Pellaur (Nicolas), 169.
Pellé, 176.
— (Julienne), 207.
— (Guillaume), 207.
Pellemené ou *Penemené*, 8, 97.
Pelmenay, 9, 15.
Pellen au Pebel, 140, 146, 147, 151.
— (Fief), de 140 à 145.
Pellier, 200.
Pempoulo, 67.
Penamprat, 208.
Penanrut, 55.
Penel (Marie-Jeanne), 23.
Penellan, 127.
Penerin, 52.
Penfentenio (de), (F^{coise}), 66.
Penguernan, 60.
Penher, 92, 94.
Penhoët, 73, 189, 214.
Penhouet (de), (J.), 89.
Penmarch (de), (Marie), 173.
Penmellan (de), (Janne), 77.
Pennec (le), (Jacques), 171.
— (Yves), 212.
Pennenrun, 146.
Penros, 18.
Penroz, 148.
Penthievre, 24, 33, 40, 94, 124, 136, 137, 149, 161, 162, 163, 167, 184, 198, 199, 202.
Pentresf, 173.
Penulne (de), 160.
Penvenan, 55, 154, 155.
Penzes, 213.
Pepin de Martigné (Elisabeth), 213.
— (F^{cois}), 213.
Perarge, 124.
Perchambault, 21, 22, 26, 68, 73, 74.
Perchguen, 4.
Perel, 150.
Periat (du), (Hugues), 4.
Perieres, 144.
Peronnay, 19.
Peronno (de), (Jean), 8.
Perran, Peran, 131, 139, 154, 200.
Perray (le), 46.
Perret (Georges), 9, 57, 58, 92, 105, 187, 191.

Perret (Jan), 57, 118.
— (Pierre), 108, 181, 191.
— 139.
— (Charles), 151.
— (Nicolas), 151.
— (Rolland), 151.
Peret (Jac), 123.
Perrien, 184.
Perrien, Perien (de), (Guillaume), 147.
— (Jean-B.), 184, 185, 186.
— (Gabriel), 184, 185.
Perrier (de), (Catherine), 213.
Perrot (Jonnet), 105.
— (Jacques), 213.
Perrotin (Louis), 82.
Petit-Pré (de), (Joseph), 217.
Pezron (Jeanne), 141.
Persimon, 61.
Petitaprez, 68.
Phelipe (Jan), 55.
Phelippeaux, 71.
Picard (Jean-Yves), 119.
Picaud de Quehéon, 49 et 50.
— (Anne), 49.
— (René-Jacques), 49, 50.
— (Pierre), 49, 111.
— (Renée), 49, 50, 61.
— (Joseph), 50.
— (Jacques-Thomas), 50.
Picault ou Picaud (Jan), 7.
— (Pierre), 10, 15, 17, 25.
— (Anne), 18, 110.
— (Mathurine), 111.
— (Louis), 116.
Pichard (Jean), 90.
Picolde (Jacques), 4.
Picot (Georges), 210.
Picquet (Mathurin), 210.
Picquet de Montreuil, 205.
Pieche (Nicolas), 108.
Piedevache (F^{coise}), 217.
Pierenc de Mozas (F^{cois}), 26.
Pierre (de la), (Hyacinthe), 80.
Pierre-platte, 162.
Pillot (Joseph), 61.
Pin (du), 41.
Pion (Toussaint), 48.
— (Allain), 48.

Pion (Augustine), 48.
— (Helène), 48.
Piou (Nicolas), 47.
Pippelaye, 115.
Piquet (Judith), 209.
Piré (de), 160.
Piré, 209.
Piriac, 211.
Pisigo (Robert), 97.
Planche (de la), (J.-J.), 216.
Planche (la), 12, 15, 64, 65, 164, 165, 166.
Planchenault (Pierre), 209.
Plancher (Felix-Anne), 25.
— (Mathurin), 25, 167.
— 26.
Plancher de la Rocherousse, 27.
Planchet (de), (Benasé), 36.
Planchet-Trochardais, 36.
Plancoët, 21, 169.
Planguenoual ou *Plangounoal*, 12, 59, 65.
Plantaret (Simon), 85.
Platel, 7.
Plaudren, 210.
Plédelia, 59.
Pledran, 197.
Pleguien, 54, 125, 130.
Plélan, 59.
Plélo ou *Plélou*, 39, 42, 51, 52, 53, 55, 56, 61, 122, 123, 124, 125, 128, 129, 130, 131, 132, 134, 135, 136, 137, 138, 153, 197, 198, 199.
Plemet, 215.
Plennye (de), (Abel), 87.
Plerin, 125, 130, 136, 153, 198.
Plessaix (le), (voir *Plessix*).
Plessis (le), 4, 6, 7, 18, 23, 25, 45, 46, 54, 59, 76, 77, 86, 87, 92, 116, 178, 188, 192, 214.
Plessis (du), (Charles), 6.
— (Constance-Jeanne), 30, 34, 35, 83, 113.
— (Pierre), 30.
— (Marie), 37.
— (F^{cois}-Louis), 62.
— (Pierre), 67.
— 7, 144.
Plesseix (du), (Briend), 189.
Plessis-Bellière (du), 184.
Plessis-Giffart, 39.

Plessis-Godart, 64.
Plessis-Godefroy, 87, 190.
Plessis-Montreville, 87.
Pessis Richelieu (du), (Emmanuel), 132.
Plesseix-Rosmadec, 189.
Plessidy, 18, 151.
Plesidy-Kerpezre, 141.
Plessis-Mauron, 44.
Plessis-Trehen, Plessis-Trehain, 17, 21, 26, 34, 59.
Plestin, 217.
Plestruan, 48.
Pleugriffet, 101, 190.
Pleumaugat, 4.
Plexis (du), (voir Plessis).
Ploagat ou *Plouagat*, 51, 123, 125, 129, 130, 133, 138, 139, 140, 141, 142, 143, 145, 146, 147, 184, 195, 199, 200.
— (Seigneurie) de 147 à 153.
Ploegounas (ou *Plougounas* pour *Plouguenast*), 161, 162, 163.
Ploegresguant ou *Plougrescant*, 154, 155.
Ploeguiel, 155.
Ploemellec, Plemellec, Ploumellec, Plumelec, 75, 76, 77, 78, 79, 80, 89, 90, 94, 98, 99, 111, 190, 192.
Ploerhant, 180.
Ploermel, 3, 4, 5, 6, 7, 8, 9, 10, 11, 14, 15, 17, 18, 39, 45, 49, 50, 57, 67, 75, 78, 79, 86, 105, 106, 108, 110, 111, 115, 117, 118, 178, 179, 181, 191, 202.
Plœuc, 79, 161, 163.
Plœuc (de), (Nicolas), 212, 213, 215.
— (Jeanne), 215.
— (Louis), 215.
— 213.
Plogastel ou *Plugastel*, 15, 18.
Plou, 6.
Plouasné, 39.
Plouays (de), (Jean-B.), 208.
— (René), 208.
— (Claude), 208.
Plouay, 160.
Pleuescat, 212, 214.
Ploufragan, 125.

Plougonvelen, 176.
Plougonven, 68, 69, 70.
Plougonver, 162.
Plougras, 38.
Plouguernau, 163, 173, 174.
Ploumagouer, 126.
Ploumoguer, 174.
Plouguer, 25.
Plouguernevez, 153.
Plounevez-Quintin, 153, 154.
Plourhan, 133, 154, 196, 198.
Plourin, 173.
Plourivo, 130, 133.
Plousané, 173, 174, 175.
Plouvara, 129, 137, 148, 153, 195.
Pludual, 142.
Pluduac, 142.
Pluduno, 21, 26, 59.
Plumieux, 101, 177.
Plumellin, 70.
Plurien, 202.
Pluquellec (de), (Olivier), 137.
Pocher (le), 67.
Poilley (de), 217.
Poincy, 5.
Poitevin (Marie-Angélique), 214.
— (Félix), 214.
Poitevin (le), 67.
Polozec (le), (Yves), 155.
Pommeraye(de la),(Ollivier), 180.
Pommeray (Jacques), 166.
Pommerays (la), 50.
Pommerit, 54,
Pommerit-le-Vicomte, 198.
Pommerit-Jaudy, 201.
Pommeret (Pierre), 130.
— (F^{cois}), 141.
Pompe (la), 82.
Pont (le), 15.
Pont-Alasne, 117.
Pontallamur ou *Pontallasur*, 116, 117.
Pont-Billy, 9.
Pontbriant, 18, 20.
Pontcallec, 13, 15, 159, 160.
Pont-Carré de Viarmes, 24, 29.
Pontchateau, 209, 210, 214.
Pontduret (Catherine), 140.
Ponteneu, 7.
Pontho du Val, 86.
Ponthou (du), (Alain), 129.
Pontscorff, 160.

Ponsal, 202.
Pontivy, 8.
Pontrieux, 215.
Popeluen, 165.
Porcaro (de), (Jacques), 49.
Porcaro, 49.
Pordic, 54, 61, 125, 130, 132, 146.
Poréas (de), (Achille-Ferdinand), 20.
Porée (René), 20.
Porhoet, 9, 14, 18, 20, 21, 29, 39, 57, 58, 69, 75, 77, 80, 82, 84, 86, 88, 89, 90, 91, 94, 96, 97, 100, 101, 102, 103, 104, 105, 106, 107, 109, 110, 114, 117, 118, 121, 177, 178, 180, 182, 183, 184, 186, 187, 188, 189, 190, 192, 210.
Pornichet, 170.
Porte (de la), (Charles), 9.
Porte (la), 8, 86, 217.
Portes, 38, 208.
Porte-Camus, 97, 99, 189, 194.
Porteneuve, 13, 15, 159, 160.
Portoreau, 210.
Portho Hercule, 101, 102.
Pouldu, 97, 191.
Poulain (Mathurin), 27.
— (Pierre), 30, 34.
— (Guillaume), 86.
Poulain de Mauny (Mathurin), 29.
Poullain (Guillaume), 60, 178.
— (Barbe), 60.
— (Mathurin), 169.
— 15.
Poulor, 178.
Poulpiquet (le), 20, 174, 176.
Poulpiquet (de), (Bonnines), 20.
— de la page 60 à 62.
— (Jean-F^{cois}), 61, 175, 176.
— de 173 à 176.
— (F^{coise}), 173.
— (Hervé), 174.
— (Jean), 174.
— (Guillaume), 174.
— (Bernard), 174.
— (Jacques), 174.
— (Anne-Claude), 175, 176.
— (Louis-Constant), 175, 176.

Poulpiquet du Halgouet (de),
    (Constant-Hippolyte), 36, 37, 61, 62.
— (Louis-Constant), 36, 61.
— (Luc-Sevère), 61.
— (Auguste-Marie), 62.
— (Louis-F^{cois}), 61, 62, 222.
— (Anonyme, Arsaine, Anne, Eléonore), 62.
— (Elisabeth), 62.
— (F^{cois}), 73.
— 74, 172.
Poulpry, 213.
Poulpry (du), (F^{cois}-Marie), 215.
Pradigo, 145.
Pratanros, 13, 53.
Pratcolin, 145.
Pratdenroux, 85.
Praye (la), 17.
Pré, 127.
Pré-Aubert, 118.
Pré aux Bosses, 171.
Prenessaye, 215.
Precrehant, 52, 53, 54.
Pregent (Jehan), 95.
Prerons, 169.
Pré-Rouge, 12.
Prés, 114.
Presbtre (le), (Jean), 4.
— (Jacques-René), 71.
— (René-Joseph), 73.
Presre (de), (Charles), 7.
Pressaye (la), 109.
Prevalaye (de la), 30, 31.
Prevasic, 25.
Prevehar, 152.
Preville, 25.
Prevôt (Hyacinthe), 59.
Prevost (le) ou Lepvost
— (Geffroy), 67.
— (Henry), 67.
— (Plesou), 67.
— (Jehanne), 67.
— (Jean), 212.
— 4.
Prier (Jean), 171.
Primaudaie (de), (Elie), 28.
Princey, 212.
Princey de la Nocherie (F^{cois}-Louis), 208, 217.

Prioul (Jan), 53, 217.
Prod'homme (Mahaux), 138.
Proust du Port de la Vigne, 72.
Prouville (de), (Alexandre), 60.
— (Marie-Chrysante), 60.
Provence, 29.
Prune, 7.

Q

Quantin (F^{coise}), 68.
Quebziac (de), 139.
Quéheon, 9, 10, 15, 17, 25, 49, 50, 61, 62.
Quelen, Clan, Quellan, 29, 33, 47, 70, 76, 77, 78, 86, 87, 90, 103, 117, 145, 189, 193.
— (Chatellenie), de 179 à 186.
Quelen, Queslen, Queslan, Queslain (de),
— (Gillette), 4, 7, 8.
— (Pierre), 4, 178.
— (Grégoire), 7, 10, 11, 45, 46, 76, 77, 86, 90, 92, 100, 120, 178, 179, 182.
— (Nicolas), 18, 79.
— (Antoine-Jacques), 29, 70, 143, 185, 186.
— (Marie), 45.
— (Jean), 45, 46, 145, 177, 178.
— (F^{cois}), 45.
— (Claude), 45.
— (Robert), 45.
— (Gilles), 45.
— (F^{coise}), 46.
— (Barthelemy), 46, 77, 78, 79, 87, 179.
— (Guillaume), 46.
— (Paul), 103.
— (Olivier), 125.
— (Toussaint), 128.
— (Jeanne), 135.
— (René), 148.
— (Yves), 178.
Quelen du Broutay (de), 45 à 48.
Quelen Stuart de Caussade (de),
— (Louis), 47, 193.
— (Nicolas), 47.

Quelen Stuart de Caussade (de), (Antoine-Nicolas), 47, 48, 87.
— (Antoine-Jacques), 90, 193.
Quellen (Louis), 99.
— (Jan), 108.
Quellenec (du), (F^{coise}), 53.
— (Louis), 66.
— (Alain), 164.
— (Jean), 164.
Quelnec (de), (Jan), 63, 64.
Quelneuc, 45, 46, 47, 76, 77, 86, 87, 179.
Quelo, 187.
Quemar (Bertrand), 137.
Quemener (Guillaume), 214.
— (Yves), 214.
— (Therese), 214.
— (Nicolle), 214.
Quemener, 215.
Quemerais, 39.
Quenderf (le), (Alain), 98.
Qnenechquivilly, 153.
Quenechquivilly (de), (Pierre), 53.
— (Amaury), 53.
— (Anne), 53.
Quenetam, 6.
Quengo (du), (Joseph), 207.
Quenquizou (le), 125, 131, 139, 151, 153, 154.
Querally (voir Keraly).
Queran, 111, 144.
Querangal, 102, 136, 140.
— (Jacques-Paule), 113.
— (Maurice), 131, 132, 142, 144.
Querascouel, 15.
Queravon, 79.
Querbra, 15.
Querbraze, 10.
Querbriquet, 58.
Quercadio, 18, 88.
Quercarentel, 165.
Quercy, 29.
Querdreho ou *Querdreo*, 15, 18.
Queré (André), 175.
Quergarot, 25.
Quergolher, 110, 111.
Quergonniou, 53.
Quergrée, 52, 60 (voir *Cargré*).
Quergrouays, 17, 49.

Querguehenec, 15, 97.
Querguelet, 106.
Queguen, 23, 54.
Querguern (de), (Jacques), 54.
Querguiris, Querguiry (de), (Anne). 20.
Querguizec (voir Kerguizé).
Querhamon, 127.
Queriollet, 15.
Querivon ou Kerivon,
— (Anonyme), 210, 211.
— (Guillaume), 210.
Querran, 80.
Quessoy (le), 163, 202.
Querverzio (de), 72.
Quillart (Henry), 114.
— 84 (voir Guillart).
Quillien (de), 171.
Quilly, 84.
Quimer, 215.
Quimper, 18, 20, 54, 87, 109, 153, 208.
Quinderf (le), (Pierre), 182.
Quiniart (Yves), 38.
Quintin, 66.
Quistillic, 69, 70, 125, 126, 127, 141, 142, 145.
Quistinic, 78, 80, 100, 160.

R

Rabines (les), 118.
Rabiou (Yvon), 19.
Ragrie, 40.
Ramaceul de la Courgohier, (Jean-B.), 209.
Rambes, 27.
Raoul (F^{coise}), 60.
Rauland (Pierre), 4.
— (Jacques), 4.
— (Jan), 4.
— (Yves), 4.
Rauléon, 64.
Ravenel (de), (Luc), 47.
Rays, 20.
Rebillon, 36.
Rebindaine (Jean), 165.
Rebours (Charles), 165.
Réal, 200.
Regnault, 123, 189.

Regnault (Pierre), 124, 138, 149.
— (Josson), 181.
— (Jean), 216.
Réguiny, 100.
Remfort, 88.
Remungol, 97.
Remungol (de) ou Rumungol (de),
— (Perot), 89.
— (Pregent), 97.
Renefort, 174.
Renault (Joseph), 211.
Rennes, 16, 17, 18, 21, 22, 23, 24, 25, 26, 29, 30, 32, 33, 35, 37, 43, 46, 53, 59, 62, 69, 72, 75, 78, 86, 91, 94, 104, 110, 112, 117, 122, 124, 134, 137, 138, 139, 163, 184, 185, 199, 207, 209, 212, 213, 215, 216.
Rest (le), 211.
Restolles, 126.
Retz, 208.
Reveillière Lepeaux, 35.
Riaye (la), 44.
Rible (le), 54.
Rible (le), 13.
Riccoboni, 221.
Richard (Carolus), 72.
Ridant (le), (Guillaume), 213.
Rieux (de), 121.
— (F^{coise}), 179.
Rieux, 21, 101, 102, 169, 216.
Rigollé (Jean-F^{cois}), 208.
Rimaisson (de), (Loys), 8.
Rim, 142.
Rioller (Marguerite), 209.
Riou (Gabriel-Hyacinthe), 23.
— (Guillaume), 76, 85, 86, 87, 97, 119, 178, 190, 193, 201.
— (Jeanne), 98.
— (F^{cois}), 114.
— (Vincent), 155.
— (Guy), 189, 190.
— 171.
Rivière (la), ou *Ripvière*, 95, 191, 194.
Rivière (Pierre), 211.
Rivière de Bas, 116.
Rivière Thibouville (la), 15.
Robelot (Julien), 4.
Robert, 194.
— (Yves), 142.
— (Guillaume), 149.

Robien (de), (Mériadec), 208.
Robin (Jeanne), 181.
— 187.
Robin de Pimpoulle (Joseph-Jean), 28, 101, 121.
Robinault (Jean), 207.
Roche (la), 46.
Roche (de la), (Hyacinthe-Abel), 34.
— 106.
— (Lorans), 107.
Rochebouet, 25.
Roche-Derrien (la), 148.
Roche-Durand, 173, 174, 175, 176.
Rochefort (de), 12.
Rochefort, 31.
Roche-Yvon (la), 67.
Rocherousse, 25, 27, 34.
Roche-Suhart, 39, 123, 124, 135, 136, 197, 198, 199, 202.
Rocher (du), (Amaury), 19, 192.
Rocher (le), 142, 209.
Rochers (les), 128.
Roches (des), 1.
Rocque (de la), (René), 4.
— (Isabo), 4.
— (Jeanne), 4.
Rocquet du Bourgblanc, 52.
Rodais (Urbain), 208.
— (André), 208.
Rodellec (de), 171.
Rodelec (Mathurin), 173.
Rodurant (voir Roche-Durand).
Rogerie (Julien), 211.
Rogier (F^{cois}), 6, 10, 13, 17, 78.
— (Marguerite), 6, 8, 9, 65.
— (Jan), 6, 178.
— (René), 10.
— (Eugène), 13.
Rogon (Gilles), 12.
Rogou (Jacques), 15.
Rohan (de), (Marguerite), 86, 109, 117, 179, 181, 182, 183.
— (Tristan), 97.
— (René), 97, 105.
— (Jehan), 114.
— (Isaac), 171.
— (Henry), 180.
— (Marguerite), 182, 183.
— (Tancrede), 222.
— 14, 125, 205.
Rohan, 8, 18, 96.

Rohéan, 116.
Rolland (F^{cois}), 140.
— (Jacques), 142.
— (Marguerite), 142.
— (Yves), 144.
— (Jeanne), 8.
Rolland du Rochay-Noday (Louis-Bertrand), 29.
Romaguesi, 221.
Roncière-Vittu (de la), 209.
Rondel (Germain), 124.
Rongeard (Joseph), 18.
Rongeul, 144.
Ronserais, 126, 190.
Ronsin, 13.
Ronxière (la), 163.
Ronziere (la), 127.
Roquefeuille (de), (Joseph), 211.
— 30.
Rosgouet, 79, 80.
Rosgrand, 18.
Rosicq ou *Rosic*, 54, 130.
Rosmadec (de), (Jean), 9.
— (Sebastien), 189.
Rosmar (de), (Jacques), 122, 147.
— (G.), 122.
— (F^{cois}), 123, 141, 148, 149.
— (Guyon), 124.
— (Alix), 135.
— (Guy), 149, 150.
— (Alain), 149.
— (Olivier), 196.
— 135.
Rosmorduc (de), 171.
Rosnevinen, 116, 118.
Rosnevinen (de), (Charles), 116.
Rosniven (de), (Jean-B.), 209.
Rosquilly, 164.
Rosse (Jehan), 173.
Rostenan ou Rostrennen, 183.
Rostrenen, 153, 154.
Roue (de la), (Catherine), 14, 166.
— (Francoise), 17.
Rougeard (René), 186.
— (F^{coise}), 192.
Rougé, 200.
Rouillard (Gilles), 163.
Roullé (Jean), 163.
Rouxaux (F^{cois}), 9.
Rousseau (René), 7.
— (Jean), 212, 217.
— 57.

Roux (Amaury), 217.
Roux (le), (Vincent), 127.
— (Jeanne), 195.
— (Jacques), 196.
— (Pierre), 197.
— (Anne), 199.
— (Julienne), 214.
— (Catherine), 17.
— (Guy), 128.
Rouxel (le), (Marie), 211.
— (Anne), 211.
Rouxel (Nicolas), 64.
— (Jac), 123.
— (F^{coise}), 146.
— (Louis), 169.
— (Alain), 195.
— (Marie), 214.
Roy, 165.
— (Louis), 187.
Roy (le), (Anne), 77.
— (Jean), 187.
— 112.
Royan, 124, 125, 137, 198, 222.
Royer (Isabeau ou Elisabeth), 9, 10, 11, 12, 46, 57, 58, 92, 188, 191.
— (Jean), 12, 13, 14, 57, 58.
— (Suzanne), 15.
— (Jacques), 45, 118, 189.
— (F^{cois}), 57, 91, 92, 187, 188, 189.
— (F^{coise}), 57.
— (Jean-F^{cois}-Georges), 57.
— (René-Louis), 57.
— (Yves-Vincent), 138.
— 165.
Roy-Trochardais (le), 36.
— (Renée), 36.
Roz, 213.
Rozé (de), 3, 5.
Rozé (F^{coise}), 68, 107.
Ruallan, 135.
Ruault (Marguerite), 109.
Ruault de la Tribonnière, 34.
Rubernard, 151.
Ruellan (Jehan), 114.
— (Ollivier), 114.
Ruestang, 127.
Rumain (le), 18, 46, 54.
Rumeyrec, 127.
Runnefau, 73.
Runefaou, 213.

Runello, 213.
Runion, 208.
Ruperon (F^{cois}), 208.
— (Claude), 208.
Rusquellon, 176.
Rusteffan, 159.
Ruzay (le), 38, 131.
Ruzic (Jean), 159.

S

Sable, 171.
Sabrahan, 8.
Saget (Joseph), 82.
Sagory (René), 211.
Saiget (Nicolas), 217.
Saigne, 209.
Sain, 116.
Saintonge, 47.
Sainvilliers (de), 31.
Salaun, (Jean), 217.
Salle (de la), (Thibaud), 85.
— (Robert), 85.
Salle (la), 6, 17, 84, 85, 115, 212.
Salles (les), 66, 127, 165, 191.
Salles-Tresel, 165.
Sallou (F^{cois}), 159.
Salmon (Marie), 27.
Salmon de Gravé, 27.
Salzard (Nicolas), 216.
Sarlat, 29.
Sarocque, 10.
Sartines (de), 30, 31.
Saudraye, 123, 162, 193.
Saudraye (de la), (Jacques), 215.
Saudre, 207.
Saulnay, 88.
Saulnier (Marie), 216.
Sausay (de), (Marie), 6, 9.
— (Claude), 6.
— (Jacques), 6.
Sauvaiget, Sauvaige, Sauvaget (le),
— (Ollivier), 63, 64, 163, 164.
— (Bertrand), 63, 64, 65, 164, 165.
— (Pierre), 63.
— (Jacques), 63.
— (Jan), 63, 64.
— (Alain), 63, 64.

Sauvaiget (Jacqueline), 63.
— (Jacquemine), 64.
Savary, 171.
Savenay, 73.
Sebille, 128.
Sene (Julien), 193.
Sénéchal (le), (Eustache), 18.
— (Jean), 46.
— (F^{cois}), 52.
— (Louis), 207.
Serner Laspinguant, 4.
Sengstack (Albert), 72, 73.
Sepleuil, 60.
Serazin (le), (Pierre-F^{cois}), 70.
Serbon (Gabriel), 20.
Serent, 8, 9, 10, 12, 20, 21, 58, 65,
  70, 84, 85, 86, 87, 88, 89, 109,
  191, 193, 194.
Serpandaye (de la), 107.
— (Louis), 182.
Severe (Jean), 21, 169, 216.
Sillaudaye, 115.
Silvestre (Mathurine), 14.
Simon (F^{cois}), 9.
Sinières, 57.
St-Aubin, 20, 75, 77, 79, 80, 81, 89.
St-Aubin des Bois, 33, 37.
St-Aulaire (de), (Henriette), 34.
St-Bihy, 124, 128.
St-Brieuc, 25, 26, 32, 41, 46, 52,
  53, 54, 55, 59, 71, 79, 126, 132,
  135, 136, 137, 138, 140, 142,
  143, 149, 154, 161, 197, 199,
  205.
St-Caradec Hennebont, 160.
St-Carré, 184.
St-Cloyer, 149.
Ste-Croix de Josselin, 28, 58, 83,
  96, 109, 186, 187, 188, 189, 190,
  191.
St-Denac, 212.
St-Denac du Bois de la Roche, 202.
St-Duval, 50.
St-Eloy, 57, 149, 165.
Ste-Flenne, Ste-Fenynne, Ste-Flayne,
  Ste-Fayne (de), (Anne), 179,
  183, 193.
St-Florentin (de), 205.
St-Georges, 23, 30.
St-Germain, 6, 10.
St-Gilles, 209.

St-Gilles (de), (Jean-B.), 19.
Sᵗ-*Gilles-Pligeau*, 46.
Sᵗ-*Gobrien*, 75, 91, 92, 93, 116, 180, 181, 182, 183, 185.
Sᵗ-*Guivray*, 45.
Sᵗ-*Jean Brevelay*, 80, 99, 191, 192.
Sᵗ-*Jean Ballouan*, 199.
Sᵗ-*Jean des Prés*, 25, 80, 101, 176, 210.
Sᵗ-*Jouan*, 23, 144.
Sᵗ-*Jouan de Lisle*, 39.
Sᵗ-Julien (de), 171.
Sᵗ-*Launeu*, 39, 144.
Sᵗ-*Laurens*, 9, 39, 180, 181, 183, 189, 190, 193, 194.
Sᵗ-Laurens de Coetelay, 78.
Sᵗ-*Loup d'Ordon*, 101.
Sᵗ-Malo, 12, 18, 20, 23, 25, 26, 39, 58, 59, 79, 85, 86, 88, 106, 139, 144, 156, 157, 180, 202, 211, 214, 215, 216.
Sᵗ-Malou (de), (F^cois-Marie), 212, 213, 217.
Saint-Martin (de), (Eloy), 17.
Sᵗ-*Martin de Josselin*, 5, 8, 9, 10, 11, 15, 57, 58, 92, 115, 121, 187, 188, 189.
Sᵗ-*Mars*, 217.
Sᵗ-*Méen*, 39, 44, 62, 215.
Sᵗ-*Melaine*, 23.
Sᵗ-*Megrin*, 29, 47, 103.
Sᵗ-*Michel*, 12, 13.
Sᵗ-*Morand*, 62.
Sᵗ-*Nazaire*, 33, 37, 170, 171.
Sᵗ-*Nicolas de Josselin*, 210.
Sᵗ-*Nicolas de Painfault*, 211.
Sᵗ-Paul (de), (Jehan), 195, 197.
Sᵗ-Pern (de), (Guillemette), 8.
— (Jeanne), 8.
— (Hyacinthe), 18, 55, 130, 131, 142, 143, 199.
— (Vincent-Judes), 22, 23, 24, 41, 43, 131, 143, 156.
— (F^coise-Emilie), 22, 23, 24, 29, 30, 32, 33, 34, 36, 37, 40, 41, 132, 157, 158.
— (Jean-Judes), 23, 186.
— (René), 23, 24.
— (Judes-Cesar), 23, 43, 211.

Sᵗ-Pern (de), (Hillarion), 23, 29, 43, 140, 143, 157, 158.
— (Pierre-Bertrand), 23, 43, 56.
— (René-Bertrand), 23, 29, 40, 41, 43, 144, 157, 158.
— (Jeanne-M.), 23, 35, 40, 41, 43, 132, 133, 144, 157, 158.
— (Rose-Pelagie), 23.
— (Louis-B.), 23, 29, 32, 41.
— (Emmanuel), 23.
— (René-F^coise), 23.
— (Marguerite), 23.
— (Anne), 24, 43.
— (Bertrand), 24, 56, 67, 131, 140.
— (Judes-Gilles), 29, 41.
— (Gillette-E.-V.), 43.
— (Pierre), 131.
— (J.), 84.
— 28, 30, 31, 122, 210.
— de la page 39 à 42.
Sᵗ-*Pern*, 23, 29, 32, 33, 38, 39, 41, 119, 120, 131, 143, 157, 158.
Sᵗ-Pierre(de),(Louis-Célestin), 38.
Sᵗ-*Pierre de Bouguenais*, 212.
Sᵗ-*Priest*, 26.
Sᵗ-*Qué* ou Sᵗ-*Quay*, 56.
Sᵗ-*Quentin*, 1.
Sᵗ-*Quereu*, Sᵗ-*Quereut*, Sᵗ-*Querreux*, 13, 18, 202.
St-*Guesreu*, 15.
Saint-Remy, 116.
Sᵗ-*Renan*, 173, 174.
Sᵗ-Riveul (de), 220.
Sᵗ-*Saulveur*, 127.
Sᵗ-*Servan*, 9, 31, 57, 77, 79, 82, 85, 91, 92, 93, 94, 98, 106, 107, 108, 111, 114, 115, 116, 118, 121, 178, 179, 181, 182, 183, 185, 188, 189, 191, 192.
Sᵗᵉ-*Trefinn*, 153.
Sᵗ-*Vran*, 39.
Schurman (Cornelis), 216.
— (Frederic), 216.
Scot, 168.
Scourre (le), (Jeanne), 214.
Sécillon (de), (René-Marie), 216.
— (René-F^cois), 216.

Sécillon (de), (Emmanuel), 216.
— (Marie-Jeanne), 216.
— (Marie-Anne), 216.
Serent (de), (René-Gilles), 20.
— (René-Alexis), 87.
— (F^{cois}), 194.
— (M^{quis}), 222.
— (Louis), 213.
— 109, 194.
Serrant, 216.
Servel, 201.
Simon, 209.
Sohier, 83.
Sol de Grisoles (du), (Louis-Athanase), 216.
Soleur (le), (Jacques), 142.
Sollidor, 18.
Somme, 35.
Sorbonne (voir *Corbonne*), 101, 102.
Sotin, 35.
Soudan (Renan), 67.
Soulandau, 174, 222.
Soullenache, 200.
Soult (le), (Bertrand), 200.
Soupize (Simon), 8.
Stear, 174.
Steville, 173.
Stuard, Stuert, Stuart, 18, 29, 79, 185.
Sucé, 36.
Surel (Jacques), 120.
Surgère (de la), (Madeleine), 34.
Suriré (Jeanne-Thomasse), 36.
Susunyon, 139.
Suzannet (de), 41.
Sylvestre (Yves), 213.
— (Jean), 213.
— (Pierre), 213.
Symonière, 180.
Swaart (Theodore), 216.

T

Taburet le Vicomte (Marie-Anne), 36.
Taillandier (André), 181.
Taillart (Yves), 138.
— (Jacques), 151.
— (Gilles), 195.

Taillart (Rolland), 51.
— (Catherine), 51.
— (Etienne), 126.
Taillefer (de), (Charlotte), 122.
Taillet (Agnès), 17.
Tainguy (Alain), 67.
Talansac, 130.
Talcouesmeur, Talcoimeur, 29, 45, 47, 77, 87, 96, 97, 98, 185, 189, 193.
Talhouet (Mathurin), 210.
Talhoiat, Talhouet, Talhoët (de),
— (Jacques), 4.
— (Jean), 20, 203.
— (Guy-Luc), 20, 70.
Tallen ou *Tallain*, 4, 65.
Tanguy (Guillaume), 99.
— (Jan), 184.
Tanouarg (de), 200.
Tanouarn ou Tanoarn (de), (Marie-Anne), 213, 217.
Tanouarn ou Tenouarn, 52.
— (Thibault), 54.
Tanouet, 129.
Tardivel (Louise), 63.
Tatin (Charles), 207.
— (Etienne), 207.
Taupont, 50, 78.
Taupin (Jan), 108.
Taupe (la), 109, 118.
Teillay, 200, 201.
Teillé, 74.
Temples (les), 188.
Temple (le), 199.
Terre-Neuve, 28.
Terrien (F^{cois}), 217.
Tertrellet, 298.
Tertre, 10, 92, 142, 162, 210.
Tertre-Desnos, 12, 17, 59.
Tertrée (la), 70.
Tertre-Jouan, 52.
Tervaforest, 60.
Tessé, 167.
Texier (le), (Jeanne-F^{coise}), 119.
Théaux (Julien), 71.
Thebault (Mathurin), 46, 92, 178.
Thiery (Marie), 1.
Thomazo (Nicolas), 77.
Thomas (Jehan), 115, 136.
— (F^{cois}), 171.
— (Jeanne), 207.
— (Mathurin), 208.

Thomas (Antoine), 208.
— (René), 208.
Thoumin (Jacques), 118.
Thoye (du), 217.
Thybom (Jacqueline), 3.
Tiercent, 89.
Tiercent (de), (Gilles), 89, 95.
Timbrieux (les), 45, 46, 79, 80, 93, 97, 105, 110, 116, 120, 188.
Tinteniac (de), (F^{cois}), 214, 215.
Tirant (le), (Jean), 129.
Tirot (Guillemette), 208.
— (Guillaume), 208.
Tonniens, 29, 103.
Tondre (Marie-Joseph), 50.
Tostain (Jacques), 216.
Touche, 207.
Touches (les), 64.
Touche (de la), 30, 31.
— (Moricette), 63.
Touche-Berthelot (la), 15.
Touche-Carné, 18.
Touche-Kermeur, 162.
Touche-Poschart (la), 15.
Toullec (Catherine), 211.
Toullegolou, 141.
Toullier, 113.
Toulgoët, 159.
Toulouse (de), 222.
Toupin (F^{cois}), 51, 52, 67, 137.
— (Anne), 137.
— (Jeanne), 150, 153.
Tourandaye, 59.
Tourie, 25.
Tournegoët (de), (Isabeau), 161, 167.
Tournemine (de), (René), 148, 149. 152.
Tourson (de), (Marie-Anne), 210.
—. (Guillaume), 210.
Tourville (de), 220.
Tousche (la), 8, 54, 64, 96, 98, 126, 151, 210.
Touthonneur, 180.
Touzé de Trevenaleu, 187.
Touzé (Vincente-Thérèze), 43.
— (Jan), 43.
— (Jeanne), 48.
— (Catherine), 50.
— (Mathurine), 69.
— (Etienne), 106.
Tracy, 60,

Traisneau (Jean), 210.
Trans, 20.
Travere (du), (Guillaume), 13.
Treballe, 171.
Trebimouel, 15.
Trecaouet (de), (Robert), 181.
Trecesson, 95, 96, 97, 98, 100, 101, 102.
Trecesson (de), (Jehanne), 95.
— (F^{cois}), 95.
— (Regne), 96, 99.
— (Pregent), 96, 97.
— (Grégoire), 97, 98.
— (Pierre), 98, 100.
— (Jan), 99, 100, 101.
— (F^{cois}-Gilles), 100.
— (Gilles-Jacques), 101.
— (Gillette), 101.
— (Jean-F^{cois}), 101, 102.
— (F^{coise}-Petronille), 102.
— (Agathe), 73.
Tredaniel, 203.
Tredern, 36.
— (Hamon), 208.
— (Claude), 208.
Tréfeac, 170.
Tregan, 142.
Tregommeur, 125, 130, 133, 134.
Tregouet (de), (F^{cois}), 91, 117.
— (Guy), 91.
— (Jehan), 99.
— (Claude), 180.
Tregouet ou Tregoet (Nicolle), 68.
— (Bernard), 68.
— (Raoul), 68.
— 96, 180.
— (Jehan), 97.
Tregrantur (de), Treguaranteur, Tregaranteuc,
— (Jehan), 45, 75, 85, 119.
— (Jehanne), 4, 7, 75, 76, 85, 86, 87, 89, 119, 178, 190.
— (Pierre), 75, 85, 89.
— (Jacques), 84, 85, 89, 200.

Tregranteur, Tregaranteuc, 13, 14, 16, 17, 18, 20, 21, 24, 25, 28, 29, 30, 31, 32, 33, 34, 35, 45, 46, 49, 50, 84, 85, 87, 89, 90, 91, 93, 102, 103, 112, 118, 119, 120, 121, 132, 133, 160, 179, 184, 190.
— (Seigneurie) de la page 75 à 83.
Treguer (Jean), 176.
Treguer, 181.
Treguidel, 198.
Treguier, 25, 55, 60, 138, 140, 145, 146, 147, 154, 155, 184, 185.
Trehan, 169.
Trehardel, 97.
Trehen (Olivier), 137.
Trehondy, 171.
Treissan, 26.
Treluz, 55.
Tremellien, 70.
Tremeloir, 129, 197.
Tremergat, 127, 128, 149.
Tremerreno (de), (Amaury), 202.
Tremereuc (de), (Hyacinthe), 217.
— (Jean-B.), 23.
— (Jacquette), 34.
— (F^{cois}), 216.
Tremeslin, 189.
Tremigon (de), (Louis), 58.
Tremoïlle (de la), (Gilbert), 124, 125.
— (Philippe), 198.
— (F^{cois}), 222.
Tremoille (F.), 125.
Tremusson (Janvier), 215.
Trenon (de), (Tanguy), 126.
Treogat, 121.
Treoudal (de), (Jean-F^{cois}), 213, 214.
Tresseignaux ou *Tressigneau,* 132, 133, 141, 153.
Treuzein, 95.
Treuzein (de), (Gilles), 95.
Trevecart, 171.
Trevedy (Julien), 82, 83.
— 35, 121.
Trevegat (de), (Grégoire), 4.
Trevelec (de), (Agnes), 17.
Trevelo, 20.
Trevenalleuc, 116, 189.

Treveneuc, 196.
Treveray, 67.
Trevran, 27, 32, 33, 48, 71, 73, 79, 187, 191.
Trigavou, 180.
Trinité-Porhoët, 211, 217.
Tristan, 222.
Trogandy, 137.
Trogoff (de), (Pierre), 7.
Troguindy, 154-155.
Tranguindy, 155.
Trohadion, 142, 143.
Trohandal, 15.
Tronchasteau, 15.
Trongof, 15.
Trongoff-Kerouzeré, 214.
Tronguerdi (de), (Jan), 195.
Tronjolly (de), (F^{cois}-Anne), 215.
Tromeur, Tromneur, Tronmeur, Trommur, 86, 88, 179, 180, 190, 193.
Tromorvan, 131.
Tropoin, 184.
Trosagan, 211.
Troslosclos, 127.
Trouillot (F^{coise}), 69.
Troussier (Jean), 10, 12, 57.
— (Francois), 12, 15, 57.
— (René et Joseph les), 17.
— (Jacques), 69.
Trovern, 211.
Tubouc (Regne), 178.
Troulfieu, 173.
Troulong, 127.
Tupigny (Quintin), 212.
Turin (Louise), 217.

U

Ugères, 174.
Urtebize, 3, 5, 6, 7, 8, 9, 11, 12, 15.

V

Val (du), (Jehan), 115.
— (Pierre), 166.
Val (le), 4, 7, 63, 64, 86, 116, 120, 188, 189, 190, 214.
Valanciennes, 47.

Val-au-Houlle, Val-au-Houx, 7, 45, 114, 116, 117.
Valbelouan, 180.
Val-Boterel, 100.
Valentinois (de), 216.
Val-Jouin, 116-117.
Valière, (la), 167.
Vallée (la), 110.
Vandergrach, 31, 35, 121.
Vandeur (le), (Jean-B.), 194.
Vannes, 15, 33, 34, 37, 45, 50, 65, 75, 77, 78, 84, 91, 94, 101, 109, 114, 139, 159, 160, 191, 199, 210.
Varaigne, 87.
Varin de Bouvrel (Louis-Joseph), 32.
Vaublanc, 33, 39, 40, 144, 184.
Vauclaire, 21.
Vauclerc, 110, 162, 169, 203.
Vaudaniel, 55.
Vaugirault (de), 30.
Vauguyon (la), 18, 29, 47, 48, 87, 90, 103, 179, 184, 185, 186, 193.
Vaulx, 191.
Vaulx (de), (Jehan), 162.
Vauroquette, 61.
Vaurovant, 54.
Vauvert, 59, 63, 64, 166, 168.
Vauvuffier ou Vaurusfier, 38, 65.
Vedier (Marie-Louise), 61.
Vendange ou Vandange (Louis), 181.
— (Pierre), 181.
Vendôsme (de), (Cesar), 202.
Venèfile, 57.
Veneur (le), (Gillette), 164.
— (Laurent), 165.
Vent (Iles du), 48.
Vente, 192.
Verdier, 112.
Verger, 214.
Verger (le), 118.
Verot (Elisabeth), 101, 102.
Versailles, 185, 205.
Vertus, 139, 152.
Veyer (le), (F^{cois}), 174.
Viarmes (de), 69, 171.
Vicomte (le), (Claude), 20.
— (Charles), 36.
— (Jean-Pierre), 36.
— (Fidele), 36.

Vicomte (le), (Marie-Julienne-Sainte), 36.
— (Vincent), 54.
— 36.
Vidanne, 29.
Vieille-Court, 49, 61.
Vieux-Chatel, 149.
Vieuxpignon, 214.
Vieuxville, 217.
Vigne (de la), (Jeanne), 46.
— (Julien-Arthur), 55.
Vigne-Dampierre, 36.
Ville (de la), (F^{cois}), 217.
Ville-Allain, 33, 57, 91, 92, 187, 188, 189, 190, 191.
Ville-Allion, 127.
Ville-Arnaury, 162.
Ville-Andoulet, 135.
Villanger, 215.
Villeaubant, 54.
Ville-Aubert, 99, 123.
Ville Aubry, 113, 184.
Villeaudon (la), 51, 123, 124, 148, 149, 154.
Villaudon-Feron, 19.
Ville au Feuvre, 171.
Ville Aulneu, 198.
Villeauroux, 143.
Villeauvoyer, 68, 105, 107, 108, 109.
Ville-Avenant, 33, 40, 42, 156 à 158.
Villebalin, 51, 124, 128.
Villebarguet, 15.
Ville Basse, 142.
Ville Benseno, 180.
Ville-Bertho, 55.
Villebeufve, 58, 119, 180, 181.
Villeblanche, 199.
Ville-Bougault, 137.
Villebouquais (la), Villebouquaye, 6, 7, 8, 17, 19, 20, 21, 22, 23, 24, 25, 26, 28, 29, 30, 45, 49, 50, 58, 65, 72, 73, 78, 79, 80, 81, 82, 83, 87, 88, 90, 91, 92, 93, 94, 102, 103, 110, 111, 112, 113, 119, 120, 132, 133, 157, 158, 160, 167, 168, 169, 171, 184, 185, 186, 187, 188, 189, 191, 193, 199.
Ville Bourde (la), 50, 106, 108, 109, 193.
Villeboutier, 60.

Villebrexelet, 208.
Ville-Briend, 114.
Ville-Brugault (la), 52.
Ville-Cado, 114, 115.
Ville Cadoret, 181.
Villecagan, 115.
Ville Calac, 46.
Ville-Canio, 31.
Ville-Chapel, 78, 79, 119, 120.
Ville-Chevalier, 39, 69, 123, 124, 131, 132, 133, 141, 143, 144, 146, 147, 149, 150, 151, 152, 153.
— (fiefs), de la page 138 à 140.
Ville-Cordel, 162.
Ville-Corhen, 146.
Ville-Cour (la), 15, 136.
Villedaniel (la), 51, 52.
Ville-Dannes, 114.
Villeday (la), 15.
Ville-Denoual, 116, 117.
Villeder, *Villedel*, 18, 109, 110, 111.
Villedonno, 55.
Villedurand, 207.
Villernault, 145, 149.
Ville-Ernon, 136.
Ville-Ernoul, 39, 40.
Ville-es-Gloux, 69.
Villesmero, 68, 107.
Ville-Frehour, 128, 197.
Ville-Gilouart, 39, 40, 144.
Villegeffroy, 23, 29, 39, 40, 42, 51, 52, 53, 54, 55, 56, 60, 68, 78, 115, 139, 141, 142, 143, 144, 145, 146, 147, 149, 150, 151, 152, 153, 154, 155, 156, 184, 196, 198, 200, 201.
— (Seigneurie) de 122 à 134.
Villegellion, 127.
Villegerfault, 125, 127, 130.
Villeglas, 142.
Ville-Glé (la), 46, 149.
Villegontier (de la), (Perine), 1.
Ville-Gourdan (la), 7, 45, 47, 77, 87, 103, 179, 193.
Ville-Goueal, 97.
Villegourhan, 166.
Villegro, 191.
Villeguegano, 208, 217.
Villeguenry, 63, 64.

Ville-Guery (la), 50, 97.
Villeguession, 127.
Villeguieury, 162.
Ville Guingamp, 45, 46, 96, 99, 100.
Ville-Guyhart, 25.
Ville-Hervé, 125.
Villehery, 102, 132, 140, 143.
Ville-Houart, 198.
Villehulin, 146.
Villejarmon (de la), (Yves), 127.
Ville-Jarno, 48.
Ville-Jegaud, 15.
Ville-Jegu, 55, 115.
Ville-Jouan, 192.
Villéon, *Ville-Leon*, 67, 115, 133, 140, 153.
Villéon (de la), (Perronnelle-Angélique), 18.
— (Villeneuve), 36.
— (Pierre), 54.
— (Marie-F^{coise}), 110.
— (Mathurin), 165.
— 28.
Ville Marquaro, 108.
Ville-Meno, 114.
Ville-Moisan, 182.
Villemorin, 31.
Ville-Morio, 119, 120, 196.
Villenane (la), 36.
Villenan, 18.
Villeneuve-Botterel, 141.
Villeneufve-Perret, 122, 153, 199.
Villeneuve (de la), 171.
Villeneuve (la), *Ville-Neufve* (la), 4, 6, 13, 36, 43, 46, 53, 54, 60, 63, 73, 99, 101, 126, 127, 141, 145, 150, 163, 164, 196, 202.
Villendon, 201.
Ville-Nouls, 144.
Ville-Ollivier, 20, 179, 180, 181, 182, 183.
Ville-Pelotte, 75, 181, 190.
Villepierre, 64, 87.
Villepiron (la), 46.
Ville-Planson, 118.
Villeporio, 92.
Villepotamour, 209.
Ville Rio, 162.
Villerir, 4.
Villernault, 123.
Ville-Rouault, 193.
Villesnaux, 214.

Villesollon, 128.
Villetannet, 197, 216.
Villetanet, 27.
Ville-Tehart (la), 54.
Villetual, 46.
Ville-Urvoit, 136.
Villevan, 109.
Villevolette, 20.
Ville-Xenio, 32.
Vincent (Jacques), 142.
— (Jean), 143.
Vinet, 222.
Vioreau, 200.
Visdelou (Helène), 13, 14, 16, 17, 18, 19, 20, 49, 65, 69, 79, 93, 110, 111, 112, 121, 146, 160, 166, 167, 168.
— Famille, 159 à 170.
— (Claude), 13, 159.
— (René), 13.
— (Bonaventure), 13.
— (Guy), 15.
— (Jacques), 15.
— (F[cois]), 15, 18, 54.
— (René-Cesar), 15, 17, 202.

Visdelou (F[cois]-Hyacinthe), 18, 202.
— (F[coise]), 18.
— (Marguerite), 53, 55, 129, 130, 138, 139, 142, 152, 153, 156, 160, 196, 199.
— (Gilles), 53, 54.
— (Pierre), 53.
— (Charles), 54.
— (Renée), 70.
Vistorte (Antoine), 215.
Visseiche, 209, 210.
Vitré, 22.
Vivien (Angélique), 17.
Vivier (du), 31.
Voltaire (de), 221.
Vossey (de), (F[cois]-Joseph), 32.
— (le chev.), 32.
Vrye (de), 171.
Vynot (Eustache), 10.

Y

Yssy (d'), 87.
Yvias, 130.

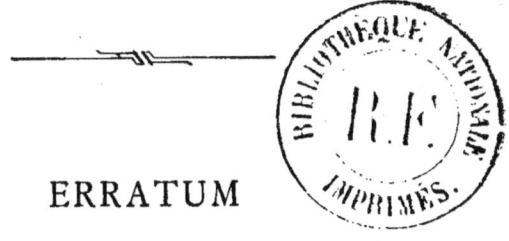

ERRATUM

Page 162 *(m. 1131).* — Denis pour De Lys.

TABLE

MANUSCRITS

Série A. — **Titres de familles**	1
I. — Famille Bonin	1
II. — Famille de Saint-Pern	38
III. — Famille du Plessis de Grénédan	43
IV. — Famille de Quelen du Broutay	45
V. — Famille Picaud de Quehéon	49
VI. — Famille Boterel	51
VII. — Familles Royer, Perret et de Kergu	57
VIII. — Familes du Halgouet et de Poulpiquet	60
IX. — Familles Guillard, Sauvaiget et Le Metaer	63
X. — Familles diverses	67
Série B. — **Titres de seigneuries**	75
I. — Domaine de Tregranteur	75
Tregranteur	75
La Chesnaye-Morio	84
Le Clos	89
Le Guermahéas	91
Châteaumerlet	94
Maugremier	104
Carmené	114
Dépendances de Tregranteur	119
II. — Titres venus de la famille de St-Pern	122
La Villegeffroy	122
Kerprat	135
Fiefs de la Villechevalier, du Pellen et Kerouzou, le lieu noble de Kervizio	138
Plouagat	147
Kerscouadec	153
Kerbeluen	154
Métairies nobles de la Ville-Avenant et de Fesne	156

III. — Titres venus de la famille Visdelou.............	159
Pontcallec....................................	159
Le Glayollay.................................	161
IV. — Titres venus de la famille Huart de Bœuvres, St-Nazaire et Marsain.....................	170
V. — Titres venus de la famille de Poulpiquet.........	173
Le Poulpiquet — Le Halgouet — La Roche-Durand — Lanvaon — Kerandantec.........	173
VI. — Seigneuries diverses.........................	177
Juridiction du Porhoët : Le Broutay — Quelen — Josselin — Prieuré de Ste-Croix — Les Timbrieux — Le Val — Porte-Camus — etc......	177
Juridiction de Serent — Serent — Castiller — Bovrel..	193
Juridiction de Goëllo — Creheren — Beauvoir — Beauregard — etc........................	195
Juridictions diverses.......................	200
Série C. — **Affaires du Parlement de Bretagne**.......	205

IMPRIMÉS

A. — **Affaires du Parlement de Bretagne**...........	207
Procédures civiles. XVIIIe siècle....................	207
Déclarations, lettres patentes et édits royaux..........	218
Baux généraux des devoirs.......................	219
Listes des membres du Parlement..................	219
B. — **Marine**...	220
C. — **Divers**...	221

3-09. — Saint-Brieuc, Imprimerie-Librairie de René Prud'homme.

www.ingramcontent.com/pod-product-compliance
Lightning Source LLC
Chambersburg PA
CBHW050646170426
43200CB00008B/1182